KNAUR
MENSSANA

Sylvia Harke

Wenn Frauen zu viel spüren

Schutz und Stärkung für Hochsensible

Haftungsausschluss:
Die in diesem Buch vorgestellten Übungen wurden von der Autorin und
dem Verlag sorgfältig geprüft und haben sich in der Praxis bewährt.
Dennoch kann keine Garantie für das Ergebnis übernommen werden.
Der Verlag und die Autorin schließen jegliche Haftung für Gesundheits-
und Personenschäden aus.

Alle Namen im Buch wurden geändert.

Besuchen Sie uns im Internet:
www.mens-sana.de

Originalausgabe September 2017
© 2017 Knaur Verlag
Ein Imprint der Verlagsgruppe Droemer Knaur GmbH & Co. KG, München
Alle Rechte vorbehalten. Das Werk darf – auch teilweise – nur mit
Genehmigung des Verlags wiedergegeben werden.
Abbildungsnachweis: Abdruck der Grafik auf S. 267 mit freundlicher
Genehmigung des Stadelmann Verlags; S. 74, 191, 240, 251, 253, 281,
282 und 283 im Verlag nach dem Manuskript von Sylvia Harke;
S. 43 und 115 im Verlag nach dem Manuskript von Sylvia Harke unter
Verwendung von Motiven von Shutterstock.com;
alle anderen Abbildungen Shutterstock.com
Redaktion: Dr. Ulrike Strerath-Bolz
Covergestaltung: atelier-sanna.com, München
Coverabbildung: Maren Winter/Shutterstock.com
Satz: Adobe InDesign im Verlag
Druck und Bindung: CPI books GmbH, Leck
ISBN 978-3-426-65815-4

6 8 7

Widmung

Dieses Buch widme ich von Herzen allen
sensitiven, kreativen, naturverbundenen,
mitfühlenden und suchenden Frauen,
die in ihre Kraft kommen wollen.
Viele von ihnen wirken unsichtbar im Hintergrund:
als die gute Fee der Firma, umsichtige Mutter,
engagierte Vereinsfrau,
Künstlerin, Helferin, Gelehrte,
Geliebte oder Umweltschützerin.
Du bist so viel stärker, als Du glaubst.

Es berührt mich zu sehen,
wie viele hochsensible Frauen
sich noch heute kleinmachen und selbst verleugnen.
Doch die alten Zeiten neigen sich dem Ende zu.
Jede Frau hat das Recht,
ihre wahren Begabungen zu verwirklichen
und ein selbstbestimmtes Leben
in Fülle und Freude zu leben.

Wir sind alle gemeinsam auf dieser Lebensreise.
Wir sind nicht allein!
Mögest Du Deinen Weg in Schönheit und Würde gehen.

Zeige Dich authentisch mit
Deiner Empfindsamkeit. Werde sichtbar.
Finde Deine eigene Weisheit und
gib sie an die nächste Generation weiter.
Du bewirkst einen Unterschied.
Du kannst es.
Du wirst es.

Inhalt

Kapitel 4 – Die sieben Schlüssel zur Stärkung hochsensibler Frauen

Vorwort

Meine Berufung: sensitive Frauen ermutigen

Hochsensibilität authentisch zu leben erfordert Courage. Besonders hochsensible Frauen brauchen Ermutigung, um zu ihrem Anderssein zu stehen: ohne Schuld und Scham, mit Würde und Selbstliebe. Es ist mir schon seit vielen Jahren ein Herzensanliegen, besonders Frauen darin zu unterstützen, in ihre Kraft zu kommen.

Warum? Weil ich selbst als Mädchen und junge Frau an mir gezweifelt habe, mich schämte, verunsichert war, mich nicht hübsch fand, nicht liebenswert. Und vor allem: Ich fühlte mich schmerzlich anders. Wenn ich eine Zeitreise unternehmen könnte, würde ich sofort mein jüngeres Ich besuchen und ihr mitteilen, dass sie ein liebenswertes, außergewöhnliches und tiefsinniges Mädchen ist, das Vertrauen in die Zukunft haben darf. Ich würde ihr sagen:

Deine Fragen werden beantwortet.
Du wirst geliebt.
Du findest deinen Weg.
Du bist nicht allein.
Du bist genau richtig, so wie du bist.

Welch eine Erleichterung wäre das gewesen!

Wie viele Mädchen und Frauen brauchen auch heute noch genau diese Ermutigung?

Mein Gefühl von Einsamkeit, die unbeantworteten Fragen, meine Sehnsucht nach Sinn, Verbundenheit und Erkenntnis:

Sie alle führten mich auf meinen Entwicklungsweg: zu dem, was ich heute bin. Ich lebe meine Berufung als Autorin und Beraterin für Hochsensible. Schon als Kind liebte ich Bücher und begann, kleine Geschichten und Gedichte zu schreiben. Als Jugendliche träumte ich davon, einmal Schriftstellerin zu werden. Heute bin ich selbst ein Vorbild. Ich formuliere eine Sprache, die viele verstehen. Ich erhebe meine Stimme. Das macht mich glücklich. Und als wäre das noch nicht genug, verändert sich auch das Leben vieler meiner Leserinnen und Leser zum Positiven. Ich bekomme Dankesbriefe, die mir zeigen, dass meine Bücher einen Unterschied bewirken, dass sie befreien, bestärken, ermutigen und Klarheit bringen. So soll es auch mit diesem Ratgeber sein.

Das Herzstück dieses Buches ist die bewusste Konzentration auf sensitive Frauen mit ihren besonderen Lebensthemen. »Die sieben Archetypen sensitiver Frauen« wird vieles erklären, was Sie bisher nur geahnt haben. Es hat mir viel Freude gemacht, die Inhalte dieses Buches zu entwickeln und mit den Traditionen unserer Urvölker zu verbinden. Dazu gehören das Geschichtenerzählen, Rituale, Visionsarbeit und Naturverbundenheit. Deshalb ist es gleichgültig, welche Bücher Sie schon über Hochsensibilität gelesen haben. Dieses Buch geht einen Schritt weiter. Es begleitet Sie als sensitive Frau auf dem Weg in Ihre weibliche Kraft.

Auf meiner Internetseite finden Sie zusätzliche frauenspezifische Gedichte, Geschichten und Arbeitsblätter, die ich Ihnen im Downloadbereich kostenlos zur Verfügung stelle.

www.hsp-academy.de/downloads

Ich freue mich auf unseren gemeinsamen Weg!

Kapitel 1

Einleitung

Hochsensibilität – ein neues Phänomen?

Glauben Sie, zu sensibel für diese Welt zu sein? Empfinden Sie sich als verletzlich? Haben Sie den Eindruck, dass Ihre Grenzen zu durchlässig sind? Fühlen Sie sich manchmal wie von einem anderen Stern? Wünschen Sie sich, belastbarer, stärker und stressresistenter zu sein? Haben Sie nah am Wasser gebaut? Sehnen Sie sich danach, in Ihre Kraft als Frau zu kommen? Dann liegen Sie mit der Lektüre dieses Buches goldrichtig.

Hochsensibilität ist eine Temperamentsveranlagung, die sich bei ca. 15 bis 20 Prozent der Bevölkerung finden lässt. Die Pionierin auf dem Gebiet der Hochsensibilitätsforschung, Dr. Elaine Aron, hat mit ihren bahnbrechenden Forschungsarbeiten 1997 eine Welle ausgelöst, die bis heute ihre Kreise zieht. Tausende Selbsthilfegruppen haben sich weltweit gegründet. Immer mehr Universitäten erforschen das Phänomen. Wissenschaftler bestätigen, dass »Hochsensibilität« real ist und keine Krankheit. Etwa 70 Prozent der Hochsensiblen sind introvertiert, schüchtern und in sich gekehrt. Doch in ihrem Inneren findet sich ein ausgesprochener Gefühls- und Wahrnehmungsreichtum. 30 Prozent sind extrovertiert und erkennen oftmals erst in der zweiten Lebenshälfte die eigene Sensibilität.

Warum fühlen sich viele sensitive Frauen allein mit ihrer

Wahrnehmung? Wie entsteht das Gefühl der Isolation? In früheren Zeiten wurden hochsensible Menschen als »zart besaitet« oder »melancholisch« bezeichnet. Viele Frauen aus der älteren Generation tragen Lasten mit sich, die ihnen den Zugang zu ihren verletzlichen Gefühlen abgeschnitten haben. Die Nachkriegszeit verlangte von den Menschen, dass sie stark, funktional und pragmatisch sein mussten. Es gab keinen Raum für »Mimositäten«. Hochsensible Frauen, die in den Vierziger- und Fünfzigerjahren geboren wurden, konnten ihr sensibles Naturell größtenteils nicht leben. Dies führte bei ihnen zur Überanpassung und einer starken Leistungsbereitschaft. Ohne Wissen über ihre hochsensiblen Bedürfnisse nach Rückzug, Ruhe und Feinsinnigkeit gingen sie über ihre Grenzen hinaus. Auf die Dauer lässt sich ein hochsensibles Naturell aber nicht ignorieren. Es sind besonders die Frauen, die in den Sechziger- und Siebzigerjahren geboren wurden – und alle danach –, die sich mutig dem verdrängten kollektiven Gefühlshaushalt zuwenden. Wie Knospen im Frühling öffnen wir uns als Gesellschaft wieder dem Zarten, Feinen, Schönen und Verletzlichen. Und das ist gut so, denn dieser Gefühlsreichtum verbindet uns mit unserer Lebendigkeit.

Das Phänomen der Hochsensibilität erfährt heute eine so hohe Nachfrage, dass es keine Seltenheit ist, wenn zu Vorträgen über dieses Thema mehr als einhundert Gäste kommen. Die Zuhörer sind wissbegierig und wollen verstehen, was mit ihnen los ist. Mütter möchten erfahren, warum ihre hochsensiblen Kinder gestresst auf Lärm und Reizüberflutung reagieren und wie sie besser beschützt werden können. Wir leben in einer hektischen, hochtechnisierten Zeit, die schneller zu ticken scheint als früher. Die Medien versorgen uns Tag und Nacht mit brandaktuellen Nachrichten. In Großstädten prasseln täglich so viele Informationen, Gerüche, Geräusche und Ereignisse auf uns ein, dass Hochsensible das Gefühl haben, ihnen wird alles zu viel. Sie sind die Ersten, die spüren, dass wir uns als Gesellschaft weit von der Natur entfernt haben. Sensitive Frauen sehnen sich nach einem Leben in Balance.

Über dieses Buch

Im Jahr 2008 las ich zum ersten Mal über Hochsensibilität und war erstaunt, wie sehr ich mich in den Beschreibungen wiederfand. Bis zu diesem Zeitpunkt hatte ich selbst keine Worte für meine Andersartigkeit, doch dann fiel es mir sprichwörtlich »wie Schuppen von den Augen«. Das Thema ließ mich nicht mehr los. Ich konnte rückblickend mein Leben besser verstehen. Heute weiß ich über meine hochsensible Veranlagung Bescheid und bin dankbar für die Talente, die damit verknüpft sind. Seitdem ich aufgehört habe, anders sein zu wollen, als ich bin, verwirkliche ich meine Lebensträume. Dazu gehört auch das Schreiben. Schon als Kind wollte ich Autorin werden.

Als im Jahr 2014 mein erster Ratgeber *Hochsensibel – Was tun?* erschien, veränderte sich mein Leben grundlegend. Zu diesem Zeitpunkt arbeitete ich als Klinikpsychologin in einer Eltern-Kind-Fachklinik, doch die Nachfrage meiner Leserinnen und Leser wurde bald so groß, dass ich heute freiberuflich als Coach für Hochsensible arbeite. Mein Erstlingswerk hat sich mittlerweile als einer der bekanntesten und meistgekauften Ratgeber zum Thema Hochsensibilität etabliert. Im Jahr 2016 folgte mein zweiter Ratgeber *Hochsensibel ist mehr als zart besaitet.*

Tief in meinem Herzen spürte ich, dass ich etwas zu sagen hatte, was noch keinen Platz in meinen ersten zwei Büchern fand. In mir formte sich die Idee, ein Buch speziell für hochsensible Frauen zu schreiben. Schon während meines Studiums besuchte ich Frauengruppen. Ich fragte mich damals, warum ich so wenig Vertrauen in mich hatte, und sehnte mich danach, stärker und selbstbewusster zu sein. Ich besuchte schamanische Frauenkreise und interessierte mich auch für die politisch-soziale Arbeit für Frauen. Damals lebte ich in Magdeburg und gab für das »Frauenprojekthaus« Kreativkurse, was mir sehr viel Freude bereitete. Das Haus wurde von engagierten Mitarbeiterinnen des Gleichstellungsamtes Magdeburg geleitet, die ich bis heute in sehr guter Erinnerung habe. Wie in einem Puzzle setzte ich Stück für Stück die verlorenen Teile meines weiblichen, sensitiven Selbst über die Jahre zusammen und konnte schließlich die innere Stärke aufbauen, die ich heute habe.

Meine Yogalehrerin empfahl mir 1999, das Buch *Die Wolfsfrau* von Clarissa Pinkola Estés zu lesen. Die Autorin ist eine Psychotherapeutin aus den USA, die mit Hilfe von Märchen heilt. Auch in dem Buch, das Sie jetzt in Ihren Händen halten, finden Sie im Kapitel über Beziehungen eine altbekannte Geschichte. Ich erzähle Ihnen »Die kleine Meerjungfrau« von Hans Christian Andersen und nehme Sie mit auf eine Reise zu den verborgenen Lebensthemen hochsensibler Frauen.

Was sich mir über viele Jahre erschloss, ist die Instinktnatur der Frau, von der auch Estés immer wieder schrieb. Als Symbol dafür stellte sie die Wölfin vor, die ihrem Buch den Titel gab. Dieser natürliche Instinkt ermöglicht uns, tiefste Verluste zu überwinden. Auch ich habe frühe Verluste erlebt, etwa die Trennung meiner Eltern während meiner Kindergartenzeit und den Tod meiner Großmutter, als ich ein junges Mädchen war. Diese einschneidenden Erlebnisse weckten schon früh mein Interesse an Psychologie und Spiritualität. Durch mein intensives Suchen nach Erkenntnis, die Teilnahme an Selbsterfahrungsgruppen und die Reflexion meiner eigenen Biografie habe ich die seelischen Selbstheilungskräfte am eigenen Leib erfahren dürfen. Sie lassen sich durch Bilder und Geschichten aktivieren. Auf meinem eigenen Selbstheilungsweg haben ich viel getanzt, gesungen, gemalt, geweint, gelacht, gelesen, geschrieben und mich mit Gleichgesinnten verbunden.

Unsere feminine Instinktnatur lockt uns zu jener Metamorphose, die uns zum Schmetterling werden lässt, auch wenn wir zuvor eine unscheinbare Raupe waren. In der damaligen Zeit malte ich oft das Motiv »La Mariposa«, die Schmetterlingsfrau. Interessanterweise findet sich heute in meinem Firmen-Logo ebenfalls ein Schmetterling: der Monarchfalter. Ich hatte eine Spur aufgenommen, die ich noch viele Jahre verfolgen sollte.

Ich verzichte bewusst darauf, Sie in diesem Buch mit wissenschaftlichen Studien zu konfrontieren. Wenn Sie mehr darüber lesen wollen, kaufen Sie sich das Buch *Hochsensible in der Psychotherapie* von Elaine Aron oder besuchen Sie den Blog auf meiner Internetseite www.hsp-academy.de. Ich möchte Sie in die Erfahrungswelt hochsensibler Frauen einladen, jenseits von abstrakten Statistiken. Die wenigen Zahlen, die in diesem Buch auftauchen, stammen aus meiner eigenen Umfrage mit vierhundertvierzig hochsensiblen Frauen.

Es war mir ein großes Bedürfnis, ein Buch speziell für hochsensible Frauen zu schreiben. Darin fließen meine langjährigen Erfahrungen ein, die ich in Frauengruppen, meiner eigenen Entwicklung und in der Arbeit mit hochsensiblen Klientinnen machen konnte. Es fühlt sich für mich so an, als würden Hunderte Fäden in ein Muster fließen, das ich endlich in diesem Buch für sie zusammenweben konnte. Jeder Faden hat seinen sinnvollen Platz und seine Bedeutung. Der gewebte Buchstoff hat eine verdichtete Struktur, die Ihnen Orientierung, Erkenntnis und Mut für Ihren eigenen Weg geben soll.

Für wen ist dieser Ratgeber?

Die Lektüre, die Sie jetzt in Ihren Händen halten, ist für feinsinnige Frauen jeden Alters ein wertvoller Begleiter. In diesem Buch ermutige ich sensitive Frauen, ihre Gaben zu erkennen, anzunehmen und kreativ zu nutzen. Sie werden sich beim Lesen an vielen Stellen wiedererkennen und Antworten auf Lebensfragen finden, die sich durch die Erkenntnis der Hochsensibilität gewinnen lassen.

Warum ein Buch für Frauen? Es gibt mittlerweile eine Vielzahl von Büchern zur Hochsensibilität. In diesem Ratgeber finden Sie vielschichtige Informationen, die frauenspezifische Fragen beantworten. Es möchte Mut machen und empfindsame Frauen darin unterstützen, ihre innerste Kraft zu entfalten.

Egal, ob Sie bereits meine Vorgängerbücher gelesen haben oder nicht, hier finden Sie Perlen der Erkenntnis über die weibliche Psyche. Ich lade Sie ein, neue Heilungsräume für mehr Selbstvertrauen zu entdecken. Durch meine Tätigkeit als Psychologin habe ich interessante Lebensgeschichten von hochsensiblen Frauen vor Augen. In meinem Ratgeber gebe ich diesen Frauen eine Stimme.

Wenn Sie das Gefühl haben, besonders sensibel zu sein, und diese Eigenschaft bisher mit negativen Assoziationen verknüpfen, kann ich Sie beruhigen: Hochsensibilität ist keine Schwäche! Sie ist Ausdruck einer intensiven Wahrnehmungsfähigkeit und birgt eine Fülle von Begabungen, die einfach nur erweckt und gepflegt werden möchten. Ich habe diesen Ratgeber für sensitive Frauen geschrieben, die

- das Gefühl haben, zu empfindsam für diese Welt zu sein
- ihre weibliche Power entfalten wollen, ohne zu verhärten
- ihre verborgenen Stärken und Gaben entdecken wollen
- selbstsicherer werden möchten
- sich fragen, ob ihre Sensibilität eine Gabe oder ein Fluch ist

- sich wünschen, ihren empfindsamen Körper wertzuschätzen
- ihre weibliche Kraft und Intuition entfalten möchten
- mehr Sinnlichkeit und Lebensfreude zulassen wollen
- heilsame und nährende Freundschaften mit anderen Frauen suchen
- Klarheit in ihre familiären, beruflichen und persönlichen Beziehungen bringen wollen
- sich besser abgrenzen und seelisch schützen möchten

Sensitive Frauen, die sich mit ihrer Urnatur – und der damit verwobenen Kraft – verbinden wollen, fühlen sich in der Regel orientierungslos. Sie empfinden sich nicht als die kraftvolle Amazone. Sie haben Hemmungen, ihre Krallen auszufahren, um sich zu schützen. Insgeheim glauben sie, sich verstellen zu müssen, wenn sie Stärke zeigen. Kraft und Sensibilität schließen sich in unserer kollektiven Vorstellung gegenseitig aus. Wenn wir an starke Frauen denken, fallen uns alle möglichen Figuren ein, nur hochsensibel sind diese Frauen bestimmt nicht. Ob es die unbezähmbare Pippi Langstrumpf ist, die kämpferische Xena aus der Fantasy-Serie oder Captain Janeway vom Raumschiff Voyager: Sie alle sind stark, jedoch nicht hochsensibel. Wie lassen sich diese beiden Qualitäten zusammenbringen?

Hochsensibilität ist kraftvoll, wenn wir die damit verbundenen Gaben erkennen und wertschätzen. Dafür brauchen verletzte, sensitive Frauen neue Erfahrungsräume und heilsame Kreise, in denen sie zu ihrer wahren Essenz finden können. Ich möchte Sie, liebe Leserin, einladen, die Flügel Ihrer Sensitivität voll zu entfalten. Wie eine Raupe, die zum Schmetterling wird, können wir unsere wahre Bestimmung aktivieren, wenn wir im Herzen erkennen, wer wir wirklich sind.

Die Geschichten, Übungen, Affirmationen und Begegnungen in diesem Buch bieten Ihnen einen Schlüssel zur Stärkung Ihrer Weiblichkeit. Es ist möglich! Öffnen Sie Ihr Herz für Ihre zarte Seite und entdecken Sie die Schönheit darin.

Kapitel 2

Selbsterkenntnis

Hochsensibel oder hochsensitiv?

Ich verwende beim Schreiben für »hochsensibel« folgende Synonyme: sensitiv, hochsensitiv, feinsinnig, feinfühlig, empfindsam, wahrnehmungsbegabt, gesteigerte Sinneswahrnehmung, empathisch, hellfühlig, spürsinnig, feinspürig, sensorisch begabt, feinsensorisch, sinnesbegabt, zart besaitet, zartfühlend. Diese Begriffe sind für mich gleichwertig. Ich persönlich sehe keinen Sinn darin, einen Unterschied zwischen »hochsensibel« oder »hochsensitiv« zu machen. Diese Unterscheidung ist ein deutschsprachiges Phänomen. Elaine Aron, die US-amerikanische Psychologin und Pionierin auf dem Gebiet der Sensitivitätsforschung, hat den Begriff »HSP« weltweit etabliert. Im Englischen spricht man von einer »Highly Sensitive Person«. Das war es. Es gibt keine weitere Differenzierung.

Ich möchte es in diesem Buch so einfach wie möglich halten. Bitte legen Sie Worte nicht auf die Goldwaage, die sich bemühen, Hochsensibilität zu beschreiben. Kein Begriff kann dieses vielschichtige Phänomen vollkommen erklären. Es geht einfach um Sensitivität. Dieser Ausdruck leitet sich von unseren Sinnen ab. Sensitivität leitet sich von Sensorik ab (Englisch: sense = der Sinn oder das Gefühl). Das sind unsere Wahrnehmungsorgane. Sie helfen dabei, die Umwelt zu dechiffrieren und unseren Körper wahrzunehmen. Sie geben uns Orientierung. Wir sehen, riechen, hören, schmecken und tasten. Darüber hinaus gibt es noch weitere Sinne: den Temperatursinn, die Schmerzempfindung, den Gleichgewichtssinn (die Verarbeitung erfolgt im Innenohr) und die Körperempfindung (Tiefensensibilität für die Organe). Phänomene von außersinnlicher Wahrnehmung, wie die Intuition und ein feines Gespür fürs Zwischenmenschliche werden landläufig als »sechster« oder »siebter Sinn« bezeichnet.

Starke Empfindsamkeit bei Frauen und ihre Folgen im Alltag

Wenn Sie sich zum ersten Mal mit dem Thema der Hochsensibilität beschäftigen, wird Ihnen der folgende Abschnitt helfen zu erkennen, ob Sie zur Gruppe der Hochsensiblen gehören. Anhand kurzer Beispiele schildere ich typische Alltagssituationen, Empfindungen und Herausforderungen feinfühliger Frauen. Aus meiner Umfrage mit vierhundertvierzig hochsensiblen Frauen kommen einzelne mit ihren Lebensgeschichten zu Wort. Im Anschluss daran finden Sie einen Test. Beantworten Sie die Fragen spontan und direkt. Nach der Auswertung werden Sie wissen, ob Sie hochsensibel sind und in welchen Lebensbereichen Ihre Sensibilität am stärksten ausgeprägt ist.

Wo sind meine Taschentücher? Nah am Wasser gebaut
Kennen Sie das auch? Sie sitzen abends vor dem Fernseher oder lesen ein Buch. Sobald es in der Handlung emotional wird, steigen bei Ihnen intensive Gefühle auf. Vielleicht müssen Sie weinen: entweder aus Glück oder ausgelöst durch

Trauer. Ereignisse wie Hochzeiten, Vorstellungsgespräche, Vorträge, Klassentreffen, Verliebtsein, Arzttermine, Streit in der Familie oder neue Lebensumstände lösen bei Ihnen ebenfalls starke Gefühle aus. Dabei kann das Spektrum von Aufregung, Nervosität, Angst, innerer Unruhe, Gefühlsrausch bis hin zu melancholischem Schwelgen reichen. Haben Sie von Ihrem Umfeld oft gehört, dass Sie sich »nicht alles so zu Herzen nehmen« sollen oder dass Sie ein »dickeres Fell« brauchen? Vielleicht lieben Sie es andererseits, diese Gefühlswelt durch Malen, Tanzen oder Musik zum Ausdruck zu bringen. Wenn Sie gefühlvolle Musik hören, können Sie in Ihre eigene Welt abtauchen, bekommen womöglich eine Gänsehaut, und innere Landschaften tauchen vor Ihrem geistigen Auge auf. Nicht nur die Gefühlswelt einer hochsensiblen Frau ist besonders ausgeprägt, sondern auch ihre feinen Antennen für Umweltreize. Zuweilen führt diese besondere Empfindsamkeit zu merkwürdigen Auswüchsen.

Fühlen Sie sich manchmal wie die Prinzessin auf der Erbse?
Empfindlichkeit für Sinnesreize

Wann waren Sie das letzte Mal shoppen? Wegen ihrer feinen Körperempfindungen stellen sensitive Frauen höhere Qualitätsansprüche bei Kleidung. Dies hat vor allem mit dem Tragekomfort zu tun. Entweder scheuert der Schuh, die Form des Hutes passt nicht zum Gesicht, die Hose drückt und zwickt irgendwo. Da braucht es schon Fingerspitzengefühl, um die passenden Stücke zu finden. Haben Sie auch ein feines Gespür für Farben und Formen? Jeder Farbton erweckt in uns ein bestimmtes Gefühl. Deshalb kleiden sich viele hochsensible Frauen farblich nach ihrer aktuellen Stimmung. Dissonanzen in Farben, Klängen oder Asymmetrien stören ihr Wohlbefinden. In diesen Alltagssituationen haben Sie sicher schon den Begriff der »Prinzessin auf der Erbse« gehört. Dieses Märchen von Hans Christian Andersen ist ein Schlüssel zum Verständnis für hohe Sensibilität. Wenn wir das Wort nicht mehr verächtlich verwenden, sondern die Gabe der feinen Wahrnehmung darin erkennen, ergibt das Märchen einen neuen Sinn. In der Erzählung wird ein Test durchgeführt, um herauszufinden, ob das Mädchen eine Erbse noch unter einer Aufschichtung von zwanzig Matratzen und zwanzig Daunendecken spüren kann. Nur so kann sie ihre königliche Abstammung beweisen. Wie Sie sehen, ist das Thema der hohen Sensibilität nicht neu. Die Geschichte vermittelt das Geheimnis einer gesteigerten Wahrnehmungsfähigkeit. Die ausgeprägte Sinneswahrnehmung führt auf der anderen Seite zum Phänomen der Reizüberflutung. Dies zeigt sich in Form von Stressreaktionen auf unsere moderne Lebensweise und ihrer lauten Geräuschkulisse.

Wo sind meine Ohrenstöpsel? Wenn die Welt zu laut wird

Durch ihr empfindsames Nervensystem fühlen sich Sensitive schneller wegen Lärm gestresst. Sicher haben Sie schon beobachtet, dass der Besuch eines überfüllten, lauten Cafés unangenehm werden kann oder Ihnen vorbeifahrende Autos lärmend auffallen. Einen Höhepunkt der Geräuschbelästigung stellt das alljährliche Silvesterfest mit seinen dröhnenden Feuerwerken dar. Wahrscheinlich suchen Sie eine Möglichkeit, sich um Mitternacht zu verkriechen, um Ihre empfindsamen Ohren zu schützen. Wenn Sie sich dem Gruppengefühl des Überschwangs hingeben, kann es sein, dass Sie sich auf der unerträglich lauten Straße wiederfinden. Sind Ihnen kreischende Kinder in der S-Bahn oder im Supermarkt zu laut und Sie denken, *dass kann nicht sein?* Genauso wie äußerlicher Lärm Sie quält, so können auch Ihre Gedanken unüberhörbar werden.

Wieso mache ich mir so viele Gedanken?
Nachdenklich, gründlich und genau

Susanne

Ich denke sehr vorausschauend und übergreifend, kann gut auf Problemlagen reagieren. Ich analysiere besonders viel, setze mich mit sämtlichen Facetten einer Situation auseinander und verliere mich darin. Ich »weiß« immer schon vorher, was passieren wird, und das führt teilweise zu Problemen in zwischenmenschlichen Beziehungen. Ich habe das Glück, zurzeit in einem Feld tätig zu sein, das mir bereits ermöglicht, meine Hochsensibilität positiv umzusetzen. Auch wenn ich hierbei oft an meine Grenzen stoße, da ich beim Verfassen von Texten oder Vorbereiten von Vorträgen mich selbst vielfach kontrolliere und meinem Wissen nicht traue. Ich würde gerne meine Verbindung mit der Natur mehr in die Gesellschaft einbringen.

Hochsensible sind genaue Beobachter. Ihnen entgeht kein Detail. Haben Sie die Erfahrung gemacht, dass Sie lange über Gespräche und Begegnungen mit anderen Menschen nachdenken? Ist es Ihnen wichtig, was in Ihrem sozialen Umfeld vor sich geht? Die Genauigkeit im Denken führt zu einer fabelhaften Analysefähigkeit. Sie sind in der Lage, jede Situation aus verschiedenen Blickwinkeln zu betrachten, und machen sich dabei ein umfassendes Bild. Wenn Sie eine Entscheidung treffen, sind Sie eher langsam, weil Ihre Neigung zum gründlichen Nachdenken zu Zögerlichkeit führt. Sie möchten die verschiedenen Varianten abwägen und kommen damit manches Mal in eine Verunsicherung, weil Sie für beide Lösungen weit vorausdenken. Dies kann sich als Belastung zeigen, wenn es um weitreichende Entscheidungen geht. Wahrscheinlich suchen Sie dann den Rat verschiedener Menschen, um abzuwägen. Wenn Sie eine Aufgabe im Beruf oder privat erledigen, wollen Sie Ihr

Bestes geben und alles richtig machen. Falls Sie sehen, dass etwas noch nicht perfekt ist, werden Sie es so lange verbessern, bis es Ihrem inneren Maßstab entspricht. Deshalb brauchen Sie für manche Erledigungen länger als andere Personen. Hochsensible sind nicht nur nachdenklich, sondern zuweilen recht melancholisch. Deshalb fühlen sie sich als Sonderlinge und einsam.

Bin ich die Einzige auf diesem Planeten, die so empfindet?
Wie von einem anderen Stern

In unseren Seminaren erleben wir immer wieder ähnliche Szenen: Teilnehmer weinen, weil sie unter Gleichgesinnten zum ersten Mal das Gefühl haben, verstanden zu werden. Schnell entsteht ein Familiengefühl, das alle tief im Herzen berührt. Die Erfahrung, in unserem Wesen erkannt zu werden, nährt unsere Seele, löst Einsamkeit und Hoffnungslosigkeit auf.

Hochsensible Frauen erleben in ihrem Alltag mit weniger sensiblen Freunden, Verwandten und Partnern oft, dass ihre Wahrnehmung in Frage gestellt wird. Kommentare, wie *»Jetzt spinnst du schon wieder!«* verletzen und isolieren. Wenn Frauen spöttische Witze und Abwertungen wegen ihrer feinen Wahrnehmung erdulden, kann es geschehen, dass sie ihr Selbstvertrauen verlieren. Gelegenheiten dafür bieten sich täglich. Durch das Phänomen der Reizüberflutung meiden Hochsensible Menschenansammlungen, die Lärm und Enge verursachen. Viele berichten, dass sie Energien um sich herum wahrnehmen können. Sensitive nehmen nicht nur den Krach in einer Einkaufspassage intensiver auf, sondern empfangen auch emotionale Schwingungen anderer Menschen weniger gefiltert. Vielleicht haben auch Sie schon den Streit eines Pärchens im Supermarkt oder das Weinen eines Kleinkindes ganz intensiv miterlebt. Oder das Autofahren in fremden Großstädten und auf der Autobahn kann für besonders empfindsame

Naturen zur Zerreißprobe werden. Das Umfeld interpretiert das Vermeidungsverhalten Hochsensibler oft als Angst und mahnt zur Abhärtung: *»Leg dir doch einfach ein dickeres Fell zu!«* Wenn das so einfach wäre. Auch im zwischenmenschlichen Bereich fehlt Sensitiven häufig eine Schutzschicht. Sie fühlen sich emotional schneller betroffen als der Durchschnitt.

Warum fühle ich alles so intensiv mit?
Ein Gefühl von tiefer Verbundenheit

Erinnern Sie sich an einen erhabenen Moment in der Natur, zum Beispiel einen Sonnenaufgang? Wie haben Sie sich dabei gefühlt? Welche Plätze in den Wäldern, in den Bergen oder am Wasser empfinden Sie als heilig? Welche Orte versetzen Sie in Staunen und Verzückung und eröffnen Ihnen Tore in eine andere Welt? Sicher haben Sie schon oft solche Momente erfahren, in denen Ihnen die Heiligkeit der Natur bewusst war. Verspürten Sie den intensiven Wunsch, sich für Tiere, Pflanzen und Bäume zu engagieren? Vielleicht sehnen Sie sich tief in Ihrem Herzen nach einem naturverbundenen, einfachen Leben auf dem Land oder nach einem Garten. Wenn Sie in den Nachrichten von Natur- oder Umweltkatastrophen am anderen Ende der Welt erfahren, kann es geschehen, dass Sie eine tiefe Betroffenheit empfinden. Hochsensible leiden unter Ungerechtigkeiten, die anderen Lebewesen geschehen, und entwickeln den Wunsch zu helfen. Sie haben einen ausgeprägten Gerechtigkeitssinn.

Caroline *engagiert sich im Verein für soziale Gerechtigkeit*
Jede meiner Stärken kann von einer anderen Perspektive gerade auch meine Schwäche sein. Beispielsweise meine Wahrnehmung für die Leiden anderer Wesen und der Wunsch, diese zu unterstützen, fordern mich immer wieder heraus, meine eigenen Grenzen und Bedürfnisse wahrzunehmen und nicht zu viel

Verantwortung zu übernehmen. Ich arbeite in der sozialwissen-
schaftlichen Forschung: und das mit großer Leidenschaft.
In meiner Freizeit engagiere ich mich in einem Verein für sozial
benachteiligte Kinder und möchte etwas bewegen für mehr
Gerechtigkeit und eine lebenswerte Zukunft.

In zwischenmenschlichen Beziehungen spüren sensitive Frauen, wie es ihren Freunden, Verwandten und selbst Fremden geht. Wahrscheinlich sind auch Sie sozial hochbegabt. Diese Fähigkeit macht Sie andererseits anfällig für schlechtes Gewissen.

Wieso fühle ich mich schlecht, wenn ich andere enttäuschen muss? Übertriebene Schuldgefühle

Ein weiterer Effekt der tiefen Verbundenheit mit dem Leben ist die Anfälligkeit für Schuldgefühle. Sensitive Frauen entwickeln ein ausgeprägtes Verantwortungsbewusstsein, das oft übers Ziel hinausschießt. Sicher kennen Sie das quälende, schlechte Gewissen, wenn Sie Freunden oder Verwandten einen Wunsch abschlagen, nein sagen oder deren Erwartungen enttäuschen müssen. Wie ein Bumerang kehren die Gedanken an die Lieben zurück und hämmern auf Ihren wunden Punkt. Dann kommen Sie ins Grübeln und fragen sich, ob Sie etwas anderes hätten sagen oder tun können, um Ihr Gegenüber nicht zu verletzen. Diese Form von Schuldgefühlen kann uns lange Zeit begleiten, bis wir gelernt haben, dass wir ein Recht darauf haben, nein zu sagen.

Warum bin ich so aufgeregt?
Dünne Nerven und die Neigung zur Ängstlichkeit

Haben Sie Prüfungsängste, Flugangst oder Hemmungen, öffentlich zu sprechen? Denken Sie an den letzten Umzug, Urlaub im Ausland, Autofahren auf der Autobahn oder das letzte Vorstellungsgespräch. Hochsensible sind von Natur aus dazu veranlagt, Gefahren zu wittern und alles detailliert zu beobachten. Deshalb bedeuten neue Situationen potenzielle Stressquellen für sie. Dann melden sich die schwitzigen Hände, der erhöhte Puls, ein unterbrochener Schlaf oder das flaue Gefühl im Magen.

Iris *(siehe unten), eine begabte Heilpraktiker-Schülerin, spricht über ihre ausgeprägten Prüfungsängste*
Meine Schulkariere war und ist eine Katastrophe. Ich habe noch die Abschlussprüfung zur Heilpraktikerin vor mir. Ich verschiebe sie immer wieder aus Angst vor der Prüfung. Ich weiß, dass ich besser bin als viele andere in meiner Schule, kann aber noch nicht antreten.

Es kann sein, dass Ihnen Ihre vegetativen Reaktionen übertrieben erscheinen. Hochsensible gehen ungern Risiken ein. Sie können sich in Gruppen als Bedenkenträger zeigen, da sie zu große Wagnisse vermeiden wollen. Durch das gründliche Nachdenken kommen sie andererseits zu tiefgreifenden, komplexen Schlussfolgerungen und auf unerwartete Lösungen für ein Problem. Die Sicherheitsliebe kann sich auch als goldener Käfig entpuppen. Dann bleiben hochsensible Frauen im wohlbekannten Brötchenjob, obwohl sie sich nach ihrer wahren Berufung sehnen. Oder sie bleiben bei ihrem Mann, der sie zwar finanziell versorgt, aber seelisch nicht berührt. Die Angst, ein unvorhersehbares Risiko einzugehen, gleicht emotional einem Lauf am Abgrund. Sobald sie realisiert haben, wie tief der Fall gehen könnte, schrecken Hochsensible zurück und retten sich lieber auf sicheres Territorium. Doch die Sehnsucht nach einem tieferen Lebenssinn führt regelmäßig dazu, dass Hochsensible einen materialistischen Lebensstil ernsthaft in Frage stellen und am Ende doch aus dem Hamsterrad ausbrechen.

Gibt es mehr Dinge zwischen Himmel und Erde, als wir ahnen? Der siebte Sinn

Durch ihr Gefühl von Verbundenheit mit allem, was existiert, sind sensitive Frauen gehäuft in spirituellen Kreisen zu Hause. Sie fühlen sich auf mystische Weise mit der Natur verbunden und verstehen sich als Wanderer zwischen verschiedenen Welten. Deshalb glauben viele Hochsensible an etwas Höheres, eine Kraft im Universum und das Schicksal. Unsere Gesellschaft, die Wissenschaft und Schule haben uns ein funktionales, materialistisches Weltbild vermittelt. Tief in Ihrem Herzen haben Sie bestimmt einen Widerspruch dazu gespürt, wenn sich die innere Stimme meldet, die sagt, dass es »mehr zwischen Himmel und Erde gibt, als sich die Schulweisheit träumen lässt«. Mystische Erfahrungen können uns in vielen kleinen Alltagsbegebenheiten begegnen.

Bin ich eine Radarantenne?
Empathie und Intuition im Vierundzwanzig-Stunden-Takt

Kennen Sie das auch? Sie betreten morgens das Büro, die Küche, die U-Bahn, und schwuppdiwupp schnappen Sie die Gemütslage Ihrer Mitmenschen auf. Ihre innere Stimme sagt Ihnen, dass Sie heute Ihren Chef lieber mit Samthandschuhen anfassen. Ihr Bauchgefühl warnt Sie, dass Ihr Kind wohl kränkelt. Der Blick Ihres Partners verrät Ihnen, dass er grübelt, Ihnen aber nicht sagen will, worüber. Vielleicht hatten Sie beim Unterzeichnen eines Vertrages ein ungutes Gefühl im Magen. Doch die Rationalistin in Ihnen versicherte, dass es ein gutes Geschäft sei. Sie plagen sich nachts mit Sorgen, ja sogar mit Angst. Doch Ihr Umfeld redet Ihnen ein, dass es keinen Grund für solch irrationale Befürchtungen gäbe. Sobald sich diese Vorahnungen später doch bestätigt haben, verspüren Sie wahrscheinlich gemischte Gefühle. Einerseits sind Sie froh über Ihre gute Menschenkenntnis, stolz auf Ihre Intuition. Andererseits ist es Ihnen unheimlich, und Sie versuchen, das Ganze herunterzuspielen. Vielleicht war es doch alles nur Zufall, Einbildung oder ein Scherz des Universums? Die intuitive Verbundenheit mit anderen Menschen kann auch zur Verwirrung führen.

Sind das meine oder deine Gefühle?
Leben als Chamäleon

Schnappen Sie manchmal die Gemütsverfassung anderer Personen aus Ihrem Umkreis auf? Hochsensiblen fällt es oft schwer zu erkennen, ob ihre Gefühle auch wirklich die eigenen sind. Wie ein Schwamm saugen sie die Stimmungen anderer Menschen auf. Dieses Phänomen bezeichne ich mittlerweile als »entgrenztes Ich«. Es führt auf der einen Seite zu präziser Menschenkenntnis und andererseits zu Stress. Denn nicht immer sind die Emotionen aus der Familie oder im Kollegenkreis heiter. Im Laufe dieses Buches werden Sie mit einigen wirksamen Methoden vertraut, die Ihnen helfen, die Grenzen Ihres eigenen Ichs besser zu spüren und zu schützen. Dies halte ich persönlich für eine der wichtigsten Entwicklungsaufgaben von Hochsensiblen. Frauen betrifft dies besonders stark, denn unsere gesellschaftliche Konditionierung führt dazu, dass wir schlecht nein sagen können und danach streben, andere nicht zu enttäuschen. Mit einem gestärkten Ich können Sie besser die Gefühle sortieren, die durch Sie hindurchfließen, und den richtigen Quellen zuordnen.

Iris (siehe oben) schildert ihre feinen Antennen
und wie sie diese für therapeutische Zwecke nutzt
Ich habe die Gabe, in Notfällen intuitiv richtig zu handeln.
Darüber hinaus besitze ich ein starkes Einfühlungsvermögen in
den Zustand des Patienten. Wenn ich individuell therapiere,
erleben meine Patienten sehr oft drastische Erfolge. Ich verfüge

über eine ausgesprochene Begabung in der homöopathischen
Behandlung und verstehe die Charaktere der verschiedenen
Arzneimittelbilder sehr gut. Man kann mich nicht anlügen, ich
merke das sofort. Ich kann Menschen durchleuchten. Ich spüre,
was andere über mich fühlen, leider auch die negativen Gefühle.
Wenn zum Beispiel jemand auf mich eifersüchtig reagiert,
bemerke ich das ganz genau. Ich weiß, warum: weil ich die
inneren Dialoge des anderen lesen kann. Sogar aus der Ferne,
wenn mir jemand über das Internet schreibt. Ich habe deshalb
auch manchmal soziale Schwierigkeiten. Auf der anderen Seite
ernte ich großes Ansehen und Respekt von meinem Umfeld.

Welche Farbe hat die Liebe?
Phantasie und Kreativität

Viele Hochsensible sind besonders kreativ veranlagt. Dabei verbinden sich Gefühle, Farben und Klänge auf magische Weise. Bei manchen sogar in Form der Synästhesie. Diese Menschen sehen Musik oder riechen Farben. Die Sinneskanäle sind assoziativ miteinander verknüpft. Viele große Künstler sind Synästhetiker, den meisten ist es noch nicht einmal bewusst, weil sie ihre Art der Wahrnehmung für »normal« halten. In jedem Fall sind sensitive Frauen empfänglich für Stimmungen, Farben, Harmonien und Schönheit. Sie haben einen Sinn für Ästhetik und ein intuitives Gespür für Stimmigkeit, Proportionen und Kompositionen. Je offener Sie sich dieser Gabe widmen, umso sichtbarer wird Ihr häusliches und berufliches Umfeld aufblühen. Sensitive Frauen sind für künstlerisches Gestalten jeder Art geeignet. Egal, ob Sie gerne malen, singen, tanzen, Pflanzen züchten, stricken, töpfern oder Schmuck gestalten: Mit großer Wahrscheinlichkeit wird Ihre Familie von der Schönheit Ihrer Kreationen überwältigt sein.

Karin *berichtet über ihre Existenzgründung als Künstlerin*

Ich möchte gerne den kreativen Prozess als Problemlösungsweg ins Zentrum meiner Arbeit stellen. Derzeit träume ich davon, in meinem Atelier von folgenden Angeboten zu leben: Auftragsarbeiten, Ausdrucksmalen, Kindergeburtstage mit kreativem Gestalten, das Bemalen schwangerer Bäuche, Coaching von Einzelpersonen. Ich möchte in meinen eigenen, ganz besonderen Räumen alles anbieten, woran mein Herz hängt. Da ich jetzt erkenne, dass Marketing mein blinder Fleck ist, lasse ich mich gerade von einem erfahrenen Experten beraten. Ich bemühe mich sehr, an Edison und die Glühbirne zu denken und weiter durchzuhalten. Ich sehe so viel, was ich noch nicht beherrsche und was zu tun wäre, dass es sich für mich so anfühlt, als würde sich eine riesige Lawine im Schneckentempo auf mich zuwälzen. Gut, sicher oder gar souverän fühlt es sich keinesfalls an.

Ein überaktives Gehirn: Gratwanderung zwischen Hochleistungscomputer und Erschöpfung

Werden Sie im Freundeskreis als »Hansdampf in allen Gassen« bezeichnet oder als Tausendsassa? Langweilen Sie sich schnell? Brauchen Sie intellektuelle, künstlerische, emotionale, erotische oder sportliche Anregung, um sich gut zu fühlen? Probieren Sie gern Neues aus? Dann gehören Sie wahrscheinlich zu einer häufig unerkannten Untergruppe der Hochsensiblen. Diese will nicht so recht ins Bild der schüchternen, leisen und unauffälligen, hochsensiblen Frau passen. Und dennoch ist die hochsensible Veranlagung da. Dies kann im Alltag einerseits zu intensiven Erlebnissen und andererseits zu extremer Erschöpfung führen. Wenn Sie wissen wollen, ob Sie auch zur Gruppe dieser Persönlichkeiten gehören, machen Sie den »Test 3: Bin ich eine High Sensation Seekerin?«.

Juliane *schildert ihre zwei unterschiedlichen Seiten*

Mein Leben ist eine ständige Gratwanderung zwischen dem für hochsensible Menschen so typischen Schutz- und Ruhebedürfnis und dem beständigen Wunsch, angeregt zu werden. Meistens lebe ich phasenweise diese konträren Neigungen aus. Das heißt, dass ich eine Woche ständig unterwegs bin, immer präsent und agil, und in der nächsten Woche bin ich wie vom Erdboden verschluckt, für niemanden greifbar. Ich gehe dann nicht ans Telefon, beantworte keine E-Mail und mache auch die Tür nicht auf. Alles nervt! Gedanken wie »Die sollen mich doch alle in Ruhe lassen« sind in diesen Phasen vorrangig und völlig normal. Bis mir die Abgeschiedenheit auf die Nerven geht und ich mich von aller Welt verlassen fühle. Dann nehmen Gedanken wie »Niemand interessiert sich für mich« überhand. Und das Spiel geht von vorne los. Die Phasen können länger oder kürzer sein als eine Woche. Diese liegen in einer Zeitspanne von wenigen Stunden bis zu Monaten. So geht's mir, und das ist Schwäche und Stärke zugleich. Wenn dieser Typus in der Literatur beschrieben wird, dann meistens recht kurz und knapp. Kein Wunder. Erfahrungsberichte sind naturgemäß selten. High Sensation Seeker sind selten! Aber es gibt sie. Und auch sie sind völlig normal. Nur eben anders. Extrem anders. Und immer Höchstleister in ihrer aktiven Phase.

Was mit diesem Begriff beschrieben wird, sind Menschen, deren Gehirn nach Neuem, Anregendem sucht. Die »High Sensation Seeker« (HSS) machen laut Elaine Aron, der Forschungspionierin auf dem Gebiet, etwa ein Drittel der Hochsensiblen aus. Das sind gar nicht wenige. HSS sind offen für neue Erfahrungen und intensive emotionale Erlebnisse. Hirnphysiologisch wird diese Eigenheit mit dem sogenannten »Aktivierungs-System« in Verbindung gebracht. Neugierde, angenehme Erregung bei Neuem und die Suche nach Ungewöhnlichem zeichnen HSS aus. Hier tummeln sich Weltenbummlerinnen, Künstlerinnen und Extrem-Sportlerinnen. In den Biografien dieser Menschen finden sich zahlreiche Umzüge, berufliche Neuanfänge oder auffällig viele unterschiedliche Interessengebiete. Ein weiterer Hinweis für diese Veranlagung ist die schnell auftretende Langeweile. Routineaufgaben erzeugen für HSS eine unerträgliche Unterforderung, die im Berufsleben zum Gefühl der Sinnlosigkeit führen kann und dem Empfinden Vorschub leistet, zu viel Kraft aufbringen zu müssen.

Ich interessiere mich für so viele Dinge:
Die vielbegabte Scannerpersönlichkeit
Haben Sie zahlreiche Hobbys, Ehrenämter und unzählige Bücher im Schrank? Besitzen Sie mehrere Berufsabschlüsse oder träumen davon, ein ganz neues Betätigungsfeld zu finden? Fliegen Ihnen kreative Ideen nur so zu? Kennen Sie Entscheidungsschwierigkeiten? Können Sie nur schwer Prioritäten setzen, weil Ihnen alles gleich wichtig erscheint? Sind Sie Autodidaktin und können sich mühelos in verschiedene Fachgebiete selbst einarbeiten? Liegen Ihre Begabungen sowohl im kreativen, sozialen als auch im naturwissenschaftlichen Bereich? Dann gehören Sie womöglich zur Gruppe der vielbegabten »Scanner«. Diese multibegabten Frauen erleben ihre unterschiedlichen Facetten als Lust und Last zugleich. Sie haben so kunterbunte Interessen und Begabungen, dass sie sich ungern auf ein Themengebiet beschränken.

Andrea

Ich kann sehr gut psychologische, soziale und politische Zusammenhänge erfassen. Oftmals sind das Dinge, bei denen ich denke, andere wissen das ebenso, was allerdings nicht der Fall ist. Das erschwert teilweise Gespräche, weil ich zu schnell denke. Diese

Turbogedanken erschöpfen mich aber auch. Ich bin vielseitig
interessiert, eigentlich kann ich mich für fast alles begeistern.
Dadurch gerate ich andererseits immer wieder in eine Erschöp-
fung: durch viele Fachtagungen und Weiterbildungen. Ich lese
sehr viel und bin extrem wissbegierig, habe viele Hobbys. Am
liebsten würde ich mehrere Berufe ausüben. Ich kann mich in so
vielfältige Themengebiete einarbeiten, dass ich manchmal gar
nicht weiß, wo mein beruflicher Schwerpunkt sein soll.

Auswertung

In welchen Fallbeispielen und Schilderungen haben Sie sich
besonders wiedererkannt? Wie Sie sehen, sind Sie mit Ihren
Empfindungen und Herausforderungen im Alltag nicht allein.
Es gibt Millionen hochsensible Frauen, die genauso fühlen
wie Sie. Auch wenn sich Ihr Leben bisher wie eine Baustelle
angefühlt haben mag oder Sie unter Einsamkeit gelitten haben, gratuliere ich zur neuen Selbsterkenntnis. Die Natur hat
sich etwas dabei gedacht, dass es Hochsensibilität gibt. Sie
sind weder krank noch merkwürdig. Eine empfindsame Veranlagung kann sich durch einen selbstbewussten Lebensstil
als segensreiche Eigenschaft entpuppen.

Zusammenfassung zur Hochsensibilität

Die folgende Zusammenfassung listet die wichtigsten Erkennt-
nisse zum Thema Hochsensibilität noch einmal kompakt auf.
Im Anschluss finden Sie einen Test, mit dem Sie Ihre individuelle Ausprägung noch genauer unter die Lupe nehmen können.

- Hochsensibilität ist – so die Ergebnisse der Forschungsarbeiten von Dr. Elaine und Arthur Aron – ein Temperament
  und keine Krankheit.

- Die Abkürzung für hochsensible Person ist HSP.
- Hochsensibilität lässt sich als Charakter oder als Wesensmerkmal beschreiben.
- Hochsensibilität ist mit einer intensiven, erweiterten Wahrnehmung auf allen Sinneskanälen verknüpft.
- Hochsensibilität hat Vor- und Nachteile. Sobald Sie sich mit Ihrer Besonderheit versöhnen, werden Sie die vielen Vorzüge besser annehmen können und sich mit den Einschränkungen besser arrangieren.
- Hochsensibilität tritt bei ca. 15 bis 20 Prozent aller Menschen auf. Männer und Frauen sind gleichermaßen betroffen.
- Hochsensibilität ist unabhängig davon, ob Sie eine unbeschwerte oder belastete Kindheit erlebt haben.
- Hochsensibilität ist eine Wahrnehmungsbegabung.
- 70 Prozent der Hochsensiblen sind introvertiert, schüchtern und ruhig. 30 Prozent werden als extrovertiert beschrieben. Sie haben keine Hemmungen, auf die Bühne zu gehen oder Kontakt zu Fremden aufzubauen und sind emotional offen.
- »High Sensation Seeker« (HSS) sind Menschen, die nach Neuem und nach Anregung suchen und sich dadurch intensiven Erfahrungswelten öffnen. Hochsensible HSS brauchen zum Ausgleich Ruhephasen, um ihre intensiven Erlebnisse zu verarbeiten.
- Hochsensitive verfügen über die Gaben Empathie, Verbundenheit, Hilfsbereitschaft, Gerechtigkeitssinn, soziale Kompetenz, Kreativität, einen Sinn für Ästhetik, Wahrnehmung für Details, Verantwortungsbewusstsein, erhöhter Vorsicht, hohes Engagement, Interesse an Spiritualität u. v. m.
- Die Entwicklung einer reifen, ausgeglichenen Persönlichkeit hängt nicht nur von der Veranlagung, sondern auch

vom prägenden Sozialumfeld ab. Hochsensibilität ist deshalb nicht immer der Grund für Alltagsprobleme.

- Hochsensitive Frauen sind oft tragende Säulen in Familien und Unternehmen.
- Empfindsame Frauen sind kreativ und phantasievoll.
- Sensitive Frauen sind besonders einfühlsam und häufig sozial engagiert.
- Es ist ein Glück, dass es Sie gibt! Sie werden sehen: Sie haben einen wichtigen Beitrag auf dieser Erde zu geben. Glauben Sie fest an sich.

Test 1: Bin ich hochsensibel?

Hier finden Sie einen ausführlichen Test, der Sie dabei unterstützt herauszufinden, in welchen Wahrnehmungs- und Lebensbereichen Ihre Sensibilität besonders ausgeprägt ist. Lesen Sie sich folgende Fragen durch und tragen Sie am Ende jedes Abschnitts in das Kästchen ein, wie vielen Punkten Sie zustimmen konnten.

A) Intensive Gefühls- und Gedankenwelt
- ○ Meine Gefühle – positive wie negative – erlebe ich intensiv.
- ○ Ich habe nah am Wasser gebaut.
- ○ Kunst, Literatur und Filme führen mich zu tiefen Gefühlswelten.
- ○ Ich mag melancholische, tiefgründige, entspannende oder klassische Musik.
- ○ Bestimmte Landschaften, Farben und Klänge lösen bei mir intensive Empfindungen aus.

○ Ich denke gründlich über alles nach.

○ Ich habe immer wieder Entscheidungsschwierigkeiten.

_____ von 7 Punkten

B) Empathie und Verbundenheit

○ Am Gesichtsausdruck von Menschen kann ich erfassen, wie sie sich fühlen.

○ Wenn es anderen schlechtgeht, kann ich das geradezu körperlich spüren.

○ Ich habe Angst, andere zu verletzen.

○ Wenn Tiere, Kinder oder Schwächere leiden, fühle ich intensiv mit.

○ Ich empfinde mich als sehr hilfsbereit.

○ In der Natur fühle ich mich in meiner Seele berührt.

○ Ich habe eine starke Intuition.

○ Manchmal sorge ich mich um die Zukunft unseres Planeten.

_____ von 8 Punkten

C) Körperliche Besonderheiten

○ Ich halte mich für relativ schmerzempfindlich.

○ Ich bin geräuschempfindlich.

○ Ich brauche regelmäßiges Essen.

○ Kleidung und Stoffe empfinde ich intensiv auf meiner Haut, teilweise als störend (kratzend, drückend, eng anliegend). Weiche, geschmeidige Stoffe wie Seide, Leinen, Samt vermitteln mir dagegen ein Wohlgefühl.

○ Während meiner Monatsblutung fühl(t)e ich mich besonders verletzlich und wünsch(t)e mir mehr Rückzug.

○ Ich reagiere intensiv auf Kaffee, Alkohol oder teilweise auf Medikamente.

○ In der Sexualität bevorzuge ich sanfte Berührungen und brauche eine tiefe seelische Verbundenheit mit meinem Gegenüber.

○ Ich habe einige Kontaktallergien bei mir beobachtet.

_____ von 8 Punkten

D) Beziehungen

○ Konflikte sind mir unangenehm, sie wirken lange bei mir nach.

○ Ich bin sehr harmoniebedürftig und kompromissbereit.

○ Ich bin gerechtigkeitsliebend.

○ Andere Menschen vertrauen sich mir an, weil ich gut zuhören kann.

○ Ich habe einen Beschützerinstinkt und ein hohes Verantwortungsbewusstsein.

○ Wenn ich verliebt bin, kann dies zu rauschartigen Zuständen führen.

○ Bei fremden Menschen bin ich zunächst eher schüchtern und gehemmt.

○ In Partnerschaften suche ich nach Seelentiefe, Authentizität und Geborgenheit.

○ Ich habe die Tendenz, mich für andere zu engagieren und meine eigenen Bedürfnisse dabei zu vernachlässigen.

○ Frauen mit Kindern: Ich habe hohe Ansprüche an mich als Mutter und befürchte, nicht so belastbar zu sein wie andere Eltern.

○ Frauen ohne Kinder: Wenn ich an Kinder denke, habe ich ein warmes Gefühl im Herzen. Bei dem Gedanken, selbst Mutter zu werden, frage ich mich, ob ich das schaffen kann.

_____ von 11 Punkten

E) Berufsleben

O Ich bin gewissenhaft und stelle hohe Ansprüche an meine Arbeit.
O Ich neige zu Perfektionismus, und es fällt mir schwer, Projekte abzuschließen.
O Ich habe eine schnelle Auffassungsgabe.
O In manchen Berufsbereichen empfinde ich mich als Pionierin. Ich möchte Neues in die Welt bringen.
O Ich habe einen geschärften Blick für Details.
O Mir ist es wichtig, mit meiner Arbeit etwas Positives in der Welt beizutragen.
O Ich möchte einen Sinn in meiner Berufstätigkeit erkennen.
O Ich bin auf der Suche nach meiner Herzens-Berufung.
O Erfolg beschämt mich teilweise. Ich möchte nicht arrogant erscheinen.
O Ich strebe nach Sicherheit. Manchmal kollidiert das mit meiner Suche nach der Berufung.

_____ von 10 Punkten

F) Überstimulation und Rückzug

O Ich bin nicht so gern unter vielen Menschen.
O Ich habe regelmäßig das Bedürfnis, mich zurückzuziehen.
O Laute Geräusche sind mir unangenehm.
O Ich reagiere häufig eher schreckhaft.
O Gewaltszenen oder Unfälle im Fernsehen verursachen bei mir großes Unbehagen.
O Manchmal fühle ich mich beim Autofahren oder Reisen überfordert, besonders in Großstädten.

_____ von 6 Punkten

G) Sinnsuche und Spiritualität

O   Schon als Kind war ich auf der Suche nach dem Sinn des Lebens.

O   Ich habe das Gefühl, dass es eine höhere Kraft im Universum gibt.

O   Ich habe bereits mystische Erfahrungen, Vorahnungen und höhere Bewusstseinszustände erlebt.

O   Ich interessiere mich für Meditation, Religion oder Geschichte.

_____ von 4 Punkten

_____ von 54 Punkten Gesamtpunktzahl

Auswertung

Überprüfen Sie zunächst, wie hoch die Gesamtpunktzahl ist, die Sie erreicht haben. Je höher Ihre Zahl ist, umso stärker ist Ihre Sensibilität ausgeprägt. Wenn Sie mindestens 35 Punkte mit Ja beantwortet haben, ist es sehr wahrscheinlich, dass Sie hochsensibel sind. Punktzahlen, die über 40 hinausgehen, zeigen eine ausgeprägte Hochsensibilität an. Es gibt sicher Fragen im Test, mit denen Sie nichts anfangen konnten. Das Phänomen der Hochsensibilität hat sehr unterschiedliche Facetten, und jeder Mensch ist ein Unikat. Nicht alle Hochsensiblen sind gleich.

Betrachten Sie nun dieses Kuchendiagramm. Darin befinden sich die sieben Lebensaspekte, die im Test nachgefragt wurden. Markieren Sie sich die Lebensbereiche, in denen Sie die höchste Punktausprägung haben. Beobachten Sie auch, welche positiven und negativen Assoziationen dabei auftreten.

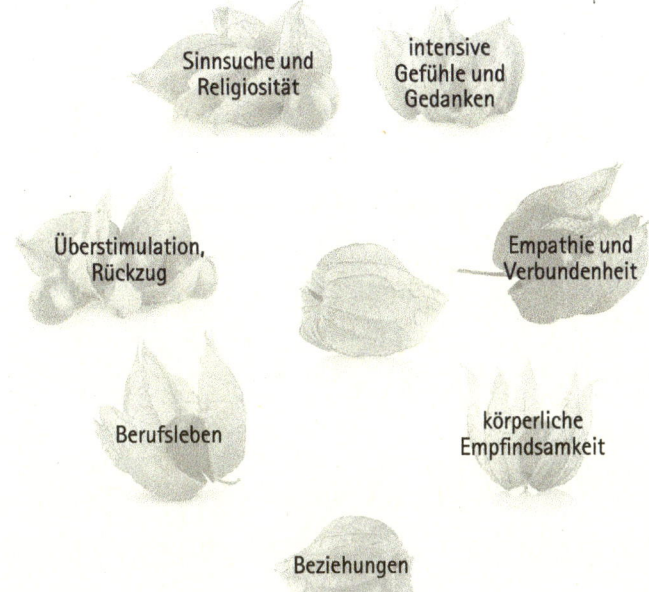

In der folgenden Tabelle können Sie sich Klarheit darüber verschaffen, wie Sie selbst die Vor- und Nachteile Ihrer sensitiven
Veranlagung bewerten. Sie finden darin noch einmal die sieben Lebensbereiche. In der mittleren Spalte tragen Sie positive
Aspekte ein und in der rechten Spalte die Effekte, die Sie als
negativ empfinden.

Lebensbereich	Positive Effekte meiner Sensitivität	Negative Effekte meiner Sensitivität
1) Intensives Gefühls-leben und tief-greifende Gedanken		
2) Empathie und Verbundenheit mit allem		
3) Körperliche Empfindsamkeit		
4) Beziehungen		
5) Berufsleben		
6) Überstimulation und Rückzug		
7) Sinnsuche und Religiosität		

Welche Lebensbereiche sind am meisten von meiner Sensibilität beeinflusst?

Bei der Auswertung der Tabelle werden Sie sicherlich feststellen, dass Hochsensibilität nicht nur Vor- oder Nachteile mit sich bringt. Es geht darum, eine Balance im Leben zu finden. Diese erreichen Sie am besten, wenn Sie sich Ihrer Stärken und besonderen Bedürfnissen bewusst werden. Schauen Sie nun noch einmal genauer hin.

Überprüfen Sie, in welchen Lebensbereichen Sie die meisten positiven Einträge gemacht haben. Werden Sie sich der Vorteile bewusst, die mit Ihrer sensitiven Veranlagung verknüpft sind. Wie können Sie diese positiven Effekte noch besser im Privat- und Berufsleben einsetzen?

In welchen Lebensaspekten haben Sie die meisten negativen Punkte eingetragen? Wenn Sie die Notizen in der Minus-Spalte lesen, machen Sie sich bewusst, ob Sie den Bewertungen anderer Personen Glauben geschenkt haben. Oftmals stecken wir noch in Urteilen fest, die wir von Eltern, Lehrern oder anderen Bezugspersonen aus Kindertagen übernommen haben. Der innere Kritiker ist nichts weiter als ein Widerhall früherer Bewertungen.

Verzeihen Sie allen Menschen, die Ihre Sensibilität nicht verstanden und die Sie verspottet oder abgewertet haben. Diese Menschen wussten es nicht besser. Finden Sie Frieden mit Ihrer wunderbaren Wesensart. Sobald Sie selbst aufhören, sich für Ihre Besonderheit zu verurteilen, werden Sie sich wohler in Ihrer Haut fühlen. Dieser Schlüssel wird Ihnen eine enorme Freiheit schenken und die Tür zu einer neuen Welt öffnen. In den Folgekapiteln werden die unterschiedlichen Lebensaspekte noch einmal vertieft. Dort finden Sie weitere Tipps, wie Sie sich besser abgrenzen, selbstbewusster werden, lebensfroher und klarer sind und Ihr wundervolles Potenzial entfalten.

Test 2: Bin ich eine vielbegabte Scannerin?

Beantworten Sie folgende Fragen spontan und ohne viel darüber nachzudenken. Notieren Sie sich, wie oft Sie mit Ja zustimmen konnten.

1. Ich habe zahlreiche Hobbys und Interessen.
2. Bei mir gibt es unzählige Bücher im Schrank. Ich liebe es, zu lesen, mein Wissensdurst ist einfach nicht zu stillen.
3. Ich verfüge über mehrere Berufsabschlüsse oder träume davon, einen ganz neuen Beruf zu erlernen.
4. Ich habe mehr Ideen, als ich in einem Leben umsetzen könnte.
5. Ich habe Entscheidungsschwierigkeiten.
6. Prioritäten zu setzen fällt mir schwer, weil mir alles gleich wichtig erscheint.
7. Ich bin eine Autodidaktin und kann mich mühelos in verschiedene Fachgebiete einarbeiten.
8. Ich kann Details sehr gut erkennen. Gleichzeitig erkenne ich das Gesamtbild.
9. Ich arbeite gern selbstbestimmt, in meinem eigenen Rhythmus, damit ich meinen inneren Neigungen nachgehen kann. Dabei vermeide ich Routineaufgaben.
10. Wenn ich noch einmal die Zeit zurückdrehen könnte, würde ich gern andere Fachrichtungen studieren/erlernen.
11. Ich fühle mich in vielen Bereichen des Lebens nicht richtig zugehörig, weil ich mich in so vielen unterschiedlichen Rollen/Tätigkeiten/Themengebieten auskenne.
12. Ich habe unkonventionelle, verschiedenste Begabungen, die scheinbar nicht zusammenpassen.
13. Ich bin innovativ und empfinde mich als Freigeist.
14. Ich halte es kaum länger als zwei bis drei Jahre in einer Anstellung aus. Dann brauche ich etwas Neues.

Auswertung

Wenn Sie mehr als acht Fragen mit Ja beantwortet haben, sind Sie recht wahrscheinlich eine Scannerpersönlichkeit. Je mehr Punkte Sie haben, desto stärker ist Ihre multiple Begabung ausgeprägt. Dies kann zu zahlreichen Umbrüchen im Leben führen sowie zu der Frage, wohin Sie eigentlich gehören. Keine Sorge: Je mehr Sie sich selbst kennenlernen, desto leichter werden Sie Ihren Platz im Leben finden.

Test 3: Bin ich eine High Sensation Seekerin?

Lesen Sie sich folgende Fragen durch und beantworten Sie diese mit Ja oder Nein.

1. Ich langweile mich schnell.
2. Ich werde unruhig, wenn ich längere Zeit zu Hause bin und faulenze.
3. Ich warte ungern, wenn ich mich parallel mit etwas anderem beschäftigen kann.
4. Ich probiere gern Sportarten aus, die mir einen Adrenalin-Kick verschaffen.
5. Ich reise mit Vergnügen in fremde Städte/Länder, um Neues kennenzulernen.
6. Ich mag keine Wiederholungen im Fernsehen.
7. In Beziehungen und Freundschaften mit immer denselben Menschen fühle ich mich früher oder später gelangweilt und suche nach neuen Kontakten.
8. Ich mag es nicht, wenn jeder Tag routiniert verläuft.
9. Ich mag Substanzen, die mir das Gefühl geben, »high« zu sein (Kaffee, Schwarztee oder andere Pflanzen).

10. Ich bevorzuge Freunde/Partner, mit denen es nicht langweilig wird, die immer für eine Überraschung gut sind.
11. Ich wäre gern eine Forscherin für verschiedenste Fachgebiete.
12. Ich mag Kunst, die mir intensive Gefühle vermittelt.
13. Wenn es sicher wäre, würde ich gern bewusstseinserweiternde Drogen einnehmen, um neue Erfahrungen zu machen.

Auswertung
Haben Sie mehr als acht Fragen mit Ja beantwortet, dann sind Sie mit großer Wahrscheinlichkeit eine HSS. Die Kombination aus Hochsensibilität und High Sensation Seekern ist eine brisante Mischung, die zu vielen Fragenzeichen führt, bis die Persönlichkeitsveranlagung erkannt wird.

Seelenlandschaft und Persönlichkeitsstruktur

Nachdem Sie die verschiedenen Tests gemacht haben, können Sie sich nun einen Gesamtüberblick zur Ihrer Seelenlandschaft machen. Kreuzen Sie in dem Kasten die Aspekte an, die auf Sie zutreffen, und werden Sie sich bewusst, wie Ihre Persönlichkeitsstruktur aussieht.

O Hochsensible Veranlagung mit _____ Punkten
O High Sensation Seeker
O Mulitbegabte Scannerpersönlichkeit
O Introvertiert
O Extrovertiert (reele Selbsteinschätzung;
    hierzu gibt es keinen Test)

Macht und Magie der Worte:
Bannsprüche erkennen und lösen

Ich habe herausgefunden, dass viele Frauen den Begriff der Hochsensibilität zunächst ablehnen, weil sie damit *Schwäche* oder *Labilität* verbinden. Frauen galten früher ohnehin als das »schwache Geschlecht«. In dem kollektiven Bemühen, die historischen Fesseln der Unterdrückung abzuwerfen, haben sich Frauen an männlichen Prinzipien wie Erfolg, Karriere, Macht und emotionaler Unnahbarkeit orientiert. Die Vorstellung, hochsensibel zu sein, vermittelt vielen ein ungutes Gefühl, da sie sich nicht rückwärts-, sondern vorwärtsbewegen wollen. Doch wir Frauen können nicht in unsere wahre Kraft kommen, solange wir unsere Sensitivität und weiblichen Qualitäten ablehnen. Um sich der inneren Blockaden zu entledigen, brauchen wir die Bereitschaft, unsere Prägungen und »Mental-Programme« genau unter die Lupe zu nehmen. Damit meine ich die vielen Sätze, die sich im Laufe unseres Lebens in unserem Unterbewusstsein eingenistet haben und uns aus dem Hintergrund dirigieren. In diesem Bewusstsein leben wir förmlich im Autopilot-Modus und wundern uns dann, warum wir uns so hilflos, wertlos und falsch fühlen.

Deshalb lade ich Sie ein, mit mir gemeinsam die praktischen Auswirkungen missverstandener Hochsensibilität in Ihrer eigenen Biografie zu beleuchten. Dabei möchte ich ein besonderes Augenmerk auf unsere Sprachgewohnheiten legen. Jedes Wort erzeugt in uns ein bestimmtes Gefühl, das sowohl familiär als auch gesellschaftlich geprägt ist. Der bewusste Umgang mit Sprache verhilft uns zu einem bewussten Umgang mit uns selbst. Sicher kennen Sie auch Wortkreationen, die uns Frauen wie Stempel aufgeprägt wurden. Sie wirken märchengleich wie ein Zauber- oder Bannspruch, der uns so lange gefangen hält, bis wir uns aus dem inneren Gefängnis befreien. Wie geht es Ihnen zum Beispiel mit diesen Sätzen? Welche davon kennen Sie selbst? Wie fühlen Sie sich dabei?

Du bist ja mal wieder mimosenhaft!
Jetzt sei doch nicht wieder so hysterisch!
Sei doch nicht so zickig!
Du bist ja zerbrechlich!
Du bist ja wie ein rohes Ei!
Du benimmst dich wie die Prinzessin auf der Erbse.
Du bist ja viel zu zimperlich!
Wie kannst du so etwas sagen!
Bist du wieder empfindlich!
Fang bloß nicht an zu heulen!
Reiß dich zusammen.
Jetzt verhätschle das Kind doch nicht so!
Verlier bloß nicht die Nerven!
Jetzt spinnst du wieder!
Du bist naiv!
Das bildest du dir nur ein!
Du wirst es nie zu etwas bringen.
So wird dich kein Mann heiraten.

Diese Sprüche von Eltern, Großeltern oder Lehrern stammen aus längst vergangenen Zeiten, in denen es keinen Platz für Verletzlichkeit gab. Besonders die beiden Weltkriege haben dafür gesorgt, dass die Erziehung eher militärisch als liebevoll ablaufen sollte. Durchhalten, Disziplin, Abhärtung, Überleben, Arbeiten, Leistung und Erfolg waren wichtig. Deshalb ist uns kollektiv die Wertschätzung für das Feine, Empfindsame und Sensitive verlorengegangen.

Ich nenne diese Sätze auch *Bannsprüche*. Im Märchen gibt es haufenweise Zaubersprüche. Dort zeigen sie eine sofortige, sichtbare Wirkung. Der hübschen Frau wächst zum Beispiel eine Schweinenase, die Meerjungfrau verliert ihre Stimme und wird stumm, eine Prinzessin wird in einen Schwan verwandelt. Als Folge der meisten Zaubersprüche wird in den Sagen immer wieder thematisiert, dass die Heldin ihre wahre Liebe nicht finden kann. Solange wir unsere Konditionierungen und negativen Glaubenssätze nicht heilsam durchleuchten, sind negative Erfahrungen in Beziehungen, Einsamkeit und Verlust vorprogrammiert. Unser Selbstwertgefühl liegt am Boden. Wie die kleine Meerjungfrau werden wir stumm und können uns nicht zur Wehr setzen, wenn andere uns manipulieren, beleidigen oder ausnutzen. Auch in der weltberühmten Romanreihe um Harry Potter gibt es Flüche, die durch magische Sprachformeln und die Absicht des Absenders gebündelt auf das Zielobjekt übertragen werden.

Warum faszinieren uns diese Märchen bis heute, sogar in unserer aufgeklärten, modernen Epoche? Als Kinder leben wir noch in dieser magischen Welt. Alles, was uns im frühen Alter gesagt und vermittelt wird, nehmen wir in einer Offenheit auf, die sich tief in unserem Unterbewusstsein abspeichert. Je öfter wir bestimmte Sprüche in der Kindheit gehört haben, desto mächtiger ist die Programmierung. Unser altbekannter »innerer Kritiker« meldet sich zu Wort.

Was genau sind Bannsprüche?

- Sie beschämen uns wegen unserer Gefühle.
- Sie verletzen uns tief im Herzen und untergraben unser Selbstwertgefühl.
- Sie sorgen dafür, dass wir uns selbst nicht mehr vertrauen.
- Sie verleugnen unsere eigene Realität und zwingen uns dazu, Situationen aus der verzerrten Sicht des anderen zu sehen. (War doch gar nicht so schlimm!)
- Sie machen uns ohnmächtig und hilflos.
- Sie verschleiern die verletzenden Taten der anderen.

- Meist werden sie über viele Generationen hinweg wiederholt.
- Sie zielen darauf ab, Kinder abzuhärten.
- Sie verdrehen die Tatsachen.

Resultierend aus diesen Erfahrungen verlieren die meisten hochsensitiven Frauen im Laufe ihrer Biographie das Vertrauen in ihre feine Wahrnehmung. Sie zweifeln an ihren Gefühlen und versuchen stattdessen, ihre Umwelt mit der Ratio zu verstehen. Dass sie damit an Grenzen stoßen, ist zwangsläufig. Indem wir die Realität unserer Gefühlswelt verleugnen, werden wir gleichermaßen anfällig für Machtspielchen und Manipulationen anderer Personen. In meinen Beratungen habe ich auch mit Frauen zu tun, die unter latentem oder offensichtlichem Mobbing leiden. Dies kann in Familien und im Beruf gleichermaßen stattfinden. Natürlich legt das Gegenüber größten Wert darauf, seine Angriffe mit einem Lächeln zu verschleiern oder mit einem scheinbar vorhandenen Recht auf die Alphaposition. Wenn wir als Kinder durch Bannsprüche verlernt haben, unserer eigenen Wahrnehmung zu vertrauen, sind wir als Erwachsene hilflos Energieräubern ausgeliefert. Wir werden anfällig für destruktive, ausbeuterische Beziehungen, selbst in intimen Partnerschaften. Genauso wird es in den Märchen immer wieder gezeigt.

Im Verlauf des Buches werde ich Ihnen weitere verborgene Feinheiten der deutschen Sprache vermitteln, die Sie wieder an Ihre ursprünglichen Wurzeln erinnern. Sie werden die Kraft finden, sich gegen abstempelnde Wortgebilde zur Wehr zu setzen. Mit Sicherheit kennen Sie auch die Redewendungen *»den roten Faden behalten«* oder *»spinnst du wieder«*. Das Spinnen, Weben und Färben waren in vorindustriellen Zeiten Tätigkeiten, die überwiegend von Frauen ausgeübt wurden. Es sind sinnliche, archaische Handwerkskünste. In dem Roman *Die Ne-*

bel von Avalon wird das Spinnen als Tor gezeigt, um sich in andere Bewusstseinszustände hineinzuversetzen. Die Mutter von Artus und Morgaine saß am Spinnrad und empfing Visionen aus Avalon und von den Kämpfen ihrer Männer.

Sie können sich auch in Ihre *eigene Welt spinnen* oder *in einen Kokon weben*. Genau das brauchen sensitive Frauen: Freiräume, um ihre Innenräume zu entdecken. Auch das Schreiben ist eine Art *Weben und Spinnen. Ich spinne meinen Faden, ich webe meinen Text. Der rote Faden* weist uns auf eine lebenserhaltende Kraft hin. Viele dieser Symbole sind noch in unseren alten Volksmärchen enthalten. Ich lade Sie herzlich ein, mit mir zu spinnen. Ich möchte Sie gleich in eine Märchenwelt entführen, die ein starkes Heilungspotenzial enthält. In jedem Märchen gibt es gute Feen oder gute Hexen, die mit ihren Zaubersprüchen *befreien, lösen, verwandeln und heilen* können. In unserer modernen Zeit nennen wir diese machtvollen Worte »Affirmationen«. Sie bestätigen unsere eigene Wahrheit, sie schenken Kraft und bestärken uns in dem Glauben an uns selbst. Wenn wir bewusst mit Affirmationen arbeiten, öffnen sich neue Räume, alte Verletzungen können heilen, und unser Herz beginnt zu leuchten.

Übung: Die gute Fee

Stellen Sie sich vor, dass Sie in der Obhut einer guten Fee sind. Sie wohnt an einem heiligen Ort in der Natur und ist überall von Schönheit umgeben. In dem Baumhaus, der Höhle oder dem Schloss der Fee finden sich wunderschöne Blumen, edle Kristalle und inspirierende Farben. Diese Fee ist uns Menschen wohlgesinnt und kann in unsere Herzen schauen.

Denken Sie jetzt an drei Wünsche, die Sie für Ihre persönliche Weiterentwicklung hegen: zum Beispiel endlich Ihren Seelenpartner zu finden, Ihre Berufung, mit sich selbst ins Reinc zu kommen oder einen guten Platz zum Leben zu finden. Was auch immer es ist, Sie brauchen dafür den Glauben an sich selbst und die Auflösung der alten Bannsprüche. Schauen Sie in die Augen der liebevollen Fee. Sehen Sie das strahlende Leuchten, die Wertschätzung und Sanftheit in ihrem Wesen. Sie ist aufrichtig bereit, Ihnen zu helfen, wenn Sie Ihr höchstes Potenzial entfalten wollen. Tragen Sie der Fee Ihre Einwände vor, warum Sie bisher glaubten, Ihre Wünsche nicht erreichen zu können. Erinnern Sie sich an die Bannsprüche und welche davon noch heute in Ihnen wirksam sind.

Zum Beispiel:

»Ich werde nie den richtigen Partner finden, weil ich nicht liebenswert bin.«

»Ich schaffe es nicht, meine Berufung zu verwirklichen, weil ich viel zu große Angst vor dem Versagen habe.«

Stellen Sie sich nun vor, wie die Fee liebevoll ihre Hände auf Ihr Herz legt und ganz viel Licht in Sie hineinströmt. Lassen Sie dieses Licht tief in Ihr Herz einsinken und sich dort ausbreiten. Wenn Sie die alten Bannsprüche aufgeschrieben haben, wandeln Sie diese mit der Kraft der guten Fee in das positive Gegenteil um. *»Ich finde den richtigen Partner, weil ich weiß, dass ich liebenswert bin.«* Sie können die alten Sprüche später in einem Ritual feierlich verbrennen.

Die Fee gibt Ihnen nun eine Reihe von Zaubersprüchen und Affirmationen, mit denen Sie sich ab sofort selbst aus den Bannsprüchen der Vergangenheit befreien können. Lesen Sie die Affirmationen laut vor, schreiben Sie sie auf ein schönes Stück Papier und legen Sie es an einen heiligen Ort, wo Sie sich zurückziehen zum Meditieren, Malen, Entspannen oder Lesen. Lassen Sie sich inspirieren und schreiben Sie eigene Affirmationen dazu.

Affirmationen für hochsensible Frauen

Ich bin eine wertvolle Frau.
Meine Sensibilität ist ein Geschenk des Lebens an mich.
Ich vertraue meiner Wahrnehmung.
Ich bin wichtig.
Ich bin bereit, meine eigene Schönheit zu sehen.
Ich bin liebenswert, so wie ich bin.
Meine Sensibilität schenkt mir unendliche Gaben.
Meine Gefühle sind mein innerer Kompass.
Ich gebe mir die Erlaubnis, verletzlich zu sein.
Tränen sind die Perlen meiner Seele.
Ich bin richtig, so wie ich bin.
Ich habe der Welt viel zu geben.
Das Leben versorgt mich mit Liebe und allem,
*   was ich brauche.*
Ich darf mich entspannen und Unterstützung annehmen.
Wenn ich auf meine innere Stimme höre,
*   werde ich zu meiner Wahrheit geführt.*
Es gibt eine liebende Kraft,
*   die mich positiv auf meinem Lebensweg unterstützt.*
Meine Feinfühligkeit
*   macht mich zu einem umsichtigen Menschen.*
Ich liebe das Leben, und das Leben liebt mich.
Ich vertraue auf meine weibliche Kraft.
Meine Sensibilität verhilft mir
*   zu einer sprühenden Kreativität.*
Meine Tiefgründigkeit hilft mir,
*   den verborgenen Plan des Lebens zu verstehen.*
Ich spüre meine Verbundenheit mit dem Kosmos und
*   finde darin eine tiefe Geborgenheit.*
Alles ist möglich. Wenn ich mein Herz für das Leben öffne,
*   ereignen sich glückliche Zufälle und Fügungen.*

Wir haben es leichter, diesen Affirmationen Glauben zu schenken, wenn wir uns für den Gedanken öffnen, dass das schöpferische Universum uns so gewollt hat, wie wir sind. Wenn wir auf eine positive Kraft vertrauen, die uns leitet und in schweren Stunden beisteht, dann haben wir einen Schatz gefunden, der unserem Leben einen Sinn gibt und uns Mut macht. Diese verborgenen Kräfte offenbaren sich in sogenannten »Zufällen«, mystischen Erlebnissen oder glücklichen Umständen, die uns zeigen, dass es mehr zwischen Himmel und Erde gibt, als die Schule uns vermittelt hat. Wenn wir aus unserem Gedankengefängnis, aus Antriebslosigkeit und Selbstzweifel entfliehen wollen, brauchen wir wieder Vertrauen ins Leben.

Unsere Sensibilität ist ein Geschenk mit einem tieferen Sinn. Auch wenn sich Menschen negativ zu Ihrer Sensibilität geäußert haben, bedeutet das nicht, dass sie recht hatten. Öffnen Sie sich für eine größere Perspektive und überlegen Sie, welchen höheren Sinn es haben könnte, dass es hochsensible Menschen gibt. Im Laufe des Buches werden Sie die verschiedenen Gaben hochsensibler Frauen genauer kennenlernen. Das wird Ihnen helfen, Ihre Veranlagung immer mehr anzunehmen und wertzuschätzen.

Es kann sein, dass Sie während des Spielens mit Affirmationen Gefühle von Trauer oder Wut verspüren. Kämpfen Sie nicht dagegen an. Wenn Sie es jahrzehntelang gewohnt waren, negativ über sich zu denken, haben Sie die dazu passenden Gefühle im Gepäck. Lassen Sie diese Verletzungen und Erinnerungen wie Steine aus einem Rucksack hinter sich fallen. Halten Sie bitte nicht an einem negativen Selbstbild fest, nur weil sie daran gewöhnt sind. Stellen Sie sich vor, dass Sie wie ein Schmetterling in der Lage sind, eine völlig neue Gestalt anzunehmen, um Ihre wahre Schönheit zu entfalten.

Kapitel 3

Selbstakzeptanz

Wie Sie Ihren inneren Kritiker über Bord werfen

Im nächsten Schritt möchte ich Sie einladen, gemeinsam mit mir Ihren inneren Kritiker unter die Lupe zu nehmen. Die gerade beschriebenen Sprüche und Sätze unseres Umfelds formen sich im Laufe der Jahre zu inneren Stimmen, die wir wie hypnotisiert in unserem Kopf wiederholen. Denken Sie einen Augenblick über folgende Fragen nach:

- Was ist der negativste Gedanke über mich selbst?
- Was möchte ich nicht, das andere über mich denken?
- Welche meiner Eigenschaften kann ich nicht annehmen?
- Was ist der tiefere Grund hinter meinen Misserfolgen im Leben?
- Warum erfüllen sich meine Wünsche nicht?

Wenn Sie jetzt ganz ehrlich und offen in sich hineinhorchen, werden Ihnen altbekannte Glaubenssätze über sich selbst und die Welt begegnen. Schreiben Sie schnell, ohne darüber nachzudenken, alles auf, was Ihnen jetzt in den Sinn kommt. Lesen Sie danach die Top 10 der häufigsten, negativen Glaubenssätze, die Frauen mit sich herumschleppen.

1. Ich bin nicht liebenswert.
2. Ich bin eine Zumutung/Belastung.

3. Ich bin schwach.
4. Ich kann meiner Wahrnehmung nicht vertrauen.
5. Ich bin eine Versagerin.
6. Ich bin schuldig.
7. Ich bin nicht hübsch genug. (Eine Abwandlung von »nicht liebenswert«.)
8. Ich bin verantwortlich für die anderen.
9. Ich weiß nicht, was ich will.
10. Wenn ich mein Licht zum Leuchten bringe und zeige, wer ich wirklich bin, werde ich plötzlich sichtbar und angreifbar. Dann bin ich nicht mehr sicher.

Diese Glaubenssätze und unzählige Abwandlungen spuken in unseren Köpfen so lange herum, bis wir sie uns vollständig bewusst machen und loslassen. Oftmals wiederholen wir innerlich Wort für Wort die Sätze, die unsere Eltern zu uns gesagt haben. Dann meldet sich der innere Kritiker auch gern mit einer »Du«-Formulierung. Zum Beispiel hören wir wie ein inneres Echo aus alten Tagen den Satz: *»Du wirst es nie zu etwas bringen.«* In solchen Momenten ist es hilfreich, wenn Sie sich klarmachen, dass diese Sätze wie eine alte Schallplatte sind, die jemand gerade wieder aufgelegt hat. Keinesfalls stellen diese negativen Glaubenssätze die Wahrheit dar, wenngleich Sie mit Sicherheit einhundert »Beweise« aus Ihrem Leben dazu liefern könnten. Um sich von diesen Programmierungen zu verabschieden, können Sie folgende Methoden ausprobieren.

- Überlegen Sie genau, welche Erfahrung/welche Person die Quelle dieses Glaubenssatzes ist. Oftmals agieren Eltern an den Kindern ihre unbewussten Verletzungen aus, die sie selbst noch nicht geheilt haben. Vergeben Sie den Personen, die Ihnen vermittelt haben, dass mit Ihnen etwas nicht stimmt. Sie wussten es nicht besser.

- Schreiben Sie den Glaubenssatz auf ein Stück Papier und legen dieses weit weg von sich im Raum. Betrachten Sie den Satz wie ein Computervirus, das in Ihr Bewusstsein eingedrungen ist und dort Schaden anrichtet. Er ist nicht Teil Ihrer Identität, sondern als »fremd« einzustufen. Durch die räumliche Distanz finden Sie auch emotionalen Abstand. Eine Antivirus-Software würde Eindringlinge aufspüren und löschen. Das können Sie nur, wenn Sie das Programm nicht als Teil Ihres Selbst definieren.

- Hören Sie auf, die dazugehörigen Emotionen zu unterdrücken. Oftmals verbrauchen wir zu viel Energie damit, unsere negativen Kernüberzeugungen und die damit verbundenen Emotionen wegzudrücken. Auf diese Weise schneiden wir uns von unserer Lebendigkeit ab. Sobald Sie einen negativen Glaubenssatz über sich selbst entdeckt haben, werden Trauer, Ohnmacht, Wut und andere intensive Gefühle zum Vorschein kommen. Lassen Sie den Tränen freien Lauf, umarmen Sie Ihre verletzten Gefühle, geben Sie ihnen eine Existenzberechtigung. Wenn wir nicht mehr dagegen ankämpfen, können wir endlich loslassen. Denn solange Sie dagegen kämpfen, glaubt ein Teil von Ihnen noch immer, dass der Glaubenssatz wahr ist!

- Vergeben Sie sich selbst dafür, dass Sie so negativ über sich gedacht haben. Dafür brauchen Sie ein höheres Bewusstsein. Anstatt sich in Selbstanklage, Schuld und Scham zu wälzen, bewegen Sie sich auf eine höhere Ebene. Verbinden Sie sich mit dem liebevollen Bewusstsein in Ihrem Herzen und seien Sie großzügig mit sich selbst. Spielen Sie mit dem Satz: »*Ich vergebe mir zu denken, ich sei ... nicht liebenswert*« usw. Sehen Sie sich durch die Augen einer liebevollen Person, die Sie vollständig in Ihr Herz geschlossen hat. Dafür können Sie sich zum Beispiel Menschen aus Ihrer Biographie vorstellen, die Ihnen mit

Liebe und Respekt begegnet sind. Oder Sie stellen sich eine höhere Kraft vor.

- Wenn der innere Kritiker in »Du-Form« mit Ihnen spricht, können Sie sich ihn auch als Figur vorstellen. Zum Beispiel als Zwerg oder eine andere Figur aus der Märchenwelt. Einige Menschen sehen tatsächlich die realen Personen vor sich, die sie durch Worte klein gehalten haben. Nehmen Sie einen imaginären Zauberstab zur Hand und schrumpfen Sie die Figur des Kritikers auf die Größe eines Däumlings. Was mir persönlich sehr viel Spaß macht, ist es, den Kritiker zum Schweigen zu bringen. Als Däumling kann er ohnehin nur noch leise piepsen. Nehmen Sie noch eine imaginäre Käseglocke aus Glas zur Hand und stülpen Sie ihm diese über. Von einem Moment auf den anderen werden Sie nur noch die verzweifelten Bewegungen des Kritikers sehen, der unter der Käseglocke zappelt. Sie hören nichts mehr. Diese Technik ist besonders hilfreich, wenn die Kritikerstimmen quälend und stichelnd sind.

Je mehr Sie bereit sind, sich selbst bedingungslos zu lieben, egal welche Macken sie haben, umso weniger brisant werden sich die inneren kritischen Stimmen melden. Und wenn doch, haben Sie jetzt Zugang zu einer liebevollen Instanz in Ihrem Inneren, die versöhnlich, großzügig, geduldig und annehmend ist. Im Licht der Selbstliebe wird der innere Kritiker von Jahr zu Jahr schwächer.

Sie sind ganz richtig, so wie Sie sind

Wenn Sie durch die Testauswertung zu dem Ergebnis gekommen sind, dass Sie zur Gruppe der Hochsensiblen gehören, haben Sie möglicherweise gemischte Gefühle. Das kann ich gut verstehen. Ich möchte Sie von Herzen einladen, sich liebevoll, neugierig und wertschätzend mir Ihrer Eigenart zu beschäftigen. Sobald Sie sich bewusst werden, wer Sie in Ihrem innersten Wesen sind, können Sie sich von überholten Rollen und Mustern befreien, die Sie in der Vergangenheit zum Schutz Ihres verletzlichen Wesens aufgebaut haben. Dazu gehören zum Beispiel die Wünsche, immer stark sein zu wollen, Leistung zu bringen, sich Verletzlichkeit nicht anmerken zu lassen, ein starkes Streben nach Perfektion, Überanpassung, nicht zu wissen, was Sie wirklich im Leben wollen, und andere Angewohnheiten, die den Ausdruck Ihrer Lebensfreude beeinträchtigen.

Doch damit ist bald Schluss. Herzlichen Glückwunsch! Viele meiner Coaching-Klienten erlebten die Erkenntnis, hochsensibel zu sein, als »eine große Erleichterung« oder »ein Nach-Hause-Kommen«. Sie hatten das Gefühl, endlich richtig erkannt worden zu sein oder endlich verstanden zu werden. Sensitive Frauen, die ihr Temperament erkennen, entwickeln ein stärkeres Selbstbewusstsein, wenn sie aufhören, sich ständig in Frage zu stellen. Tatsächlich fragen sich viele unerkannte Hochsensible, ob sie verrückt sind oder etwas mit ihnen nicht stimmt. Es ist schon erstaunlich, wie unsere Gesellschaft es vollbringt, die wertvollen Qualitäten feinfühliger Frauen so wenig wertzuschätzen. Das Feine, das Leise, Empfindsame wird übertönt durch Action, Lärm, Außenwirkung, Maschinenlogik und Leistungsdruck. Sensitive Frauen haben so viel zu geben, und sie engagieren sich häufig sozial. Ihr – meist unerkannter – Einfluss auf unsere Gesellschaft ist nicht zu unterschätzen.

Die sensitive Veranlagung ist kein frauenspezifisches Thema. Es gibt natürlich auch hochsensible Männer. Aufgrund jahrtausendealter Rollenverteilungen, in denen Männer stark, robust, rational, soldatisch, beschützend usw. sein sollten, fällt es ihnen bis heute schwer, ein sensitives Temperament bei sich selbst zu begrüßen oder offen zu leben. In den letzten Jahrzehnten weichten diese Rollenklischees zwar auf, dennoch prägen sie uns bis heute. Auf der anderen Seite haben sich viele Frauen daran gewöhnt, männliches Rollenverhalten zu übernehmen, und »stehen ihren Mann«: im Beruf oder privat. Auch die Trümmerfrauen, die den Wiederaufbau nach dem Zweiten Weltkrieg in Europa leisteten, hatten kaum Platz für Sensibilität. Es ging in vielen Familien ums Überleben. Deshalb haben viele hochsensible Frauen sowohl männliche als auch weibliche Vorbilder in ihren Ursprungsfamilien erlebt, die ihre Gefühle unterdrückten, keine Schwäche zeigten und geradezu besessen davon waren, viel zu arbeiten. Das ist natürlich keine gute Grundlage, um die eigene Verletzlichkeit und Sanftheit als tolle Eigenschaft zu begrüßen.

Die sieben Sinne

Wenn wir Hochsensibilität als eine Sinnesbegabung betrachten, stellt jeder Sinneskanal das Tor für vielschichtige Wahrnehmungsebenen dar. Freuen Sie sich, dass Sie über dieses intensive Wahrnehmungsvermögen verfügen. Im folgenden Abschnitt stelle ich Ihnen die wichtigsten Sinneskanäle vor und zeige Ihnen, welche Vorteile es hat, intensiver wahrzunehmen. Sie finden heraus, welche Ihrer Sinnesbereiche besonders aufnahmefähig sind. Daraus ergeben sich vielfältige Vorteile im Berufs- und Privatleben.

Sehen

Über die Augen empfangen wir vielschichtige, komplexe Informationen. Wenn Ihr visueller Sinneskanal besonders stark ausgeprägt ist, werden Sie über das Sehen zuverlässige Informationen über Ihre Umwelt erhalten.

Ob Sie über die Augen besonders stark aufnahmefähig sind, erkennen Sie an folgenden Punkten:

- Sie können sich Texte, Telefonnummern, eigene Notizen usw. vor Ihrem inneren Auge abrufen und leicht vorstellen.
- Sie haben einen guten Sinn für Farben und sehen genau, welche Farbtöne zusammenpassen. Dies bemerken Sie, wenn Sie schöne Farbkompositionen in Bildern, Kleidern oder in der Wohnungseinrichtung zusammenstellen.
- Sie können sich Gesichter von Personen gut merken.
- Der Gesichtsausdruck eines Menschen verrät Ihnen etwas über seinen Gefühlszustand.
- Sie haben einen Sinn für Schönheit und Symmetrie.
- Wenn Sie in einen unharmonischen Raum eintreten, der nicht schön gestaltet, vielleicht sogar chaotisch oder besonders kühl erscheint, fühlen Sie sich emotional nicht wohl. Sie möchten am liebsten etwas verändern und haben sofort Ideen dazu.
- Sie sind empfänglich für Lichtstimmungen, zum Beispiel beim Sonnenuntergang, zu bestimmten Jahreszeiten oder am Wasser. Es ist bekannt, dass viele Maler ihre Wohnorte am Meer wegen des besonderen Lichts ausgewählt haben.

- Wenn Sie sich intensiv mit Farben beschäftigen, können Sie in einen Farbenrausch geraten und gar nicht genug davon bekommen.
- Farben stimulieren Ihr Gefühlsleben stark. Sie lösen Wohlbefinden oder Irritationen aus.
- Sie sehen Details, die anderen Menschen entgehen.
- In der Natur sind Sie besonders empfänglich für die Schönheit der Pflanzen, Bäume, Blumen und Tiere. Das versetzt Sie in ein Hochgefühl.
- Wenn Sie auf Vorträgen sind oder länger telefonieren, beginnen Sie unwillkürlich, auf Ihrem Blatt kleine Dinge zu malen: Männchen, Blumen, Bäume, Mandalas und phantasievolle Kritzeleien.
- Bei Meditationen können Sie sich innere Bilder leicht vorstellen.
- Sie fühlen sich von Berufen angezogen, die mit dem Auge zu tun haben: Fotografin, Designerin, Malerin, Innenarchitektin, Bühnenbildnerin, Schauwerbegestalterin, Friseurin, Landschaftsarchitektin, Kamerafrau, Regisseurin usw.

Hören

Auch die Ohren gehören zu unseren wichtigsten Sinnesorganen. Ähnlich wie das Auge, das dreidimensionale Bilder empfängt, hilft uns das Gehör, unsere Umwelt in 360 Grad wahrzunehmen.

Ob Sie über die Ohren besonders stark aufnahmefähig sind, erkennen Sie an folgenden Punkten:

- Sie können Anrufer am Telefon sofort an der Stimme erkennen.
- Anhand des Stimmklangs einer Person fühlen Sie sich angezogen oder abgestoßen.

- Sie hören genau, welche Musik einen positiven Einfluss auf Sie ausübt. Sie können sich für klassische oder traditionelle Musik begeistern.
- Sie erkennen am Klang der Stimme, wie sich die andere Person gerade fühlt, auch wenn sie es noch nicht ausgesprochen hat.
- Sie können innerlich Musik hören, wenn Sie es wollen.
- Sie lieben Musik und singen selbst gern.
- Als Kind haben Sie sich schon zu Musikinstrumenten hingezogen gefühlt und vielleicht sogar eines erlernt.
- Sie können mit Ihrer Stimme gut umgehen und haben eine Affinität zum Singen und Sprechen.
- Sie sind sprachbegabt und können leicht Fremdsprachen lernen.
- Sie hören genau, wenn ein Instrument verstimmt ist, eine Komposition nicht passt oder Mitglieder im Chor schief singen.
- Musik versetzt Sie in phantastische innere Welten. Sie haben zu Hause eine ganze Sammlung von CDs, Schallplatten und eine musikalische Hausapotheke.
- Schon nach wenigen Sekunden erkennen Sie ein Lied und den Interpreten.
- Ihre Ohren reagieren auf Lärm mit unangenehmen Empfindungen.
- Sie fühlen sich von Berufen angezogen, die mit dem Gehör und Sprache zu tun haben: Sängerin, Instrumentalistin, Komponistin, Logopädin, Tontechnikerin, Gesprächstherapeutin, Moderatorin, Schriftstellerin, Dolmetscherin, Synchronsprecherin, Schauspielerin usw.

Fühlen

Die Haut ist unser größtes Sinnesorgan. Über den taktilen Kanal werden unzählige Mengen an Informationen zwischen Ihnen und Ihrer Umwelt ausgetauscht.

Ob Sie über das Fühlen besonders stark aufnahmefähig sind, erkennen Sie an folgenden Punkten:

- Sie können anhand der Körperspannung ertasten, wie es einer anderen Person geht (ideal für Körpertherapeuten).
- Sie haben einen ausgeprägten Sinn für Körperlichkeit, Bewegung, Tanz, Kontakt.
- Sie massieren sehr gut, auch wenn Sie das nicht professionell erlernt haben. Intuitiv ertasten Sie die kleinsten Blockaden und Schmerzstellen.
- Wenn Sie eine praktische Tätigkeit lernen, schaffen Sie das am besten über das Nachahmen. Nur Zuschauen oder Zuhören reicht nicht aus. Erst wenn Sie es selbst gefühlt, getan und gespürt haben, können Sie es umsetzen.
- Sie suchen bei Begegnungen mit anderen Menschen Körperkontakt oder vermeiden diesen ganz bewusst, weil sie über diesen Kanal sehr viele Informationen aufnehmen.
- Sie haben ein gutes Gespür für Ihren eigenen Körper.
- Ihre Hände sind sehr feinfühlig. Darüber erspüren Sie genau, wie es Tieren und Menschen geht, die Sie berühren.
- Sie fühlen sich von Berufen angezogen, die mit dem Körper zu tun haben: Masseurin, Osteopathin, Tänzerin, Choreographin, Craniosacraltherapeutin, Kosmetikerin, Schneiderin, Yogalehrerin, Sportlerin, Töpferin, Goldschmiedin usw.

Schmecken und Riechen

Diese beiden Sinneskanäle gehören zusammen. Das werden Sie schon bemerkt haben, wenn Sie beispielsweise durch eine starke Erkältung Ihren Geruchssinn kurzzeitig verloren haben und das Essen plötzlich nach nichts mehr schmeckt. Besonders im Umgang mit Nahrung oder bei der Herstellung von Parfüm sind diese Sinneskanäle fast unerlässlich.

Ob Sie über das Riechen und Schmecken besonders stark aufnahmefähig sind, erkennen Sie an folgenden Punkten:

- Sie riechen am Gemüsestand, ob eine Frucht reif ist.
- Sie können am Geruch eine Landschaft zuordnen.
- Sie riechen den Regen, bevor er niederfällt.
- Sie sind eine Feinschmeckerin.
- Sie genießen Essen und Trinken auf sinnliche Weise.
- Sie experimentieren beim Kochen gern mit vielfältigen Aromen, Gewürzen, Zutaten, Weinen und Essenzen.
- Sie können am Körpergeruch eines Menschen erspüren, wie es ihm geht.
- Sie interessieren sich für ätherische Öle und Duftpflanzen. Am liebsten würden Sie selbst Duftöle und Parfüms herstellen oder haben dies bereits getan.
- Pflanzendüfte entführen Sie in eine Märchenwelt.
- Sie fühlen sich von Berufen angezogen, die mit dem Riechen und Schmecken zu tun haben: Parfümherstellerin, Winzerin, Restaurantkritikerin, Kosmetikherstellerin, Köchin, Kräuterpädagogin usw. Wahrscheinlich werden die meisten sensitiven Frauen eher privat mit diesen Tätigkeiten zu tun haben, denn besonders die Produktion von Wein, Parfüm oder Delikatessen wird durch Familienunternehmen verwirklicht. Nur durch Interesse und Begabung allein ergibt sich nicht selbstverständlich eine Berufstätigkeit in diesen Feldern.

Der sechste Sinn: soziale Wahrnehmung und Feinfühligkeit fürs Zwischenmenschliche

Vielfach werden der »sechste« und der »siebte« Sinn des Menschen synonym verwendet. Für mehr Klarheit würde ich gern eine Unterscheidung vornehmen. Ich möchte Ihnen an dieser Stelle ganz einfach mein eigenes Modell vorstellen. Sehen Sie es als pragmatisches Arbeitsmodell. Wenn ich hier im Buch vom »sechsten« oder »siebten« Sinn schreibe, wissen Sie, worauf ich mich beziehe.

Den sechsten Sinn bezeichne ich am liebsten als »Sozialsensor«. Er hilft uns, soziale Situationen in Sekundenbruchteilen zu erfassen und darauf zu reagieren. Dabei werden ganz besonders der visuelle Kanal (Körpersprache erfassen), der auditive Kanal (Stimmungen hören) und die soziale Intelligenz miteinander verknüpft. Ein Sinneskanal in Form einer organischen Datenverarbeitung allein ist hier nicht mehr zuzuordnen. Es ist vielmehr unser Gehirn, das aus den verschiedenen Eindrücken und Erfahrungen eine Gesamtwahrnehmung herstellt. Dabei spielt die Sozialisierung eines Menschen die entscheidende Rolle.

Ob Ihr Sozialsinn besonders stark ausgeprägt ist, erkennen Sie an folgenden Punkten:

- Sie verfügen über eine ausgeprägte Empathie. Sie sind sehr mitfühlend und können sich emotional in eine andere Person hineinversetzen.
- Sie sind hilfsbereit.
- Bei Konflikten möchten Sie gern schlichten, vermitteln und Harmonie bringen. Dabei fällt es Ihnen leicht, sich in die unterschiedlichen Standpunkte der jeweiligen Konfliktpartner hineinzuversetzen.
- Sie verspüren ein sehr großes Verantwortungsgefühl gegenüber Ihrer sozialen und natürlichen Umwelt.

- Sie sind fest davon überzeugt, dass das Leben ein großes Netzwerk ist, in dem alles auf eine wunderbare Art miteinander verwoben ist.
- Andere Menschen schätzen Ihre Fähigkeit, aufmerksam zuzuhören.
- Sie sind eine exzellente Beobachterin von Menschen.
- Soziale Situationen sind immer mit Gefühlen verbunden. Ihre eigene Gefühlswelt erleben Sie als intensiv und vielfältig. Sie haben ein ausgeprägtes Gespür für Gefühlszustände anderer Personen in Ihrem Umfeld.
- Sie fühlen sich von Berufen angezogen, die mit dem sozialen Engagement zu tun haben: Psychotherapeutin, Logopädin, Ärztin, Coach, Personalentwicklerin, Lehrerin, Sozialpädagogin, Heilpädagogin, Erzieherin, Heilpraktikerin usw.

Unsere Sinne im Überblick

▶ *Je mehr Sinneskanäle gleich stark ausgeprägt sind, desto vielfältiger sind die Möglichkeiten, die daraus entstehen.*

▶ *Hochsensible verfügen meist über mindestens einen besonders ausgeprägten Sinneskanal. Auch die intensive Ausprägung verschiedener Kanäle ist möglich. Daraus entstehen vielfältigste Begabungen, die in unterschiedlichste Berufszweige münden.*

▶ *Die starke Empfindungsfähigkeit hochsensibler Frauen führt auf der einen Seite zu intensiven Wahrnehmungen und andererseits zu Überreizung. Dann wird die Umwelt »zu laut, zu viel, zu hektisch, zu überfrachtend, überfordernd«. Unsere moderne, hektische Welt wird für Hochsensible schnell zur Quelle von Reizüberflutung.*

▶ Hochsensible haben ein schmales Wohlfühlfenster. Der Arbeitsplatz und die Wohnung sollten daher auf die Bedürfnisse Hochsensibler abgestimmt sein. Dazu gehört eine ruhige Umgebung, am besten ein eigenes Büro, kein Straßen- oder Maschinenlärm, kein Großraumbüro, Tageslicht und Zugang zu Pflanzen und Bäumen.

▶ Um Ihre ausgeprägte Wahrnehmungsfähigkeit als Ressource zu erkennen, brauchen Sie regelmäßig Ruhe- und Rückzugsphasen. Dann können Sie die vielen Informationen besser verarbeiten, die täglich auf Sie einströmen. In der Stille der Natur kommen Sie sich selbst wieder näher, finden Ihre innere Mitte und die Kraft, die Sie für Ihr Leben brauchen.

▶ Es scheint fast so zu sein, dass hochsensible Menschen nicht so recht in unsere moderne, hektische und reizüberflutende Zeit hineinpassen. Viele würden am liebsten in einer weit entfernten Vergangenheit leben, in der es noch nicht so viel Technik gab. Andere träumen von einem ruhigen Leben auf dem Land oder einer einsamen Insel.

Der siebte Sinn »fürs Übersinnliche«

Außersinnliche Wahrnehmungen zu haben ist bis heute in der breiten Öffentlichkeit mit einem unseriösen Beigeschmack verbunden. Spirituelle Erfahrungen gehören zu den Phänomenen, die unsere Gesellschaft spalten. Die meisten Hochsensiblen finden es unglaublich faszinierend und fühlen sich in ihren eigenen Erfahrungen bestätigt. In ihrem Buch *Hochsensible in der Psychotherapie* berichtet Dr. Elaine Aron (Seite 49), dass sie immer nach spirituellen Erfahrungen ihrer hochsensiblen Gesprächspartner gefragt habe. *»Bei meinen Interviews (Aron & Aron 1997) war das die letzte Frage in meinem*

Protokoll, aber sie kam in allen Fällen schon vorher spontan aufs Tapet – angefangen bei einem starken religiösen Glauben seit der Kindheit bis hin zu Erfahrungen mit Geistern und Engeln.« Auch in meinen Beratungen vertrauen mir hochsensible Frauen ihre mystischen Erlebnisse hinter vorgehaltener Hand an. Sie haben meist Angst, für verrückt erklärt zu werden. Wahrscheinlich sind besonders sensitive Menschen für übersinnliche Erfahrungen empfänglich.

Es gibt mittlerweile einige Wissenschaftler, die uralte, umfassende Darstellungen des Universums aufgreifen und in moderne Begriffe kleiden. Es wurden Modelle entwickelt, die scheinbar *übernatürliche* Fähigkeiten und Erlebnisse sensitiver Menschen erklären können. Demnach gibt es ein Energiefeld, das unabhängig von Raum und Zeit existiert, indem alle Informationen des Kosmos gespeichert sind. Wir alle sind mit diesem Energiefeld verbunden. Dafür gibt es unterschiedliche Namen.

Akasha = Sanskrit »kosmischer Himmel«: das übergeordnete Element. Danach folgen: vata (Luft), agni (Feuer), ap (Wasser) und prithivi (Erde). Die Veden, eine über fünftausend Jahre alte religiöse Schrift der Inder, berichten darüber. So wurde der Begriff *»Akasha-Chronik«* geprägt, der das Informationsfeld beschreibt, das Seher, Künstler, Erfinder und Mystiker anzapfen.

Äther = das unsichtbare Element, dem die vier sichtbaren Elemente untergeordnet sind: Luft, Feuer, Wasser und Erde. Schon die alten Griechen sprachen davon. Europäische Wissenschaftler gingen noch bis ins 18. und 19. Jahrhundert von der Existenz des Äthers aus. Im 20. Jahrhundert wurde die Existenz des Äthers von Wissenschaftlern wieder verworfen. Rudolf Steiner sprach ebenfalls vom Äther und dem Ätherleib des Menschen, seiner feinstofflichen Energiematrix. Martin

Bertsch, ein HSP-Coach aus der Schweiz, beschreibt Hochsensible als »Äthermenschen« und ordnet sie dem fünften Element zu.

»Morphisches Feld« = das unsichtbare Informationsfeld, mit dem Materie und Leben mit Erfahrung und In-Formation gefüttert wird. Das Feld ist unabhängig von Zeit und Raum existent. Diesen Begriff prägte der englische Biologe Rupert Sheldrake, der durch umfangreiche Experimente Beweise für seine Theorie fand.

Weitere Begriffe, die dasselbe beschreiben, sind: Holofeld, Hyperraum, Quantenvakuum, Einheitsfeld, Quantenfeld, Urfeld, Nullpunktenergie, Matrix, Quantenmatrix, Psi-Feld.

Sogenannte *übersinnliche Erfahrungen* beschreiben Phänomene, in denen Menschen Intuition, Telepathie oder Visionen erleben. Über*sinn*lich nennt man diese Erfahrungen deshalb, weil keiner der bekannten Sinneskanäle für die Informationsübertragung in Frage kommt. Es scheint so zu sein, dass Menschen in der Lage sind, Informationen aus dem morphischen Feld bewusst oder unbewusst zu empfangen.

Zu den sogenannten übersinnlichen Phänomenen gehören
- Hellsicht, Hellfühligkeit
- Telepathische Phänomene
- Erspüren von Wasseradern und Kraftplätzen in der Natur (Geomantie)
- Nahtoderfahrungen (Out of Body, Tunnel, Licht, Musik)
- Jenseitskontakte
- Vorahnungen
- Das Erspüren von Energiefeldern bei Familienaufstellungen. (In der Stellvertreterrolle kann es sein, dass man Schmerzen, Gefühle, Gedanken von der jeweils aufgestell-

ten Person wahrnimmt und körperlich spürt, auch wenn diese Person nicht anwesend oder schon verstorben ist.)

- Das intuitive Empfangen einer Lösung für ein Problem (häufig berichtet bei Wissenschaftlern und Erfindern, bei Musikern und Künstlern, die plötzlich eine Eingebung, einen Traum haben, der sie mit Inspiration versorgt)
- Erinnerungen an vergangene Leben

Natürlich ist es wichtig, mystische Phänomene von verschiedenen Seiten zu beleuchten und – wenn es sein muss – auch kritisch zu hinterfragen. Die Frage, ob es sich bei übersinnlichen Empfindungen um »Einbildung« oder sogar eine psychische Erkrankung handelt, lässt sich nicht so einfach klären. Mir persönlich ist aufgefallen, dass positive, lebensbejahende und bescheidene Menschen, die von ihren übersinnlichen Erfahrungen berichten, immer einen wertvollen Beitrag für die Gesellschaft leisten. Menschen, die selbst mit Ängsten und psychischen Problemen, Machthunger, Süchten und Egoismus behaftet sind und behaupten, übersinnliche Fähigkeiten zu besitzen, suchen oft nur ihren eigenen Vorteil oder verbreiten Angst.

Solange wir uns selbst noch entwickeln und Hilfe bei spirituellen Lehrern, Beratern oder Heilern suchen, gehört es zu unserer dringendsten Entwicklungsaufgabe, Unterscheidungsfähigkeit zu trainieren. Nicht jeder Anbieter ist seriös. Hinter so manchen schillernden Helferpersönlichkeiten versteckt sich ein hungriges inneres Kind, das selbst nach Anerkennung und Applaus sucht. Es gibt auch in diesem Bereich Energieräuber.

Es gibt aber auch Heilerinnen, alte Kräuterfrauen, Großmütter und Bäuerinnen, die bescheiden ohne großes Brimborium helfend tätig sind. Viele hochsensible Frauen haben mir berichtet, dass es in ihren Ahnenlinien eine Großmutter gab, die selbst die seherische Gabe hatte, Zukunftsträume oder heilende Hände. Diese Talente flossen damals eher nebenbei in den Alltag ein. Die aggressive Art der Selbstvermarktung, die heute teilweise üblich ist, war damals undenkbar.

Was mich persönlich am meisten fasziniert, sind die kleineren und größeren Ereignisse aus dem Alltag, die uns daran erinnern, dass das Leben vielschichtigere Dimensionen enthält, als wir uns vorstellen können. In meinem ersten Buch *Hochsensibel – Was tun?* habe ich es gewagt, ein eigenes mystisches Erlebnis niederzuschreiben, das drei Tage vor dem Ableben meines Vaters im Jahr 2003 geschehen ist. Heute würde ich sagen, dass sich mein Vater vor seinem physischen Tod auf eine sehr bewegende Art von mir verabschiedet hat, ohne dass er persönlich da sein musste. Genaueres können Sie in meinem ersten Buch nachlesen. Viele Menschen erleben in ihren Familien an der Schwelle zwischen Leben und Tod mystische Begebenheiten.

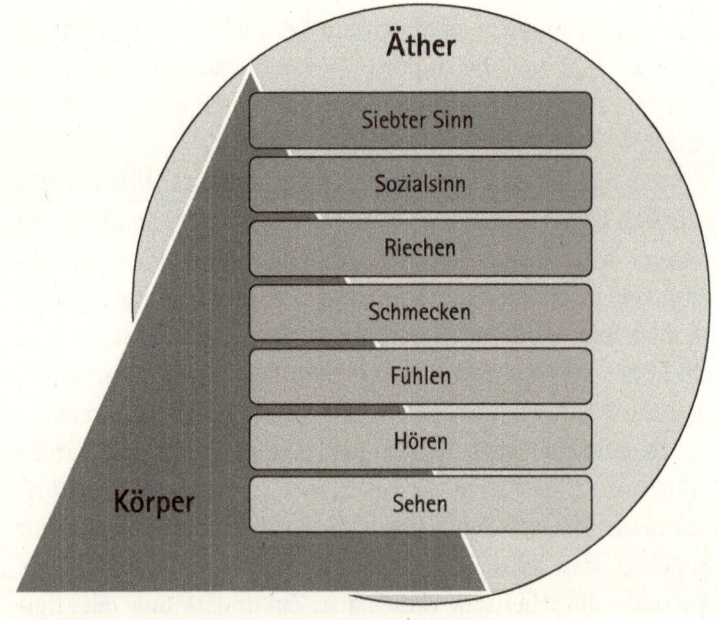

Für Skeptiker hören sich diese Erlebnisberichte unglaubwürdig an. Für diejenigen, die selbst schon übersinnliche Erfahrungen erlebt haben, sind sie eher eine Bestätigung. Deshalb möchte ich Sie von gar nichts überzeugen. Seien Sie ruhig skeptisch! Überprüfen Sie selbst. Wenn Sie jedoch bereits mystische Erlebnisse gehabt haben, kann Ihnen dieses Modell helfen, das Geschehene besser zu verstehen und zu akzeptieren.

Was in dieser Grafik so praktisch daherkommt, hat bei genauerem Hinsehen weitreichende, positive Konsequenzen für unseren Lebensalltag. Vertrauen Sie auf Ihre übersinnlichen Impulse, wenn sie Ihnen zu mehr Liebe, Inspiration und Sinnhaftigkeit in Ihrem Leben verhelfen. Weitere Informationen zum Thema finden Sie im Kapitel 4 »Die sieben Schlüssel zur Stärkung hochsensibler Frauen/Der Intuition vertrauen«.

Vorurteile zur Hochsensibilität auflösen

In unserer Gesellschaft haben sich einige negative Vorstellungen etabliert, die allgemein mit Hochsensibilität verknüpft werden. Deshalb schrecken viele vor dem Begriff zurück und meinen, dass sie nicht zur Gruppe der Sensitiven gehören (wollen). Solange Sie diesen Vorurteilen Glauben schenken, können Sie Ihre Sensibilität nicht vollständig annehmen. Ihr Temperament macht Sie nicht zu einem besseren oder schlechteren Menschen. Wie alle anderen gehen auch wir Sensitiven durch einen Entwicklungs- und Reifungsprozess in unserer Persönlichkeit. Ob und wie wir unsere Stärken oder Schwächen entwickeln, hängt auch von unserem Umfeld ab. Ich habe Ihnen deshalb negative Glaubenssätze über Hochsensibilität zusammengestellt und die positiven Alternativen danebengesetzt.

Negative Mythen und Vorurteile *Hochsensible Frauen sind:*	Positive Alternativen *Hochsensible Frauen können sein:*
Mimosen	*feinfühlig*
nicht belastbar	*hilfsbereit*
depressiv	*tiefgründig*
hysterisch	*gefühlsbetont*
verrückt	*gesund*
emotional labil	*emotional ausgeglichen*
suizidgefährdet	*lebensbejahend*
ängstlich	*mutig*
Versager	*erfolgreich*
schwach	*stark*
verträumt	*phantasievoll*
chaotisch	*kreativ*
esoterische Spinner	*tief religiös/spirituell*
eine Belastung für andere	*eine Bereicherung für andere*

Solange Sie glauben, dass Sie durch die linke Spalte in der Tabelle definiert werden, haben Sie ein Problem. In diesem Fall wollen Sie natürlich auf gar keinen Fall hochsensibel sein, denn das würde ja bedeuten, verrückt zu sein. Vielleicht kommt Ihnen die rechte Spalte jetzt wie ein billiger Trick vor, mit dem ich Sie überzeugen möchte.

Wie unser Lebensumfeld uns formt und prägt

Nicht allein unsere Veranlagung bestimmt, wie wir uns selbst als erwachsene, sensitive Frauen erleben. In unserer Entwicklung sind wir darauf angewiesen, dass unsere Familie, die Gesellschaft und Autoritäten liebevoll mit uns umgehen. Aufgrund unserer verlängerten Kindheits- und Jugendphase gibt es leider viele Störmöglichkeiten, die in diesen Jahren eine gesunde Entwicklung beeinträchtigen können. Kein Säugetier ist als Baby so lange von den Eltern abhängig wie der Mensch und so hilflos. Elefanten, Pferde und Rehe beispielsweise schaffen es bereits einige Stunden nach der Geburt, zu stehen und zu laufen. Wir müssen lange Zeit getragen werden, können als Säugling noch nicht einmal den eigenen Kopf heben. Diese ausgeprägte Hilflosigkeit macht uns zutiefst verletzlich und abhängig von der Fürsorge unserer Eltern. Bei der Entwicklung einer guten emotionalen Regulationsfähigkeit sind wir Menschen – als hochentwickelte Säugetiere – auf ein empathisches, liebevolles und sozialkompetentes Umfeld angewiesen. Die Fähigkeit der Eltern, adäquat und einfühlsam auf die Gefühle und Bedürfnisse des Kindes einzugehen, prägt unsere neuronalen Netzwerke im Gehirn für das ganze spätere Leben. Deshalb ist der Gefühlsreichtum hochsensibler Frauen nur dann ein Segen, wenn sie als Kinder in ihren Ursprungsfamilien zumindest ausreichend emotional versorgt wurden. Wenn es Irritationen in der Kindheit gegeben hat, zum Beispiel Gewalt, Ablehnung durch die eigenen Eltern, Adoption, häufiges Alleinsein, wenig Trost usw., wird die emotionale Regulationsfähigkeit in ihrer natürlichen Reifeentwicklung gestört. In diesem Fall ist eine spätere Nachreifung in Form von heilsamen Beziehungen oder Psychotherapie unumgänglich. Ganz frühe und einschneidende Verletzungen der Urbedürfnisse eines Babys lassen sich später kaum noch korrigieren und führen mit präziser Vorhersehbarkeit zu deutlichen Beziehungs- und Selbstwertproblemen im Erwachsenenalter.

Deshalb ist es wichtig, dass Sie sich Ihrer Temperaments-Veranlagung und Ihrer Biographie gleichermaßen bewusst werden. Wie hat Ihr Umfeld Ihre persönliche Entwicklung geprägt?

Die gute Nachricht ist, Sie können heute damit beginnen, sich selbst bedingungslos anzunehmen. Wenn Sie an sich »negative« Eigenschaften beobachten, nehmen Sie diese liebevoll an. Gehen Sie nicht zu hart mit sich ins Gericht. Entwickeln Sie Mitgefühl für Ihren eigenen Weg. So können Sie sich leichter aus Sackgassen und störenden Verhaltensmustern befreien. Denken Sie immer daran: Sie sind ein Kind Ihrer Zeit und Gesellschaft. Machen Sie das Beste daraus. Nehmen Sie Ihre sensible Seite an. Sehen Sie das wunderbare Potenzial darin. Sie werden sehen, es lohnt sich. Wenn Sie sich selbst die Erlaubnis geben, einfach so zu sein, wie Sie sind, werden Sie viel einfacher mit Ihren authentischen Bedürfnissen in Kontakt bleiben.

Ob wir unsere sensitiven Talente entwickeln können, hängt vom Umfeld ab

Wenn ein sensibles, künstlerisches Kind immer nur hört, dass es »verträumt und chaotisch« ist, und kaum kreative Förderung erfährt, wächst es in dem Glauben auf, ein Versager zu sein. Es kann seine wahren Talente gar nicht kennenlernen, geschweige denn weiterentwickeln. In diesem Fall werden die Grundlagen für einen kreativen Beruf nicht gelegt. Eine Biographie ist vorgezeichnet, in der das Kind versucht, seine »Schwächen« auszugleichen. Es wird sich – ohne Selbstreflexion – später in einem Beruf wiederfinden, der weit unter seinen Möglichkeiten bleibt und keine Erfüllung bringt.

Vor einigen Jahren beriet ich die Mutter eines Mädchens, das künstlerisch hochbegabt war. Wegen mangelhafter Noten in den naturwissenschaftlichen Fächern und einer ADS-Diagnose verlegte man das Kind auf eine Sonderschule. Als ich die Mutter fragte, wie die Lehrer ihre Tochter in ihren Begabungen unterstützten und förderten, antwortete sie, dass es dafür keine Zeit gäbe, weil das Kind häufig Nachhilfe in Mathematik bekam. Ich war schockiert. Einige Minuten zuvor hatte mir die Mutter erzählt, dass ihre Tochter wunderbar zeichnen konnte und sich für Design interessierte. Niemand dachte darüber nach, dass dieses Mädchen später einen kreativen Beruf einschlagen könnte. Stattdessen quälte man die Tochter mit Naturwissenschaft. Ich ermutigte die Familie, das Kind mehr in seinen bunten Talenten zu fördern, um sein Selbstvertrauen aufzubauen. Nur so kann es später seinen Lebensweg mit Erfolg gehen.

Solche und ähnliche Fälle geschehen tagtäglich. Unsere Gesellschaft ist so darauf versessen, die vermeintlichen Schwächen von Menschen zu analysieren und zu beackern, dass vielen Kindern die Entfaltung ihrer wahren Talente versagt bleibt.

Wenn Sie selbst Mutter eines hochsensiblen Kindes sind, haben Sie die Möglichkeit, es in seiner Entwicklung zu fördern. Sobald Sie die wahren Talente und sensiblen Gaben Ihres Kindes entdeckt haben, können Sie diese gezielt unterstützen. Dies wird sich in Zukunft als segensreiche Investition erweisen.

Verletzlichkeit in einem neuen Licht sehen

Um sich selbst als hochsensible Frau zu verstehen, hilft ein offener Blick auf dieses Thema. Verletzlichkeit ist ein unverstandenes Geheimnis. In unserer Kultur hat sich »Coolness« etabliert. Wir möchten gern erwachsen, kontrolliert, emotional stark, unabhängig und unangreifbar sein. Wir glauben nämlich, dass uns dieser Schutzmechanismus vor Verletzungen bewahren könnte. Die Wahrheit liegt tiefer verborgen. Wenn wir unser Herz öffnen, zerbrechen wir nicht an unserem emotionalen Schmerz. Doch manchmal haben wir genau diese Phantasie. Wer möchte schon verletzlich sein? Tatsächlich ist Verletzlichkeit eine großartige Eigenschaft. Sie macht uns menschlich und verbindet uns mit unserer wahren Natur. Kleine Kinder, Tiere und authentische Menschen haben weniger Probleme damit, weil sie sich nicht darum sorgen, was andere über sie denken. Sensitive Frauen sind sehr verletzlich. Doch viele von uns haben gelernt, dies hinter einer Maske der Beherrschung zu verbergen.

Meine eigene Herzöffnung

Als Jugendliche und junge Frau hatte ich mir einen Schutz-
panzer zugelegt, der mich eine Zeitlang davor bewahrte, zu
weinen. Ich fühlte mich in einer gewissen Weise stark. Damals
brauchte ich diesen Schutzmantel. Doch tief in meinem Herzen staute sich eine Sehnsucht auf, endlich wieder lebendig,
authentisch und mehr in Kontakt mit anderen Menschen zu
sein. Ich spürte, dass etwas nicht stimmte, doch die Mauern
waren zu hoch, um sie allein wieder einzureißen. Bei meinem
ersten Selbsterfahrungsseminar erlitt ich einen lange anhal-
tenden Heulkrampf. Doch das machte nichts, die anderen
weinten schließlich ihre eigenen Tränen. Vielschichtige Gefühle, die ich über Jahre hinweg angestaut hatte, brachen sich
ihren Weg wie durch einen inneren Staudamm. Ich zitterte am
ganzen Leib. Tränen strömten über meine Wangen, Hitze und
Kälte flossen durch mich hindurch. Mein Herz weitete und er-
wärmte sich.

Teilweise hatte ich Angst, die Kontrolle zu verlieren, doch
es war zu spät: Eine tiefere Intelligenz hatte bereits die Führung übernommen. Heute würde ich sagen, es war meine Körperintelligenz. Doch wir lernen früh, unsere Gefühle zu unterdrücken. In diesem Moment war mein Unterbewusstsein stärker. Wellen von Emotionen strömten durch mich hindurch, bis
ich endlich ruhiger wurde. Die Tränen ebbten ab, ich war nicht
gestorben. Nein, ich fühlte mich lebendiger, weicher, frischer,
offener denn je – geradezu vibrierend. Ich empfand plötzlich
eine tiefe Verbundenheit mit allen Teilnehmern in der Gruppe
und war einfach glücklich. Seit diesem Erlebnis war ich nicht
mehr in der Lage, meinen alten Zustand der Panzerung wie-
derherzustellen. Das wollte ich auch gar nicht. Ich erlebte mich
selbst entspannter und genoss eine ganz neue Empfindungsfähigkeit.

Musik- und Filmempfehlungen zur Herzöffnung

*Wenn Sie durch Musik in Kontakt mit Ihrer gefühlvollen,
verletzlichen Seite kommen wollen, kann ich folgende
Musikerinnen empfehlen: Secret Garden, Heather Nova,
Loreena McKennitt, Enya, Gila Antara, Shaina Noll
und Peia Luzzi.*

*Wollen Sie mal wieder richtig aus dem Herzen weinen?
Dann schauen Sie sich folgende Filme oder Serien an:
Töchter des Himmels, The Fountain, Das Geisterhaus,
Anne auf Greengables, Dr. Quinn, Der Klang des Herzens
und Stadt der Engel.*

Ein verschlossenes Herz macht depressiv

Wenn wir längere Zeit unsere Gefühle der Trauer und Verletzlichkeit in uns einschließen, verringert sich auch unsere Fähigkeit, Lebensfreude zu empfinden. Genau aus diesem Grund
ist Depression deutlich von Verletzlichkeit zu unterscheiden
und schon gar nicht dasselbe wie Hochsensibilität.

Depressive haben erfolgreich über Jahre ihre Gefühle
verdrängt. Laien glauben, dass Menschen mit Depression permanent traurig sind. Doch in einem späteren Stadium ist es
eher so, dass sie ein Verschwinden von Gefühlen jeglicher Art
bemerken und darunter leiden. Die Lebensfreude ist deshalb
verschwunden, weil auch das Gegenteil verdrängt wurde.
Unser Gefühlshaushalt funktioniert in Wellenbewegungen.
Wenn ich die Wellen in einen Kasten sperre, kommen sie
irgendwann zum Erliegen. Dann bleibt eine innere Leere. Je
mehr wir unsere verletzlichen Gefühle verbergen, desto weniger können wir echte emotionale Nähe zu anderen Menschen
zulassen.

Verletzlichkeit als Resilienz-Faktor

Eine sensitive Frau, die ihrer Verletzlichkeit Raum gibt und sich erlaubt zu weinen, hat beste Aussichten, langfristig gesund zu bleiben. Das glauben Sie nicht? Tatsächlich verhelfen uns diese verletzlichen Gefühle, schmerzliche Erfahrungen vollständig zu verarbeiten und loszulassen. Loslassen ist ja ein Modebegriff geworden. Das ist so, weil das Wort »Trauer« nicht mehr dabei ist. Aber »Loslassen« klingt irgendwie schicker, reifer, spiritueller, nicht wahr?

Weinen ist Loslassen. Ich lasse meine Hemmungen los, ich lockere meine Muskelanspannung, ich befreie meine Tränen, ich entfessele meine Gefühle. Wenn Sie aufhören, Ihre Trauer zu unterdrücken, werden Sie eine enorme Befreiung erfahren. Sie schaffen es auf diese Weise, Trennungen zu verarbeiten, einen geliebten Menschen loszulassen und Enttäuschungen zu überstehen. Gefühle dieser Natur können uns auch dazu inspirieren, bewegende Gedichte zu schreiben oder packende Musik zu komponieren. Die berühmtesten Songs der Welt sind Liebeslieder. Besonders melancholische Musik kann für Hochsensible zum Seelenbalsam werden. Sicher haben Sie auch Ihre Lieblingsmusik und könnten ohne sie gar nicht leben. Musik drückt das aus, was wir tief in unserer Seele spüren: Liebe, Verluste, Ablehnung, Sehnsucht, Eifersucht und Familienbindungen. Wenn wir uns unserer Sehnsucht zuwenden, werden wir dadurch ehrlich und offen für innige Beziehungen.

Auch das Verliebtsein hat viel mit Verletzlichkeit zu tun. Wann waren Sie das letzte Mal verliebt? Haben Sie sich offenbart? Wie groß war Ihre Aufregung deswegen? Wie schmerzlich könnte dabei eine Ablehnung sein? Wie erregend ein »Ja, ich will dich«? Jugendliche sagen oft, dass ihnen so etwas »peinlich« ist. Und wir Erwachsenen sind in dieser Hinsicht oft auch nicht besser. Doch das sind alles nur einschränkende Prägungen. Der Begriff »peinlich« stammt von Pein ab (im Englischen »pain«) und bedeutet »Schmerz«. Damit kommen wir der wahren Natur einer peinlichen Situation nahe. Es tut weh, es schmerzt, es berührt uns in der Tiefe der Seele. Mit einem Wort: Wir fühlen uns verletzlich. Wenn wir es schaffen, authentisch in Beziehungen zu anderen Menschen zu sein, kann Verletzlichkeit der Schlüssel zu wahrer Nähe und seelischer Intimität werden. Anstatt uns hinter Masken zu verstecken, entdecken wir uns selbst und im Gegenüber alle Facetten des Lebens. Sobald wir nicht mehr das Gefühl haben, vor unserem Partner stark, kontrolliert und immer erwachsen sein zu müssen, ist der Grundstein für eine vertiefte Beziehung gelegt. Wir dürfen endlich ankommen und entspannen. Das ist wunderschön!

In Selbsterfahrungsgruppen mit sensitiven Frauen habe ich immer wieder erlebt, wie durch das Weinen die wahre Schönheit zum Vorschein kommt. Die Masken fallen, und plötzlich wird der Gesichtsausdruck weich, lebendig, die Augen leuchten. Bei Frauen, die sich zu Beginn unserer Seminare sehr zurückhielten, hatte ich oft den Eindruck, erst nach dem befreienden Weinen einen echten Kontakt zu ihnen zu spüren. Es scheint so, als würde sich ein Nebel lichten, hinter dem diese Frauen versteckt waren. Verletzlichkeit macht uns schön, nahbar und menschlich.

Alte Glaubenssätze loslassen

In dieser Gegenüberstellung möchte ich Ihnen zeigen, welche Vorurteile gegenüber Verletzlichkeit kursieren und welche tiefere Weisheit dahinterstecken kann, wenn wir uns dafür öffnen.

Glaubenssätze über Verletzlichkeit	Die tiefere Wahrheit zur Verletzlichkeit
Verletzlichkeit macht mich angreifbar.	*Verletzlichkeit hilft mir, meine wahren Gefühle in einer Situation zu erkennen und zu zeigen.*
Verletzlichkeit ist etwas für Schwächlinge.	*Verletzlichkeit ist etwas für Mutige.*
Verletzlichkeit macht mich abhängig von anderen Menschen.	*Verletzlichkeit macht mich in Beziehungen authentischer.*
Verletzlichkeit bricht mir das Herz.	*Verletzlichkeit öffnet mein Herz und hilft mir beim Loslassen.*
Weinen ist unnötig und peinlich.	*Weinen reinigt das Herz und befreit die Seele.*
Verletzlichkeit macht mich unattraktiv. (Männer wollen emotional starke Frauen.)	*Verletzlichkeit schafft wahre Nähe in Beziehungen.*

Übung: Den unverletzten
inneren Diamanten entdecken

Um sich von einer tiefen Verletzung zu erholen, kann es hilfreich sein, sich mit dem unverletzten inneren Kern zu verbinden. Dies hilft insbesondere bei Selbstwertverletzungen. Stellen Sie sich vor, dass es tief in Ihrem Inneren einen Diamanten gibt. Der Diamant symbolisiert Ihr innerstes, wahres Selbst. Er ist wunderschön und sehr widerstandsfähig. Egal, wie viel Druck man auf ihn ausübt, er wird immer schöner und fester. Dieses Juwel ist unzerstörbar. Erlauben Sie sich, tief in diesen Diamanten einzutauchen, am besten im Inneren Ihres Herzraumes. Entdecken Sie die Schönheit und Strahlkraft dieses Kerns und staunen Sie über seine Fähigkeit, auch die widrigsten Umstände heil zu überstehen. Er steht im Zusammenhang mit dem, was wir tief in unserem Herzen wirklich sind. Wir sind nicht das, was wir erleben. Tief in uns gibt es eine beobachtende Instanz mit einer eigenen Intelligenz und einer individuellen Sicht auf das Leben. Der Diamant steht für all das Wertvolle, Reine und Kostbare in uns, das immer da sein wird. Es spielt keine Rolle, wie andere Menschen uns in der Vergangenheit erniedrigt oder verletzt haben, der Diamant bleibt davon unberührt. Völlig unabhängig strahlt er sein funkelndes Licht aus. Vielfach legen sich Schleier oder Staubschichten um den Kern, doch er ist immer noch da. Wenn wir anfangen, in unserem Herzen reinezumachen, Müll auszukehren und zu vergeben, finden wir diesen verborgenen Schatz. Er gibt uns die Würde zurück, die wir glaubten verloren zu haben. Er versichert uns, dass es uns auch unabhängig von dem gibt, was wir erlebt haben. Wir sind so viel mehr als das. Sobald Sie diesen Schatz in sich gefunden haben, können Sie sich auch von tiefsten Verletzungen selbst heilen und Abstand dazu gewinnen.

Wer hat »Schuld«
an meinem emotionalen Schmerz?

Wenn wir verantwortungsbewusst mit dem Thema Verletzlichkeit umgehen wollen, ohne in frühkindliche Muster zurückzufallen, gibt es noch etwas Wichtiges dazu zu sagen. Auf dem Weg zur emotionalen Reife gehört die Öffnung für unsere Verletzlichkeit dazu. Doch dabei bleiben wir nicht stehen. Wenn ich unreflektiert bin, kann es schnell geschehen, dass ich andere Menschen für meinen Herzschmerz verantwortlich mache. Dabei kann ich leicht übersehen, dass meine Verletzungen schon in der Kindheit entstanden sind.

Viele Frauen verlieben sich in Männer, die emotional kühl, unerreichbar und abweisend sind. Je unnahbarer das Sehnsuchtsobjekt ist, desto mehr steigern sie sich in die Gefühle hinein. Das geschieht oft bei Frauen, deren Väter oder Mütter emotional unnahbar waren oder die frühe Vernachlässigung erfahren haben. Die emotionale Unerreichbarkeit eines Elternteils gräbt sich tief in unser Gefühlsleben. Später sind wir überzeugt: »Das ist Liebe!« Unbewusste Frauen lassen sich deshalb später bereitwillig benutzen: als Geliebte, Abenteuer für eine Nacht oder in schmerzhaften On-Off-Beziehungen. Oberflächlich betrachtet, könnten wir jetzt über die »schlimmen Männer« herziehen. Doch das wäre unserer Bewusstwerdung nicht dienlich. Beziehungsunwillige Männer und Frauen wiederholen nur ihre eigenen Kindheitsprägungen.

- Wer hat Sie in letzter Zeit verletzt? Überlegen Sie sich, zu welchem Zeitpunkt Sie bewusst oder unbewusst dazu eingewilligt haben. Fragen Sie sich auch, ob dieses Verhalten womöglich frühere Verletzungen bei Ihnen reaktiviert hat.
- Welchem Elternteil ist dieser Mensch ähnlich? Wollen Sie selbstbewusster werden? Dann fragen Sie sich, ob es für

Sie besser ist, destruktive Beziehungen zu beenden. Ihre Lernaufgabe besteht nicht darin, dort zu verharren. Sie werden nur alte Schmerzen aufwärmen und sich dabei einreden, dadurch stärker zu werden. Lauschen Sie der Stimme Ihrer inneren Weisheit. Lernen Sie, sich zu schützen. Irgendwann werden Ihnen solche Freunde und Liebespartner nicht mehr attraktiv erscheinen.

Sehen Sie andere Menschen von jetzt an als Auslöser – nicht als Ursache – Ihres emotionalen Unwohlseins! Wann immer Sie sich durch das Verhalten anderer verletzt fühlen, ist die Wahrscheinlichkeit hoch, dass das aktuelle Ereignis nur ein Widerhall früherer Erfahrungen ist. Geben Sie anderen nicht so viel Macht. Ja, es gibt unhöfliche, rücksichtslose und respektlose Menschen. Sie bringen damit nur ihre eigene Lebenseinstellung zum Ausdruck. Wer andere Menschen verachtet oder bewertet, verurteilt sich im Grunde genommen selbst. Solange Sie sich in Ihrem Herzbewusstsein zentrieren, können Sie davon nicht getroffen werden. Wenn jemand Sie schlecht behandelt, sagt das eher etwas über ihn als über Sie aus. Wenden Sie sich stattdessen liebevoll Ihrem inneren Kind zu. Wenn Sie Ihr Herz öffnen, werden Sie erkennen, wie tief der Schmerz in die Vergangenheit zurückreicht. Lassen Sie los. Wenn es sein muss, mit therapeutischer Begleitung. Danach werden Sie nicht mehr so stark in Resonanz mit diesem Thema stehen.

Kränkungen loslassen

Abschließend möchte ich noch kurz das Thema Kränkungen aufgreifen. Es hat oberflächlich betrachtet mit Verletzlichkeit zu tun. In dem Begriff steckt schon das Wort »krank«. Deshalb dürfen wir uns ruhig fragen, ob es sich lohnt, gekränkt zu reagieren. Wollen Sie sich im Alltag besser vor Verletzungen schützen? Dann hören Sie damit auf, andere für Ihr Wohlbefinden verantwortlich zu machen. Es geht ganz einfach. Lösen Sie sich von der Angewohnheit, gekränkt auf das Verhalten Ihres Umfelds zu reagieren. Wenn Ihre Arbeitskollegin Sie morgens nicht freundlich grüßt, Ihr Nachbar sich unmöglich verhält, Ihre Kinder respektlos mit Ihnen sprechen, der Partner nicht aufmerksam genug ist, können gekränkte Gefühle entstehen. Doch oftmals messen wir diesen Ereignissen eine zu große Bedeutung zu. Anstatt sich mit dem tiefer liegenden Schmerz auseinanderzusetzen, scheint es leichter, den anderen die Schuld für die eigenen verletzten Gefühle zu geben.

»Du hast nicht rechtzeitig angerufen!«
»Du hast mich so verletzt!«
»So redest du nicht mit mir!«
»Warum grüßt der mich nicht?«
»Wieso vergisst sie meinen Geburtstag?«
»Du hast mir das Herz gebrochen!«
»Ich bin so enttäuscht von dir!«

Wenn wir nicht bereit sind, unsere Verletzlichkeit zuzugeben, wenigstens vor uns selbst, konzentrieren wir unsere Verärgerung auf die andere Person. Es kommt zu Schuldvorwürfen, Anklage, wir bestehen auf eine Entschuldigung, Wiedergutmachung, auf Respekt. Auf diese Weise nehmen wir uns die Chance, die Quelle unserer Verletzung zu erkennen. Und diese hat in den meisten Fällen nichts mit dem aktuellen Auslöser zu tun. Je mehr Sie anderen die Schuld für Ihr Unglück geben, desto mehr stoßen Sie Menschen in Ihrem Umfeld von sich weg. Bleiben Sie in Ihrem Selbstwertgefühl nicht länger vom Verhalten anderer Personen abhängig. So werden Sie stark.

Achtung!

Toxische Beziehungen bilden hier die Ausnahme. In giftigen Beziehungen benutzen manipulative Menschen gezielt verletzende Worte und Verhaltensweisen, um Ihr Selbstwertgefühl zu zerstören und Sie zu unterwerfen. Besonders narzisstische Persönlichkeiten reagieren selbst auf Kleinigkeiten mit heftigsten Kränkungen, die zu massiven Vorwürfen und vernichtender Kritik führen. Diese übertriebenen Reaktionen sind ernstzunehmende Hinweise auf krankmachende Beziehungsstrukturen. Sie können in Familien und im Berufsleben auftreten. Wenn Sie mehr darüber lesen wollen, empfehle ich Ihnen das Buch Wie schleichendes Gift *von Christine Merzeder.*

Kapitel 4

Die sieben Schlüssel zur Stärkung hochsensibler Frauen

Wie Sie sich selbst stärken können

In diesem Buchteil erhalten Sie sieben Schlüssel, um sich als sensitive Frau anzunehmen und die wundervolle Kraft darin zu entdecken. Mit der richtigen Einstellung zu sich selbst werden Sie einen Zuwachs an Lebensfreude, Selbstsicherheit, Kreativität und Mut bei sich beobachten. Es gibt überhaupt nichts zu entschuldigen. Auf der Grundlage meiner eigenen Erfahrung und der Arbeit mit sensitiven Frauen stelle ich Ihnen jetzt sieben Punkte vor, die Ihnen helfen werden, in die Kraft zu kommen. Wenn Sie liebevoll mit sich umgehen, wird sich Ihr Leben vollständig verwandeln.

Der erste Schlüssel: den empfindsamen weiblichen Körper umarmen

Wir Frauen haben gelernt, unseren Körper von außen wahrzunehmen. Viel zu oft suchen wir über unsere optische Erscheinung Bestätigung, Anerkennung und ja: Liebe.

Wir blicken in den Spiegel, und automatisch ist damit eine gedankliche Verknüpfung verbunden.

»Meine Haare sitzen nicht richtig.«
»Ich bin einfach zu fett.«
»Ich müsste mal wieder zur Kosmetikerin.«

Diese inneren Monologe verhindern, dass wir uns selbst bedingungslos akzeptieren. Doch erst diese Annahme bringt wahre Schönheit zur Entfaltung. Wenn Sie sich selbst ständig bewerten, staut sich ein innerer Druck auf, der verhindert, dass Sie sich entspannen. Unser empfindsamer Körper ist nicht einfach nur dafür gemacht, attraktive, gefällige Signale in die Umwelt zu senden. Ganz im Gegenteil: Er ist genauso Empfangsstation für die vielfältigen Umweltreize, die beständig auf uns einströmen. In unserer hektischen, technisierten Welt kann dies zu Stressreaktionen führen. Durch eine zu sehr nach außen gerichtete Aufmerksamkeit verlieren viele sensitive Frauen die Wahrnehmung für ihre eigenen Bedürfnisse. Der Körper kommt erst dann in die Präsenz, wenn er weh tut. Rückenschmerzen melden sich, der Magen rebelliert, der Kopf dröhnt.

Um aus diesem Kreislauf der Selbstvernachlässigung auszubrechen, brauchen wir einen liebevollen Kontakt zu unserer Basis im Leben. Viele Autorinnen sprechen in diesem Zusammenhang von *Erdung*. Wir sind dann geerdet, wenn wir im eigenen Körper verwurzelt sind, verbunden mit unserer weiblichen Kraft. Liebe und Sicherheit werden durch körperliches Wohlbefinden gefördert. Umarmungen, Zärtlichkeit und liebevolle Berührungen vermitteln dies unmittelbar. Wenn Sie sich als hochsensible Frau so akzeptieren wollen, wie Sie sind, beginnen Sie, Ihren einzigartigen, empfindsamen Körper anzunehmen. Ohne Bewertung!

»Ist das möglich?«, werden Sie sich jetzt fragen. Die Antwort lautet: »Ja!«

Übung: Heilmassage mit Rosenöl

Um diese Aufgabe durchführen zu können, brauchen Sie einen ruhigen, angenehm warmen Ort, am besten ohne Blick auf einen Spiegel. Die Wahrnehmung darf sich auf das Körperinnere konzentrieren. Der Sinneskanal wird vom *Sehen* aufs *Spüren* verlagert. Kaufen Sie sich ein hochwertiges Rosenöl, und wenn Sie mögen einen Strauß Rosen dazu. Die Königin der Blumen gilt nicht umsonst als *das* Symbol der Liebe. Die verzaubernden Duftstoffe umschmeicheln unsere Sinne, entführen in einen Rausch der Natur. Wenn Sie das Ritual besonders genießen wollen, nehmen Sie vorab ein heißes Vollbad. Viele Menschen singen im Badezimmer. Wenn Ihnen danach zumute ist, ein Liedchen zu trällern, nur zu! Musik bewirkt Zellbelebung, Lebendigkeit und Fröhlichkeit.

Danach setzen oder legen Sie sich bequem auf eine kuschelige Decke. Beginnen Sie langsam, Ihren Körper mit dem wunderbaren Rosenöl einzusalben. Gehen Sie dabei ganz behutsam vor. Massieren Sie Zentimeter um Zentimeter Ihrer Haut achtsam und liebevoll. Wann immer Sie Körperstellen erreichen, die Sie nicht perfekt finden oder ablehnen, registrieren Sie zunächst, dass Sie sich wieder im Bewertungsmodus befinden. Versuchen Sie, bewusst auch diese Körperpartien mit liebevoller Aufmerksamkeit zu versorgen. Durch diese Fürsorge blüht der Körper förmlich auf, Selbstheilung kann geschehen.

Wenn Ihnen das schwerfällt, stellen Sie sich die liebste Großmutter der Welt vor. Visualisieren Sie ein Bild, wie Sie von einer weiblichen Urmutter umsorgt werden. Es soll an dieser Stelle ganz bewusst nicht um Erotik gehen. Viele Frauen wünschen sich, von einem Mann mit Rosenöl massiert zu werden. Doch das wäre eine andere Übung. Hier geht es um Selbstliebe, jenseits davon, ob Sie sich als eine attraktive Frau definieren. Deshalb führen Sie diese Aufgabe bitte ganz allein durch. Es geht um das Gefühl, genährt zu werden. Wenn Sie noch immer mit bestimmten Körperpartien nicht einverstanden sind, entwickeln Sie ein Gefühl der Dankbarkeit.

Machen Sie sich bewusst, dass Ihr Körper seine eigene Weisheit hat und jederzeit damit beschäftigt ist, seine Zellen zu regenerieren. Ihr empfindsamer Frauenkörper ist ein Wunderwerk der Natur. Je mehr Anerkennung Sie ihm geben, desto lebensbejahender und geschmeidiger wird er sein.

Versprechen Sie sich, fortan auf sich selbst achtzugeben. Kümmern Sie sich liebevoll um Ihre Bedürfnisse. Je schneller Sie auf die Signale Ihres Körpers hören, desto besser können Sie sich abgrenzen und schützen. Ihr Körper ist Ihnen am nächsten. Betrachten Sie ihn als Ihren wichtigsten Verbündeten. Je mehr Sie Ihr liebevolles Gewahrsein darauf ausrichten, desto besser bleiben Sie im Alltag zentriert. Dies gilt insbesondere, wenn Sie Mutter oder helfend, therapeutisch und sozial berufstätig sind. Halten Sie den Fokus Ihrer Wahrnehmung auf Ihr Körperzentrum gerichtet, wenn Sie im Kontakt mit anderen sind. Dies gelingt Ihnen besser, wenn Sie liebevoll mit sich umgehen. Nehmen Sie abschließend ein Blatt Papier und notieren Sie, welche besonderen Bedürfnisse und Vorzüge Ihr hochsensibler Körper hat.

Übung: Wie Sie Ihren Körper als Verbündeten wiedergewinnen

In meiner eigenen Umfrage mit vierhundertvierzig hochsensiblen Frauen stellte ich am Ende die Frage nach deren Lebensthemen. Dabei zeigte sich überdeutlich, dass sensitive Frauen nach Wegen suchen, um ihre eigenen Grenzen besser zu erkennen und zu bewahren. Die Heilmassage mit Rosenöl hat Sie bereits mit Ihrer Körpergrenze in Kontakt gebracht. Wenn wir unseren Körper nicht mehr als Schauplatz der Selbstanklage missbrauchen, können wir endlich Frieden mit uns schließen. Dann verwandelt sich unser physisches Kleid in einen zuverlässigen Kommunikationspartner. Er warnt uns vor Gefahren, zeigt, was gut für uns ist, und signalisiert Grenzüberschreitungen. Sicher kennen Sie auch Körperreaktionen, die Ihnen klar mitteilen, dass etwas nicht stimmt oder dass Sie genau richtigliegen. Zum Beispiel *den berühmten Kloß im Hals, Bauchgrummeln, Gänsehaut, Schmetterlinge im Bauch, Wohlgefühl, Wärme, Kälte, Magnetismus, Abstoßung, jemanden nicht riechen können.* Jeder einzelne Sinneskanal übermittelt Ihnen zuverlässige, detaillierte Informationen aus Ihrem Umfeld. Je mehr Sie sich darauf konzentrieren, Ihrer Wahrnehmung zu vertrauen, desto eindeutiger können Sie Ihre Körpersignale entschlüsseln. Wenn Sie sich Ihrer Grenzen bewusster werden, können Sie das imaginäre Fell auf Ihrer Haut fühlen. Warum stellen sich uns die Nackenhaare auf, wenn uns etwas Wichtiges durchströmt?

Spüren Sie auch um sich herum ein Energiefeld? Wenn jemand ungefragt in Ihre persönliche Energiezone eindringt, werden Sie das registrieren. Experten für Körpersprache nennen dafür einen Bereich von 50 bis 100 Zentimetern um unseren Körper. Heiler bezeichnen dieses Energiefeld als Aura. Wir sind empfänglich für subtile Energien in unserer Umgebung. Dies kann unmittelbar geschehen, wenn Sie einen Raum oder ein fremdes Haus betreten. Plötzlich fühlen Sie sich unwohl oder besonders gut. In vielen Gesprächen mit sensitiven Frauen habe ich dafür endlose Beispiele gefunden. Durch das für die meisten Menschen unsichtbare Energiefeld aller Lebewesen und Dinge (Äther) werden für Sensitive weitere Informationen anzapfbar, die ihnen unmittelbar vermitteln, welche Qualitäten ein Ort hat.

Oftmals sind wir uns dieser Wahrnehmungen zunächst nicht bewusst. Wir fühlen uns einfach unwohl oder eben besonders. Später geschieht es häufig, dass wir Informationen über die Geschichte eines Hauses erfahren, die unser Gefühl bestätigen. Besonders in alten Häusern mit Geschichte sind diese Energien für Feinfühlige erfahrbar. Dasselbe gilt auch im Umgang mit fremden Menschen. Noch bevor wir jemanden näher kennenlernen, signalisiert unser Körper uns positive oder negative Gefühle, die uns wertvolle Informationen geben. *»Achtung Gefahr!«*, murmelt der Solarplexus. *»Das ist mein Seelenverwandter«*, flüstert das Herz. *»Mit der ist nicht gut Kirschen essen«*, ahnt unser innerster Kern.

Konkret: Fertigen Sie eine Liste mit Körpersignalen an, die Sie in der Vergangenheit in markanten Situationen erfahren haben. Ich gebe Ihnen ein paar Beispiele, damit Sie es leichter haben.

- Denken Sie zum Beispiel an die Gefühle und Gedanken, als Sie Ihren Partner zum ersten Mal gesehen haben.
- Erinnern Sie sich an Menschen aus Ihrer Vergangenheit, die Sie verletzt, verraten, manipuliert haben. Welche Warnsignale hat Ihnen Ihr Körper gesendet, noch bevor Ihr Verstand erste Zweifel hegte?
- Waren Sie schon einmal in einer Gefahrensituation? Wie hat Ihr Körper reagiert?
- Welche Empfindungen haben Sie, wenn Sie mit Energievampiren in Kontakt sind?
- Wie oft haben Sie sich schon umgedreht, wenn jemand Sie angestarrt hat?
- Wie haben Sie sich gefühlt, als Sie gute/schlechte Verträge unterzeichnet haben?
- Wie wissen Sie, dass Sie sich zu Hause fühlen?
- Welche Kleidung vermittelt Ihnen ein wohliges Gefühl von Schutz?

Lernen Sie Ihren Körper als zuverlässigen Kommunikationspartner schätzen. Das geht am besten, wenn Sie ihn liebevoll annehmen.

Der zweite Schlüssel:
Vergleiche mit anderen loslassen

In unseren Seminaren erleben wir immer wieder, dass Kursteilnehmerinnen an ihrer Hochsensibilität zweifeln. Einer der Gründe liegt darin, dass sie immer noch hoffen, »normal« sein zu können. Was ist normal? Dieses Wort leitet sich von der Norm ab. Es bedeutet Durchschnitt, Normierung, Vereinheitlichung, Muster oder regulär. Schon früh werden wir durch Entwicklungstests und Noten in der Schule mit der sogenannten »Norm« verglichen. Dieses statistische Mittel ist der Durchschnitt der gesamten Bevölkerung. Das ständige Vergleichen vermittelt uns, dass wir in unserer Individualität nur dann richtig sind, wenn sie nicht zu sehr von der Mitte abweicht. Durch unser instinktives Streben nach Zugehörigkeit sind wir sehr verletzlich, wenn es darum geht, nicht dazuzugehören.

Kinder, die von der Norm abweichen, werden häufiger Opfer von Mobbing. Denken Sie doch einmal zurück an Ihre eigene Schulzeit. Welche Kinder waren Außenseiter? Meistens hatten sie Eigenschaften, die sie von anderen unterschieden. Oft sind es übergewichtige, rothaarige, schüchterne, strebsame, lernschwache oder besonders empfindsame Kinder. Sobald Klassenkameraden bemerken, dass ein Kind emotional verletzlich auf Sticheleien reagiert, wird es zur Zielscheibe. Erinnern Sie sich an Mutproben oder die ersten Kontakte mit Jungen. Hochsensible Mädchen sind in diesen Bereichen meist zögerlicher, vorsichtiger und entsprechen deshalb nicht der Norm. Das Gefühl, nicht dazuzugehören, gräbt sich tief in unser Unterbewusstsein ein. Später möchten wir durch Überanpassung vermeiden, wieder ausgeschlossen zu werden. Doch als erwachsene Frau können Sie mit dieser Strategie nicht glücklich werden.

Ein weiterer Aspekt, den wir mit Normalität in Verbindung bringen, ist Gesundheit. Wenn Hochsensible sagen, dass sie lieber normal sein wollen, meinen sie auch, dass sie nicht krank sein wollen. Noch immer hält sich der Mythos, dass Hochsensibilität eine Art Krankheit sei. Aber wollen Sie sich wirklich normieren lassen? Sind Sie bereit, Ihre Individualität zu verleugnen, nur um gesellschaftlich nicht aufzufallen? Welchen Preis werden Sie dafür bezahlen, wenn Sie weiterhin versuchen, Ihre Hochsensibilität zu unterdrücken? Wir haben so viel Angst, authentisch zu sein, dass es fast schon wieder komisch wird. Gehen Sie ruhig das Risiko ein, anders zu sein. Erheben Sie Ihre Stimme, sagen Sie laut nein, wenn Sie nein meinen.

Übung: Erlauben Sie sich, außergewöhnlich zu sein

Beginnen Sie damit, eine Woche lang einfach anders zu sein. Erlauben Sie sich, lauter, leiser, emotionaler, schlauer oder zurückgezogener zu sein, als Ihr Umfeld es von Ihnen gewohnt ist. Dabei ist nur eines wichtig: Geben Sie sich Raum für Ihre Besonderheit. Lauschen Sie jeden Morgen auf Ihre innere Stimme. Gehen Sie alle Termine durch. Haben Sie keine Lust auf ein Treffen mit XYZ? Dann sagen Sie es ab! Wird Ihnen der Konzertbesuch zu laut? Dann nehmen Sie Ohrenstöpsel mit oder gehen Sie früher nach Hause. Singen Sie mal auf der Straße oder umarmen Sie einen Baum. Ist doch egal, was die anderen denken! Gewöhnen Sie sich ab, sich selbst durch die Augen anderer Menschen zu betrachten und zu bewerten. Erlauben Sie sich, wieder Spaß zu haben und konkret auf Ihre Gefühle zu hören. Gehen Sie zum Lach-Yoga oder zu einem Meditationsabend. Erlauben Sie sich, ungewöhnliche Dinge zu tun, die Ihnen gefallen. Hören Sie einfach auf, normal sein zu wollen! Das befreiende Gefühl wird sich als ein zufriedenes Lächeln auf Ihrem Gesicht abzeichnen. Genießen Sie die Freiheit, die darin liegt, nicht normal und angepasst zu sein. Viel Spaß dabei!

Wie haben Sie diese Woche erlebt? Welche Aktivitäten haben Ihnen so viel Freude bereitet, dass Sie sie wiederholen wollen? Tragen Sie sich in den nächsten Wochen ähnliche Termine in den Kalender ein. Haben Sie neue, interessante Menschen kennengelernt? Welche Kontakte möchten Sie gern weiterpflegen? Welche Momente haben Sie besonders genossen?

Übung: Lösen Sie sich von Vergleichen

Fertigen Sie eine Liste mit Personen an, die Sie bewundern und insgeheim sogar beneiden. Welche Freundinnen, Kollegen und Verwandte wirken so *stark, normal, erfolgreich* und verkörpern all das, was Sie für sich selbst für unerreichbar halten? Wie viel Energie verschwenden Sie damit, sich in Vergleichen runterzuputzen? Sobald Sie beginnen, sich selbst bedingungslos zu lieben, werden Sie weniger Interesse verspüren, sich mit anderen zu vergleichen. Wollen Sie wirklich so werden wie die anderen? Möchten Sie Ihre Sensibilität loswerden? Dann versuchen Sie einmal, hinter die Kulissen Ihrer Vergleichspersonen zu schauen. Sind diese wirklich glücklich mit ihrem Leben? Oftmals phantasieren wir darüber, wie viel besser es andere haben, wie leicht ihr Leben ist. Doch was wissen wir tatsächlich über diese Menschen? Jeder Mensch hat seine eigenen Herausforderungen. Oftmals bewundern wir Freunde, Prominente oder

Kollegen für Fähigkeiten und Eigenschaften, über die wir nicht zu verfügen scheinen. Wenn wir andere Personen als kompetenter, stärker, schlauer und belastbarer wahrnehmen, kann dies zu Beschämung führen. Fragen Sie sich ehrlich, ob Sie noch Sie selbst wären, wenn Sie die Eigenschaften Ihrer »Vorbilder« hätten.

Überlegen Sie, ob Sie möglicherweise Ihre eigenen Träume und Visionen als unmöglich oder nicht so wichtig abtun. Oftmals beneiden wir Menschen, die das erreicht haben, was auch unser Herzenswunsch ist. Was wollen Sie erreichen, erfahren, schaffen? Trauen Sie sich einfach zu, dass auch Sie das Zeug dazu haben, um Ihre Wünsche Wirklichkeit werden zu lassen. Suchen Sie sich nur Vorbilder, die Sie inspirieren und motivieren, sich selbst treu zu bleiben. Mit diesen Menschen sind Sie auf einer Wellenlänge. Entdecken Sie hochsensible Frauen, die erfolgreich, glücklich und zufrieden sind, und fragen Sie sich, was Sie von ihnen lernen können. So finden Sie Ihre eigene Spur. Lösen Sie sich schließlich mit Ihrer Aufmerksamkeit von den anderen und wenden Sie sich Ihrem Inneren zu. Sie brauchen niemanden zu kopieren. Sie dürfen ein Original sein.

Der dritte Schlüssel: eine Vision von sich selbst als kraftvolle Frau entwickeln

Es ist nun an der Zeit, dass Sie die überholten negativen Selbstbilder loslassen und eine neue Vision von sich entwickeln, wie Sie am liebsten sein möchten. Dabei geht es darum, Ihre Essenz zum Leuchten zu bringen. Erlauben Sie sich, authentisch, lebendig, kreativ und empfindsam zugleich zu sein.

Widerstehen Sie der Versuchung, jemand sein zu wollen, der Sie gar nicht sind! Verabschieden Sie sich von Zielen, Vorbildern und Werten, die im Widerspruch zu Ihrer hochsensiblen Veranlagung stehen. Sie werden sehen, wie kraftvoll, anziehend und attraktiv Sie dadurch werden. Frauen, die authentisch sind, entwickeln eine magnetische Ausstrahlung. So ziehen sie Erfolg, die richtigen Zufälle und die passenden Menschen in ihr Leben.

Übung: Geführte Phantasiereise zur inneren Heilerin

Sie können diesen Text selbst als Audiodatei aufnehmen und dann ganz tief in die Visualisierung eintauchen.

Wenn Sie mögen, hören Sie eine tragende Musik mit Frauenstimmen, um diesen inneren Raum zu öffnen. Dazu kann ich folgende Sängerinnen bzw. CDs empfehlen: Denean »Fire Prayer«, Loreena McKennitt »The mask and the mirror«, »The Visit« (u.a.), Enya, Carien Wijnen »Womyn with wings«.

Legen Sie sich bequem hin und schließen Sie die Augen. Visualisieren Sie einen wunderschönen Kraftort in der Natur. Stellen Sie sich eine Seelenlandschaft vor, in der Sie sich vollkommen widergespiegelt fühlen. Welche Elemente finden sich dort wieder? Gibt es dort Wasser? Wie sieht die Erde aus? Verwurzeln Sie sich in Mutter Erde. Wie riecht dort die Luft? Welche Farben können Sie vor Ihrem inneren Auge sehen? Welche Klänge, Gerüche, Pflanzen oder Tiere gibt es dort? Sie werden gleich Kontakt mit Ihrer inneren Heilerin aufnehmen. Diese weise Frau kennt Sie ganz genau und hilft Ihnen dabei, Ihr authentisches Selbst zu verwirklichen.

Visualisieren Sie eine kraftvolle, wilde Frau. Aus der Ferne nähert sie sich Schritt für Schritt. Erst ist sie ganz verschwommen. Doch nach und nach wird ihre Silhouette immer klarer.

Denken Sie an ursprüngliche Kulturen, wie zum Beispiel die Ureinwohner Nordamerikas. Oder visualisieren Sie eine keltische Schamanin. Andere Frauen bevorzugen eine wunderschöne Fee oder Göttin. Stellen Sie sich eine weise Frau vor. Sie hat lange Haare und trägt eine Trommel. Um ihren Hals hängt traditioneller Schmuck aus Federn, Perlen und Edelsteinen. Ihr Gesicht ist von vielen kleinen Linien gezeichnet, die ihre Lebenserfahrung symbolisieren. Ihre Augen sind klar, leuchtend und vermitteln die Tiefe des Universums. Sie hat schon alles gesehen, alles gehört und erfahren, was nötig ist, um Ihnen die Kraft zu geben, die Sie jetzt brauchen.

Treten Sie in einen heiligen Kreis. Das kann ein Zelt sein, eine Jurte, ein Steinkreis, ein Baumkreis, ein Tempel.

Lassen Sie sich fallen, spüren Sie, wie die innere Heilerin Sie dazu beflügelt, ganz frei eine Vision aus Ihrem tiefsten Inneren aufsteigen zu lassen. Hören Sie auf den Gesang der wilden Frau.

Sehen Sie sich selbst, wie Sie vollkommen in Ihrem Körper verankert und darin zu Hause sind. Verkörpern Sie Ihr ideales Selbst.

Spüren Sie die Kraft, die von Ihrem wundervollen weiblichen Körper ausgeht.

Lauschen Sie den Klängen der Musik und beobachten Sie, wie geschmeidig und freudig Ihr Körper sich dazu bewegt, wie er vibriert, leuchtet und strahlt.

Sehen Sie sich kraftvoll auf dem Boden stehen, wippen, stampfen, tanzen oder liegen. Die Verbindung zu Mutter Erde ist stark. Sie sind geerdet und kraftvoll.

Spüren Sie die Sinnlichkeit, die in Ihnen angelegt ist. Sie können alles genießen. Musik fließt durch Ihre Haarspitzen bis zu den Zehen und versetzt Ihr ganzes Sein in Ekstase.

Beobachten Sie, wie Sie in der Verkörperung Ihres idealen

Selbst aussehen. Welche Kleidung tragen Sie? Wie sieht Ihr Haar aus? Zu welcher Kultur gehören Sie? Welche Farben umgeben Sie im Heilkreis? Gibt es in Ihrer Umgebung bedeutungsvolle Gegenstände, die in Zusammenhang mit Ihrer Lebensaufgabe stehen?

Spüren Sie, wie sich Ihre Kreativität entfaltet. Ihr innerstes Sein ist voller Ideen. In Ihnen wartet ein Potenzial, das gelebt werden möchte. Welche kreativen Wünsche möchte Ihr ideales Selbst verwirklichen? Lassen Sie vor Ihrem inneren Auge Bilder und Visionen auftauchen, die Ihnen konkret zeigen, welche Herzenswünsche Sie in Zukunft verwirklichen wollen.

Lauschen Sie auf den Gesang der inneren Heilerin, die Sie im Kreis unterstützt und begleitet. Gibt es Lebensthemen, die der Heilung bedürfen? Erlauben Sie der weisen Frau, ihre Hände auf alte Wunden zu legen. Nehmen Sie diese Liebe an.

Welche Botschaft gibt Ihnen die innere Heilerin mit auf den Weg?

Verabschieden Sie sich von Ihrem inneren Raum in dem Wissen, dass Sie jederzeit zurückkommen können, und bedanken Sie sich.

Lassen Sie Ihr inneres Licht leuchten und tragen Sie es hinaus in die Welt.

*

Wie fühlen Sie sich nach dieser Visualisierung? Wir haben in uns selbst so reiche und wirksame Ressourcen, wenn wir nur die Wege wissen, wie sie zu erreichen sind!

Malen Sie einige Bilder auf, die Ihnen während der Phantasiereise gekommen sind. Wenn Sie nicht malen wollen, schreiben Sie die Erlebnisse und Eindrücke in ein Tagebuch. Halten Sie die Vision Ihres idealen Selbst schriftlich fest. Sie können später immer wieder dort eintauchen und Kraft daraus ziehen, um Herausforderungen im Alltag selbstbewusster zu meistern. So werden Sie in Kontakt mit Ihrer inneren Stimme bleiben. Erlauben Sie sich, den archaischen, wilden Aspekt des Weiblichen in sich selbst zu entdecken und zum Leben zu erwecken. Notieren Sie auch, welche Visionen und Herzenswünsche im Heilkreis aufgetaucht sind und wie Sie diese Wirklichkeit werden lassen können. Pflegen und nähren Sie das kraftvolle Bild von sich.

Lassen Sie die Phantasie los, dass Empfindsamkeit und Emotionalität etwas für Schwächlinge ist. Ganz im Gegenteil: Je mehr Sie Ihre innere Natur zum Ausdruck bringen, desto kraftvoller werden Sie sein. Wenn Sie mögen, fertigen Sie eine Collage von dieser Phantasiereise an. Sammeln Sie Bilder aus Zeitungen, die Ihre Seele berühren. Setzen Sie in die Mitte der Collage ein Foto von sich selbst. Wenn Sie mögen, machen Sie ein Foto von sich in der Natur. Je ungezwungener, desto besser. Lassen Sie Ihre Haare im Wind wehen, bewegen Sie sich frei, gehen Sie barfuß. Bemalen Sie Ihr Gesicht, tragen Sie weite, farbige Kleidung, die Ihnen ein Gefühl von Freiheit vermittelt.

Der vierte Schlüssel: die eigenen Grenzen erkennen und schützen

Für hochsensible Frauen ist »Abgrenzung« eines der dringendsten Themen, die sie in unsere Gruppen mitbringen. Feinfühlige Frauen haben oft Mühe, sich von den Wünschen und Ansprüchen ihrer Umwelt zu distanzieren. Folgende Situationen sind immer wieder Thema:

- **Die Schwiegermutter** mischt sich über Gebühr in das Familienleben ein und bedrängt die hochsensible Frau durch aufdringliche Besuche, Kritik, Nörgelei und emotionale Erpressung.
- **Der Chef** verhält sich fordernd, respektlos und macht womöglich anzügliche Bemerkungen.
- Kollegen laden ihre eigene Arbeit bei der sensitiven Mitarbeiterin ab, weil sie wissen, dass sie **nicht nein sagen kann**.
- **Die Kinder** sind es gewohnt, dass Mama ihre Wünsche erfüllt, und stellen selbstverständlich ihre Forderungen: Taxi Mama ist stets bereit, Hilfe bei den Hausaufgaben garantiert.
- Im schmerzhaften **Vergleich** mit anderen Personen fühlen sich sensitive, introvertierte Frauen oft zögerlicher, leiser, weniger erfolgreich, schwächer, unterlegen und ängstlicher. Durch den permanenten Vergleich mit den anderen verstärkt sich das Gefühl der eigenen Unzulänglichkeit.
- Solange eine hochsensible Frau ihr Temperament nicht erkannt hat, wird sie in der Regel versuchen, jemand anderes zu sein. Sie **passt sich übermäßig an**, übergeht ihre Rückzugsbedürfnisse und spielt etwas vor, was sie nicht ist.
- In der Schule findet ein Basar statt oder der Elternbeirat wird gewählt. Aufgrund ihres hohen **Verantwortungsbewusstseins** wird die hochsensible Mutter höchstwahrscheinlich auch hier Verantwortung übernehmen, obwohl ihr diese Belastung eigentlich zu viel wird.
- Eine sensitive Frau, die als Kind nur dann Zuwendung und Anerkennung bekam, wenn sie **Leistung** ablieferte, gerät später in einen verhängnisvollen Kreislauf. Als Erwachsene setzt sie sich immer größere Ziele, arbeitet zu viel und macht alles möglich, was andere von ihr verlangen. Im Hunger nach Anerkennung und Liebe verheddert sie sich im Hamsterrad unserer Leistungsgesellschaft und verpulvert so kostbare Lebensenergie.

- Wenn die eigenen Eltern durch Krankheit, Depression oder widrige Lebensumstände in eine Hilflosigkeit geraten, findet ein Rollentausch in der Familie statt. Dann fühlt sich das Kind für die eigenen Eltern verantwortlich, hilft, unterstützt, gleicht aus und wird selbst zur Mutterfigur. In der Fachsprache spricht man von »Parentifizierung« (englisch: parent = Elternteil). Als erwachsene Frau wird sich dies später als **Überverantwortung** zeigen. Hochsensible Frauen ziehen Lebensumstände an, in denen sie wieder zu viel Verantwortung für andere übernehmen, weil sie es einfach so gewohnt sind.

- Da Hochsensible in ihrer Kindheit eher selten Bestätigung für ihre ureigene Wahrnehmung erfahren, werden sie konditioniert, **gegen ihre eigenen Bedürfnisse zu agieren.** Wenn später Freunde und Kollegen sagen: »Komm, jetzt stell dich nicht so an!«, springt die unbewusste sensitive Frau auf den fahrenden Zug auf und macht, was man von ihr erwartet. Hinterher wundert sie sich, warum sie wieder über ihre Grenzen gegangen ist.

Um sich effektiv abzugrenzen, brauchen Sie Selbstmitgefühl, eine gute Eigenwahrnehmung und die Erkenntnis, dass es egal ist, was andere Menschen über Sie denken. Emotionale Autonomie wird Ihnen die Freiheit schenken, nein zu sagen, ohne sich dabei schlecht zu fühlen.

Übung: Nein sagen

Schreiben Sie eine Liste mit Situationen auf, in denen Sie eigentlich nein sagen wollen und es bisher nicht konnten. Seien Sie nicht überrascht, wenn die Übersicht lang wird. Notieren Sie sich dazu auch die anderen Personen, die an der Situation beteiligt waren oder sind. Erkunden Sie mutig, durch welche Gefühle Sie sich genötigt fühlen, gegen Ihre innere Überzeugung zu handeln. Oftmals verführt uns die Angst vor Ablehnung, Konflikten, Liebesentzug oder Beziehungsabbruch zum Ja-Sagen. Unser Bedürfnis nach Anerkennung und Zugehörigkeit kann uns dabei mehr schaden als nutzen. Nehmen Sie sich in der nächsten Woche vor, mindestens eine Situation aus Ihrer Liste zu bereinigen und klar Stellung zu beziehen.

Sind Sie der Kummerkasten der Firma, der Familie? Blocken Sie die Jammerer und Energieräuber ab. Das ist ganz schön ungewohnt, stimmt's? Wenn der Chef Sie bittet, noch mehr Arbeit zu übernehmen, sagen Sie einfach nein. Geben Sie Ihrem Umfeld die Gelegenheit zu erkennen, dass Sie nicht immer verfügbar sind und nicht mehr bereit, fremde Erwartungen um jeden Preis zu erfüllen. Freuen Sie sich auf das reinigende Gewitter. Geben Sie innerlich die Verantwortung an die anderen zurück. Wahre Freunde werden Ihre Bedürfnisse respektieren. Menschen, die Sie nur für ihre eigenen Begierden ausnutzen, werden sich früher oder später abseilen, wenn Sie nicht mehr nach deren Pfeife tanzen.

Ich werde nein sagen zu ...	Geschafft?
... dem Besuch bei meiner Schwiegermutter.	O
... meinen Kindern, wenn sie zu faul sind, um bestimmte Aufgaben selbst zu erledigen.	O
... verheirateten Männern, die mich nur als Affäre sehen.	O
... meinen Kollegen, wenn sie mir wieder ihre eigene Arbeit aufdrängen wollen.	O
... Freunden und Verwandten, die meine Gutmütigkeit nur ausnutzen.	O

Wenn Sie dabei durch Gefühle wie Selbstzweifel, Einsamkeit, Angst und Schuld gehen, umsorgen Sie sich liebevoll. Haben Sie Mut, andere zu enttäuschen, um sich selbst treu zu bleiben. Nehmen Sie den damit vermuteten Liebesverlust in Kauf. Je mehr Sie sich selbst lieben, desto weniger sind Sie auf äußere Anerkennung durch Ihr Umfeld angewiesen. Sie brauchen nicht länger um Liebe zu betteln. Beginnen Sie stattdessen, selbst Liebe auszustrahlen. Wenn Sie Sorge haben, ob die anderen ohne Sie klarkommen, überlegen Sie, wie sehr sich Ihr Umfeld schon auf Ihre Unterstützung verlässt, ohne in die Eigenverantwortung gehen zu müssen. Solange alle gewohnt sind, dass Sie schon einspringen, wenn es brenzlig wird, bleibt es schön bequem.

Nehmen Sie sich vor, von Woche zu Woche alle weiteren Punkte auf Ihrer persönlichen Liste zu bereinigen. Sprechen Sie laut aus, was Sie nicht mehr wollen. Lassen Sie Ihr Umfeld nicht länger im Unklaren darüber, was Ihre ehrliche Position ist.

Vergeben Sie sich selbst für alle Situationen, in denen Sie früher Ihre eigenen Bedürfnisse verraten haben. Seien Sie liebevoll mit sich. Erkennen Sie hinter Ihrer Bereitschaft zur Überanpassung die Sehnsucht, geliebt zu werden.

Übung: Grenzüberschreitungen aus der Vergangenheit bezeugen

Ich möchte Sie jetzt ermutigen, sich der Verletzungen bewusst zu werden, die Sie in Ihrer Biographie in Bezug auf Grenzüberschreitungen geprägt haben. Dieses Thema ist komplex und teilweise nur schwer zu ertragen. Über vielen Ereignissen liegt ein Tabu. Wir sprechen nicht gern darüber. Vielfach werden verletzende Geschehnisse verharmlost, was uns wiederum den Zweifel beschert.

War es wirklich so schlimm?
Habe ich mir das alles nur eingebildet?
Hat sie es wirklich nicht so gemeint?
Übertreibe ich?

Sobald wir beginnen, ohne Beschönigung die Verletzungen aus unserer Kindheit, Jugend und jüngster Vergangenheit zu bezeugen, gibt es keinen Platz mehr für Spekulationen. Es kann sein, dass Sie während des Schreibens eine explosive Mischung aus Trauer, Wut, Verzweiflung und Ohnmacht spüren. Nehmen Sie sich deshalb viel Zeit dafür und teilen Sie die Übung in kleine Häppchen auf. Lesen Sie sich die Beispiele durch und spüren Sie in sich hinein, welche Themen Sie aus Ihrer eigenen Biographie kennen.

- Mobbing
- anzügliche Blicke
- als emotionaler Mülleimer dienen
- als Kind Verwandte küssen müssen
- öffentliches Bloßstellen
- Verrat
- Berührungen Erwachsener erdulden, die Sie nicht gewollt haben
- Gewalt
- Einschüchterung
- Beschämung
- sexuelle Übergriffe
- emotionale Erpressung
- ausgenutzt werden
- Manipulation
- Rollenumkehr in der Familie oder Arbeitsplatz (Vorgesetzte oder Eltern übernehmen keine Verantwortung für schwierige Situationen. Stattdessen haben Sie die Last zu tragen oder meinen das zumindest.)

Indem wir unsere eigenen Verletzungen durch Grenzüber-schreitung ehrlich bezeugen, befreien wir uns von dem Bann-kreis des Schweigens, der Ohnmacht und Beschämung. Ein wichtiger Schritt ist geschafft. Im ersten Stadium der Verarbei-tung ist es wichtig, sich aufrichtig diesen negativen Gefühlen anzunähern. Es ergibt keinen Sinn, sich einzureden, dass Sie keine Wut, Trauer oder Verachtung empfinden, wenn diese Gefühle nun einmal da sind. Deshalb nehmen Sie sie zunächst einfach zur Kenntnis. Wenn Sie den Akt des Bezeugens noch bekräftigen wollen, sprechen Sie mit einer Vertrauensperson darüber. Das Aussprechen hilft Ihnen dabei, die Geschehnisse nicht länger zu vertuschen.

Ohne ehrliche Aufarbeitung werden Scham- und Schuld-gefühle später erneut zu Zugangstoren, mit denen Sie auch als erwachsene Frau anderen die Möglichkeit geben, Ihre Grenzen zu übertreten. Beobachten Sie deshalb genau, in welchen Si-tuationen Sie allzu offen und bereit sind, sich wieder den For-derungen anderer Personen auszuliefern.

Wenn Sie als Kind oder junge Frau schwerwiegende Grenz-überschreitungen erfahren haben, brauchen Sie in eine fach-kundige psychotherapeutische Begleitung, um sich von den negativen Folgen zu erholen. Für Frauen gibt es spezielle Bera-tungsstellen. Unter www.wildwasser.de finden Sie Adressen in Ihrer Nähe. Oftmals ist sogar eine Traumatherapie erforderlich.

Übung: Grenzverletzungen heilen

Wenn Sie noch einen Schritt weitergehen wollen, praktizieren Sie Rituale zur Vergebung. Solange wir mit Verachtung, Hass oder Angst an Personen aus unserer Vergangenheit denken, sind wir inner-lich noch immer in dieser Situation gefangen. Vergebung be-freit das Herz. Als hochsensibler Mensch werden Sie sich in-tensiv nach dem Sinn einer solch negativen Erfahrung fragen.

Sogar tiefe spirituelle Krisen können daraus erwachsen, etwa wenn Sie sich fragen, warum Gott es zulässt, dass so viele Menschen, Tiere, ja sogar der Planet Erde leiden müssen.

Lassen Sie es nicht zu, dass Verletzungen aus Ihrer Vergangenheit zu dauerhafter Verbitterung führen. Nehmen Sie die Ereignisse Ihrer Biographie als Aufforderung zum Wachsen. Eine Möglichkeit, sich selbst aus dem Blickwinkel des *alleinigen Opfers* zu befreien, ist die Frage nach den Motiven der »Täter«. Das ist starker Tobak, ich weiß! Wenn Sie mutig hinschauen, entdecken Sie möglicherweise die Prägungen, die zu den verletzenden Handlungen der anderen Person geführt haben. Bringen Sie in Erfahrung, wie die Kindheit des Täters/der Täterin aussah. Oftmals wiederholen Menschen gewaltsame Erlebnisse und werden später selbst *vom Opfer zum Täter*. Allein schon gesellschaftliche Vorstellungen, wie Erziehung auszusehen hat, bestimmen, wie unsere Eltern mit uns umgegangen sind. In früheren Zeiten war Gewalt ein probates Mittel der Disziplinierung und wurde allgemein akzeptiert. Wir haben da ein schweres Erbe, mit dem wir fertigwerden müssen.

Werden Sie sich auch bewusst, ob XYZ andere Menschen genauso schlecht behandelt hat. Dann können Sie zumindest den Gedanken loslassen, dass Sie selbst die Schuld an den verletzenden Verhaltensweisen des anderen trugen. Opfer von Mobbing und Gewalt glauben oftmals, dass sie selbst durch ihr Verhalten die Aggression des anderen provoziert haben. Frauen und Mädchen, die missbraucht wurden, hat man vor gar nicht allzu langer Zeit eingeredet, dass sie selbst die Tat provoziert hätten. Die daraus entstehende Scham machte es oft unmöglich, eine Strafverfolgung zu veranlassen oder Zeugenaussagen bei der Polizei zu machen.

Um Grenzüberschreitungen zu verzeihen, sind Rituale sehr hilfreich. In Hawaii kennt man das berühmte *Ho'oponopono* als große Vergebungszeremonie. Dieses Ritual können Sie mittlerweile in Seminaren gemeinsam mit fachkundiger Unterstützung durchführen. Auch in der christlichen Religion ist Vergebung nicht umsonst das zentrale Element. Es steckt eine tiefe Weisheit dahinter. Das bewusste Anzünden einer Kerze an einem heiligen Ort, ein Gebet oder der klassische Abschiedsbrief können Ihr Herz um gefühlte Tonnen erleichtern. Ich persönlich vergrabe zu diesem Zweck zum Beispiel gern Steine oder werfe sie ins Wasser. Wie auf einer Beerdigung oder beim Kugelstoßen übergebe ich den Stein, der symbolisch für meine verletzende Erfahrung steht, der Erde oder dem Wasser. Naturverbundene Menschen können zu diesem Ritual auch mit Mutter Erde sprechen und um Unterstützung bitten. Ich distanziere mich während des Rituals emotional von der anderen Person und befreie mich von der Angewohnheit, immer wieder über die Ereignisse nachzudenken. Gefühle von Wut und Trauer dürfen noch einmal aufkommen, um sie dann endgültig zu verabschieden.

Je mehr ich mich in meinem Herzen und in der Selbstliebe zentriere, desto besser kann ich verletzende Erfahrungen loslassen. Darin liegt der Schlüssel zur Befreiung. Ver-*geben* Sie der anderen Person aus tiefstem Herzen. Damit *geben* Sie auch die emotionalen Knoten *frei*, die sich durch solche Erlebnisse in Ihrem Körper festgesetzt haben. Wenn Sie tief verletzt sind, hilft es Ihnen vielleicht, auch Gott/dem Leben/dem Universum zu vergeben. Tief im Unbewussten können wir eine Anklage an das Leben in uns tragen. Dies verursacht das ultimative Opfergefühl. Manchmal müssen wir auf eine solch hohe Ebene gehen, wenn wir uns vom *Leben selbst* verraten fühlen. Das klingt vielleicht ein bisschen verrückt, aber diejenigen Leser, die dieses Thema betrifft, werden sich jetzt sehr angesprochen fühlen.

Wenn wir unerfahren und jung sind, schlussfolgern wir aus Erfahrungen mit Grenzverletzungen, dass wir selbst *nicht liebenswürdig seien*. Dies ist die größte Falle! Sie verhindert, dass wir mit uns wieder ins Reine kommen. Vergeben Sie sich selbst, falls Sie noch Schuldgefühle verspüren und sich die Verantwortung für das Erlebte geben. Wenn Sie erkennen, dass Sie vollkommen liebenswert sind, erleben Sie die Grenzüberschreitung nicht mehr als Bestätigung Ihrer vermeintlichen Unwürdigkeit, sondern als Liebesunfähigkeit der anderen Person. Verabschieden Sie sich von dem Wunsch, den anderen ändern zu wollen. Dies gilt besonders für Familienmitglieder oder (Ex-) Partner. Grenzüberschreitungen innerlich zu vergeben bedeutet nicht, die Handlungen der anderen Person gutzuheißen oder sie aus ihrer Verantwortung zu entlassen. Aber die Vergebung befreit uns von den negativen Gefühlen, die daraus entstehen. Erkennen Sie, wann ein Kampf vergeblich ist. Lassen Sie die Vergangenheit los. Sie können nicht verändern, was geschehen ist. Aber Sie können versuchen, damit Frieden zu schließen. Üben Sie mit kleineren Verletzungen, um später große Ereignisse anzugehen. Zollen Sie sich selbst Anerkennung dafür, dass Sie den Kreislauf der Gewalt unterbrochen haben. Wenn Sie es schaffen, Grenzverletzungen nicht bei anderen oder sich selbst zu wiederholen, haben Sie eine große Leistung vollbracht, die sich auf das Geflecht des Lebens positiv auswirkt.

Übung: Sich aus unguten Abhängigkeiten befreien

Gehen Sie noch einmal zu Ihrer Tabelle aus der ersten Übung in diesem Abschnitt zurück. Analysieren Sie, welche Menschen aus Ihrem aktuellen Umfeld Ihre Grenzen überschreiten und warum Sie das noch immer erlauben. Wahrscheinlich gibt es mindestens noch eine Person, bei der Sie sich nicht trauen, die Wahrheit oder einfach nur »nein« zu sagen. Oftmals finden wir uns auch im Erwachsenenalter in Abhängigkeiten wieder, die einem erfolgreichen Selbstschutz im Wege stehen. Wir empfinden Existenzängste, wenn wir darüber nachdenken, unsere Stelle zu kündigen, obwohl der Chef/ die Chefin permanent Psychoterror ausübt. Wir haben Angst, die Schwiegermutter mit ihrer unerträglichen Art zu konfrontieren, weil wir in ihr Haus gezogen sind oder dieses erben werden. Wir sorgen uns, eine jammernde Freundin zu verlieren, weil wir den Gedanken an unsere eigene Einsamkeit nicht ertragen können. Wir sind sprachlos im Angesicht offensichtlicher Beleidigungen, weil wir noch nicht gelernt haben, die Wahrheit auszusprechen.

Vergeben Sie sich selbst, wenn Sie sich aktuell als »Opfer« grenzüberschreitender Personen wiedererkannt haben. Durchbrechen Sie die Mauer des Schweigens. Schaffen Sie unmissverständliche Klarheit. Finden Sie Wege, sich zu schützen.

Brauchen Sie dabei Unterstützung? Dann besprechen Sie Ihre Ziele mit einer guten Freundin oder einem Coach. Holen Sie sich Bestätigung und Mut, um sich endlich zur Wehr zu setzen. Je klarer Sie anderen Menschen Grenzen setzen, desto mehr Sicherheit entsteht in Ihnen. Jetzt sind Sie erwachsen, handlungsfähig und nicht mehr abhängig wie ein Kind. Finden Sie clevere Auswege, um schädliche Abhängigkeiten zu beenden. Setzen Sie diesem Drama ein Ende. Sie haben die Kraft und jedes Recht, sich selbst zu schützen! Heyjah!

Der fünfte Schlüssel: sich von Leistungsdruck befreien

Dieser Punkt gehört im Grunde genommen auch zum Thema »Grenzen setzen«. Doch ich möchte es an dieser Stelle gesondert behandeln. Dabei geht es weniger um andere Menschen als um uns selbst und die Frage, wie wir durch Konditionierungen im Kindesalter später dazu neigen, durch Leistung nach Liebe und Anerkennung zu streben.

Kennen Sie auch folgende Formel?

Wie ferngesteuert folgen wir der Maxime »Leistung, Leistung, Leistung«. In meinen Beratungen mit hochsensiblen Frauen ist dieser Themenkomplex sehr häufig präsent. Unsere Gesellschaft sorgt dafür, dass wir bereits als Kinder anhand unserer Erfolge bzw. Verhaltensweisen bewertet, belohnt oder bestraft werden. Schauplätze dieser Konditionierungen sind ...

- die Schule
- die familiäre Belohnung für gute Schulnoten (Geld, Freizeitaktivitäten)
- fleißig Hausarbeit übernehmen (dies wird besonders von Mädchen verlangt)
- den Erwartungen der Familie/der Lehrer gerecht werden
- Liebesbekundungen der Eltern werden nur dann gezeigt, wenn sich das Kind den Erwartungen entsprechend verhält (klassisches Erziehungsmodell)
- *Gibst du mir, so gebe ich dir* als Einstellung in Freundschaften
- schon früh Verantwortung für Geschwister, Haus, Tiere, Geschäft und eventuell die eigenen Eltern übernehmen
- Geld und Besitz als Synonym für *Erfolg, Leistungsbereitschaft* und persönliche *Cleverness*

- *Nichts gibt es umsonst im Leben* und andere Sprüche der älteren Generationen
- Leistungsfixierung tritt besonders in Familien auf, in denen die Herzen der Eltern oder eines Elternteils verschlossen sind. Statt Liebe, Wärme und Geborgenheit treten *Leistung, Erfolg und Geld* in den Mittelpunkt des Familienlebens. Alles andere muss sich unterordnen, auch wenn einzelne Familienmitglieder darunter leiden.

Um positive Aufmerksamkeit zu erlangen, passt sich das hochsensible Kind diesen Erwartungen an und lernt zu funktionieren. Je länger der Vorgang wiederholt wird, als desto normaler wird er empfunden. Im Erwachsenenalter führt dieser Mechanismus zu Selbstvernachlässigung, Aufopferung, Überarbeitung, Überanpassung, Selbstausbeutung, Harmoniesucht und Entfremdung von den eigenen Bedürfnissen.

Hochsensible Frauen, die sich im Hamsterrad der Leistungssucht befinden, werden oft unfreiwillig durch Lebenskrisen aus dem bekannten Trott herausgeschleudert. Plötzlich steht die Ehe vor dem Ende, und sie fragen sich, wofür sich die ganze Schufterei und Selbstaufopferung gelohnt hat. Oder ein Burnout wirft die sensitive Frau aus dem erfolgreichen Berufsleben. Ein Streit mit dem Chef und mangelnde Anerkennung – auch für überragende Leistungen – führen in ein Motivationstief ungekannten Ausmaßes. Plötzlich erkennt die erwachsene sensitive Frau, dass es so nicht weitergehen kann. Noch immer nagt das schlechte Gewissen an ihr, wenn sie durch die Krankheit nicht mehr so leistungsfähig ist und die anderen Kollegen und Familienmitglieder »enttäuschen« muss. Doch der Körper lügt nicht. Es geht nichts mehr.

Genau in diesen Phasen melden sich immer wieder sensible Frauen bei mir zur Beratung oder für die Seminare an. Sie sind am Ende ihrer Kräfte, und der Kopf kann noch immer nicht verstehen, warum sie nicht mehr funktionieren. Die Strategie, mit der sie ein Leben lang mehr oder weniger erfolgreich waren, ist zum Gesundheitsrisiko geworden. Jetzt ist Selbstliebe die Notbremse.

Wenn wir aus unseren Lebenskrisen nichts Neues lernen, laufen wir Gefahr, ins alte Fahrwasser zurückzukehren. Sensitive Frauen, die ihre Leistungs-Anerkennungs-Dynamik nicht auflösen, sind geeignete Beute für berechnende Individuen, die andere nur zu gern vor den eigenen Karren spannen. Besonderes Augenmerk sollte dabei auf die Nahbeziehungen gelegt werden. Geraten Frauen an Partner, die sie für ihre eigene Firma oder egoistische Interessen ausnutzen, ist die Wahrscheinlichkeit groß, dass sie es erst zu spät erkennen. Schon zu lange sind sie es gewohnt, sich als willige Energietankstelle zur Verfügung zu stellen. Sie sind Geliebte, Putzfrau, Mutter und Mitarbeiterin in einem. Wie praktisch. Eine sensitive Frau, die sich ihrer Liebenswürdigkeit nicht bewusst ist und das Leistungsschema noch nicht durchbrochen hat, wird in solchen Lebenskonstellationen einen hohen Preis zahlen.

Erlauben Sie sich, in Zukunft mehr an Ihre eigenen Bedürfnisse zu denken. Bitte verstehen Sie mich nicht falsch: Ich möchte Sie nicht dazu animieren, eine rücksichtslose Egoistin zu werden. Hochsensiblen Frauen fehlt es jedoch häufig an Kraft, um ihre ureigenen Ziele und Wünsche zu verfolgen. Es geht eher darum, gesunde Grenzen zu ziehen. Deshalb ist zunächst eine gründliche Eigenreflexion hilfreich.

Übung: Leistungsanalyse

Nehmen Sie sich ein großes Stück Papier und notieren Sie sich darauf, was Sie alles schon in Ihrem Leben erreicht haben. Beginnen Sie beim Schulabschluss, Ausbildung, Studium, Führerschein, berufliche und finanzielle Erfolge, persönliche Weiterentwicklung,

Familiengründung usw. Schließen Sie schwierige Herausforderungen mit ein, die Sie privat wie beruflich gemeistert haben. Beginnen Sie damit, sich selbst Anerkennung und Wertschätzung für Ihre Resultate zu schenken.

- Welche Herzenswünsche haben Sie sich selbst erfüllt? Seien Sie stolz auf sich!
- Überlegen Sie, welche Ziele Sie aus Liebe zu Ihren Eltern, Kindern oder Ihrem Partner angestrebt haben. Analysieren Sie den Punkt, an dem Sie sich den Erwartungen Ihres Umfelds angepasst haben. Was haben Sie sich davon erhofft? Sind die gewünschten Resultate später eingetroffen?
- Analysieren Sie, was Sie aktuell für andere möglich machen und wie dadurch die Zeit für Sie selbst immer begrenzter wird. Oft sind wir so im Leistungstrott gefangen, dass uns gar nicht mehr bewusst ist, was wir für wen alles realisieren. Denken Sie an die vielen Kleinigkeiten, die Sie für andere möglich machen.
- Erhalten Sie die erhoffte Anerkennung aus Ihrer Familie oder im Berufsleben für das, was Sie tun?
- In welchen Lebensbereichen leisten Sie mehr als Ihr Umfeld? Können Sie darin eine Dysbalance erkennen? Wollen Sie so weitermachen?
- Was würde geschehen, wenn Sie von heute auf morgen nicht mehr 150 Prozent Leistung abliefern?
- Wie fühlen Sie sich, wenn Sie nicht leistungsfähig sind? Dies zeigt sich besonders in Krankheitsphasen, wenn wir aus dem gewohnten Alltag ausscheren müssen.
- Können Sie Unterstützung annehmen oder Aufgaben delegieren?
- Welche Vorbilder in Bezug auf Leistungsfixierung sind Ihre Eltern?
- Wenn Sie in einen starken Leistungsdruck durch Kredite geraten sind, fragen Sie sich, wie viele materielle Dinge Sie

wirklich brauchen. Was waren die Gründe für die Kredit-
aufnahme? Vielleicht helfen Sie Ihrem Partner, der sich
verschuldet hat, um seine Firma zu retten/zu gründen?
Viele Frauen arbeiten im Unternehmen des Mannes für ein
kleines Gehalt oder sogar unentgeltlich. Fragen Sie sich
ehrlich, ob Sie hier nur als Erfüllungsgehilfin dienen oder
ob diese Ehe/Partnerschaft auf einem ehrlichen Fundament
steht. Entschlüsseln Sie Ihre tatsächliche Rolle in diesem
Film, wenn es sein muss mit einem professionellen Coach.

Nachdem Sie sich diesem Thema aus verschiedenen Richtun-
gen angenähert haben, fragen Sie sich, in welchen Lebensbereichen Sie eine Veränderung in Bezug auf das Leistungsstreben vornehmen wollen. Erlauben Sie sich, nicht immer perfekt
zu sein, nicht jedermanns Erwartungen zu erfüllen oder nicht
alles schaffen zu müssen, was Sie sich vorgenommen haben.
Suchen Sie sich Freiräume, um das Leben zu genießen!

Der sechste Schlüssel:
der Intuition vertrauen

Die Intuition ist eine Kraft, die sich wissenschaftlichen Be-
weisführungen entzieht. Und doch haben wir alle schon
Momente erlebt, in denen sich ein Geistesblitz als die rettende
Lösung für ein Problem erwies. Oder wir hatten einen »kreativen Einfall« mit lebensverändernden, positiven Konsequenzen.
Die Reintegration dieser feinsinnigen Begabung gehört mit zu
den wichtigsten Aufgaben auf unserem Weg in die eigene
Kraft! An dieser Weggabelung können wir nicht ignorant vor-
beigehen, ohne Schaden zu nehmen. Wir brauchen unsere in-

nere Stimme, um unser Leben zu meistern. Aufgrund der Erziehung wird den meisten Frauen der Zugang zur Intuition abgeschnitten. Viel zu oft mussten wir »gute Miene zum bösen Spiel« machen. Doch auf Dauer lässt sich eine instinktbegabte Frau nicht domestizieren. Oftmals sind es Schwellensituationen, die uns mit der machtvollen Kraft der Intuition in Kontakt bringen.

Geburt als Einweihung

Dass der Geburtsprozess zutiefst instinktiv und natürlich ist, zeigt uns die amerikanische Hebamme Ina May Gaskin, die auf ihrer Farm schon Tausenden Frauen bei Geburten beigestanden hat und dabei eine enorm niedrige Kaiserschnittrate aufweist. Seit Jahrzehnten gibt sie den Frauen Kraft und Selbstvertrauen, um den Geburtsprozess möglichst sanft und mit minimalen Interventionen zu überstehen. Dabei erkannte sie, dass Entspannung, Ruhe und die Unterstützung des Mannes viel Positives bewirken können. Eine gebärende Frau verfällt, wenn die Umgebung sie lässt, in einen Trancezustand, der sie instinktiv die richtigen Bewegungen ausführen lässt. In diesem Bewusstsein befindet sich die Frau jenseits des Alltags. Sie ist im Reich der Intuition, ganz verschmolzen mit der Weisheit ihres Körpers.

Diese Grenzerfahrung kann für jede gebärende Frau ein Schritt in ein neues Bewusstsein darstellen. Dafür brauchen Frauen Begleitung von wissenden Hebammen, die im weiblichen Urbewusstsein verwurzelt sind. Wenn wir zurück zu diesen Wurzeln finden, werden die Übergänge im Leben natürlicher, friedvoller und sicherer. Unser Instinkt ist verwandt mit unserer Intuition. Instinktbegabte Frauen sind selbstsicher, kraftvoll, spontan und gelöst.

Als weiteres positives Beispiel zu diesem Thema möchte ich Ihnen die spirituelle Lehrerin Chris Griscom aus den USA

vorstellen. In ihrem spektakulären Bildband *Meergeboren.*
Geburt als spirituelle Einweihung nimmt uns die mutige Autorin mit auf eine abenteuerliche Reise. Wir werden Zeugen
einer selbstbestimmten Geburt. Ohne medizinische Begleitper-
sonen bringt sie ihren Sohn Bapu im Meer zur Welt.

Natürlich war das nicht ihre erste Geburt. Die Autorin hatte
schon mehrere Kinder geboren und war deshalb vertraut mit
den natürlichen Abläufen einer Geburt. Für ihren Traum reiste
sie von New Mexico zu den Bahamas. Mit jeder Seite und jedem
Foto werden wir tief berührt von dieser kraftvollen Geburt. Dabei vermittelt Chris Griscom die tiefe seelische Verbundenheit
mit dem Baby und wie ihr Selbstvertrauen den Geburtsprozess
vollständig ohne Komplikationen vorantreibt. Sie hat keine
Scheu, ihren Körper zu zeigen, und strahlt dabei eine vollkom-
mene Natürlichkeit aus. Sie macht Frauen Mut, ihrem Körper
wieder zu vertrauen und auf die innere Stimme zu hören.

Übung: Das Wirken
der inneren Stimme dokumentieren

Legen Sie eine Liste von Lebensereignissen an, zu
denen sich Ihre innere Stimme gemeldet hat. Diese
Übung ist vergleichbar mit der Liste zu den Körpersignalen. Die
Intuition könnten wir auch als inneres Wissen bezeichnen.
Dieses lässt sich nicht begründen, es ist einfach da. Die innere
Stimme warnt uns vor Gefahr. Sie vermittelt uns Träume und
Sehnsüchte. Sie flüstert uns zu, was wir uns von Herzen wün-
schen. Sie zeigt sich wie ein roter Faden im Leben.

• Notieren Sie Begebenheiten, in denen Sie auf Ihre innere
  Stimme gehört haben und welche positiven Konsequenzen
  daraus erwachsen sind.

• Listen Sie Situationen auf, in denen Sie nicht auf Ihre innere Stimme gehört haben und welche negativen Konsequenzen daraus entstanden sind.

- Erinnern Sie sich daran, wie Ihr Umfeld (damals und heute) auf Ihre intuitiven Wahrnehmungen reagiert: zustimmend, respektvoll, ablehnend, verspottend? Wie wirkt sich das auf Ihr Selbstvertrauen aus?

Oftmals fühlen wir uns wie ein Kind, das laufen lernt, wenn wir der inneren Stimme lauschen. Wir sind unsicher und wackelig auf den Beinen. Es fühlt sich ungewohnt an, und wir müssen erst noch Vertrauen in unsere eigenen Fähigkeiten entwickeln. Dieses Vertrauen kommt durch Erfahrung. Je mehr Sie Ihre eigenen Geschichten dokumentieren, desto bewusster werden Sie im Umgang mit Ihrer Intuition. Erlauben Sie anderen nicht mehr, Sie als »hysterisch« abzustempeln, wenn Sie Ihrem Instinkt folgen. Diese Beschimpfungen pressen Frauen noch heute in ein Korsett, das die gesunde Entfaltung weiblicher Weisheit verhindert. Befreien Sie sich von diesen Fesseln und leben Sie nach Ihrer inneren Natur!

Was geschieht, wenn wir nicht auf unsere innere Stimme hören
Das Ignorieren des intuitiven Feingefühls kann zu falschen, ja katastrophalen Entscheidungen führen. Für Frauen gilt deshalb bei allen lebensentscheidenden Situationen, ihre feinen Sensoren zu Rate zu ziehen. Egal, ob Sie einen Arbeitsvertrag unterschreiben, einen Heiratsantrag beantworten oder sich selbständig machen wollen: Hören Sie auf Ihre innere Stimme! Die warnende innere Stimme ist eigentlich immer da, doch wir sind alle gut trainiert darin, sie zu überhören. Ich denke da zum Beispiel an eine Begebenheit aus meinem eigenen Leben. Vor einigen Jahren wollte ich mit meinem Mann Arno ein Haus mieten. In vielerlei Hinsicht erfüllte es unsere Vorstellungen. Es hatte zwar viele sehr kleine Zimmer, aber es war gemütlich und hatte einen riesigen Balkon. Als der Mietvertrag kam, hatten sowohl Arno als auch ich ein seltsames, ungutes

Gefühl. Der Stift wollte nicht zur Unterschrift. Ich redete mir ein, dass alles schon gutgehen würde, und unterschrieb doch. Es war Winter, als wir die Umzugskisten und Möbel in das Haus schleppten. Das war ein Kraftakt, zudem lag ich in der Endphase für mein erstes Buch und hatte viel Stress in meiner Arbeit als Klinikpsychologin. Das Haus war komplett neu renoviert, als wir es bezogen. Schon in der ersten Nacht wussten wir beide, dass wir einen Fehler gemacht hatten. Die Zimmer stanken nach Lack. Die Heizung, das Badezimmer und Holzpaneele dünsteten aus. Am nächsten Morgen fühlte ich mich um dreißig Jahre gealtert. Arno ging es ganz ähnlich. Wir stellten fest, dass das Haus auf einer Wasserader stand und feucht war. Ich war am Boden zerstört. Wir nahmen uns ein Pensionszimmer. Weihnachten verbrachten wir im Hotel, und ich bedauerte es sehr, nicht auf meine innere Stimme gehört zu haben. Arno und ich sprachen noch oft über diese Begebenheit und schworen uns, nie wieder unsere warnende Stimme zu ignorieren.

Übung: Das instinktive Selbst nähren

Ein vertiefter Zugang zur Intuition wird sich Ihnen eröffnen, wenn Sie Wege finden, um Ihr instinktives Selbst zu erwecken. In unserer modernen, »zivilisierten« Welt gibt es nur wenige kulturell anerkannte Möglichkeiten dazu. Schon in der Schule werden wir darauf trainiert, unsere instinktive, wilde Seite zu unterdrücken. Stattdessen sind Intellekt und Sachlichkeit gefragt. Die moderne Lebensweise, die sich vorrangig in Großstädten, Autos, Zügen und geschlossenen Räumen abspielt, verbaut uns mehr und mehr den direkten Zugang zur Natur. Dennoch haben wir die Möglichkeit, unseren Instinkt zu trainieren. Die wilde Frau hat Kontakt zu ihrem instinktiven Selbst, sie ist geerdet. Dieses Bewusstsein ist in unmittelbarem Kontakt mit allen Sinnen, mit der Körperweisheit und dem Hier und Jetzt. Unser Instinkt verrät uns niemals! Er lässt uns Gefahren wittern, zwielichtige Personen meiden. Der Instinkt verbindet uns mit der Weisheit der Natur und den biologischen Rhythmen unseres Körpers.

Eine wunderbare Möglichkeit, sich mit dem instinktiven Selbst zu verbinden, ist das freie Tanzen. Im Tanz schütteln wir alle Konventionen ab. Das Becken vibriert, die Wirbelsäule schüttelt sich, wir lassen uns fallen, und die Wellen der Ekstase fließen vom Kopf bis zu den Zehenspitzen. Die amerikanische Tanztherapeutin Gabriele Roth hat dazu eine bahnbrechende Entdeckung gemacht: Sie erkannte, dass natürliches Tanzen mit unserer Sexualität zu vergleichen ist. Daraus entwickelte sie die »Fünf Rhythmen«, eine Tanzmethode, die über musikalische Rhythmen zur Ekstase führt. Dabei fließen förmlich Wellen durch den Körper. Im Laufe einer solchen Veranstaltung werden verschiedene Musikstücke gespielt, die sich nach und nach in ihrer Intensität und ihrem Rhythmus steigern bis zur Explosion, ähnlich einem Orgasmus. Diesem Rausch folgen langsamere, fast schon schwebende Musikstücke, die uns fein und fließend dahingleiten lassen. Die Tänzer können dabei vollständig von allen Konventionen loslassen und ihrer Körperintelligenz erlauben, die Führung zu übernehmen.

Wenn wir es uns selbst gestatten, im Tanz alle Hemmungen loszulassen, kommen wir vollständig in Kontakt mit unserem instinktiven Selbst. Der Körper lügt nicht, und wir erhalten die Möglichkeit, authentisch unsere Lebendigkeit und alle Gefühle auszudrücken, egal, wie es nach außen aussehen mag. Damit knüpfen wir an jahrtausendealte Traditionen von Schamaninnen der Welt an, die durch Trancetanz und wilden Gesang in einen erweiterten Bewusstseinszustand eintauchten. In diesen Momenten kommt der Verstand zur Ruhe. Intuitiv weiß der Körper, welche Bewegungen ihm helfen, in Ekstase zu gelangen, Wut loszulassen oder in erweiterte Bewusstseinszustände zu gelangen.

Auch intensive Naturerfahrung, Fasten, Schweigen oder eine Baumumarmung können uns dabei helfen, in dieses natürliche Bewusstsein zurückzugelangen. Setzen Sie bewusst Ihre Sinne ein. Riechen Sie beim Einkaufen, ob das Gemüse frisch ist. Erlauben Sie sich, mit Ihren Händen zu fühlen, zu spüren, zu tasten. So werden Sie zur Meisterin der Massage oder anderer Körpertherapiemethoden. Trommeln Sie, machen Sie Feuer oder gehen Sie mal wieder in einem See baden, anstatt im sicheren Schwimmbad. Je mehr wir uns mit der wilden Natur verbinden, desto einfacher kommen wir mit unserem instinktiven Selbst wieder in Kontakt. Der Lohn dieser Bemühungen liegt darin, dass Sie lernen, aus dem tiefsten Inneren Ihres Wesens Antworten auf brennende Fragen zu finden. Sie verbinden sich auf diese Weise mit Ihrem instinktiven Selbst. Entscheidungen werden aus dem Becken getroffen. Sie bleiben in Kontakt mit Ihren authentischen Bedürfnissen und finden Zugang zu Ihrer inneren Weisheit.

Übung: Kontaktaufnahme
mit dem höheren Selbst

Diese Meditation ist besonders für spirituell interessierte Leserinnen eine Wohltat. Sicher haben Sie schon vom »höheren Selbst« gehört oder gelesen. Was ist damit gemeint? Es gibt nach meiner Erfahrung eine weitere Instanz, die uns mit intuitiven Informationen versorgt. Das höhere Selbst steht für unsere Seele, das Engel-Bewusstsein und unsere höhere Weisheit. Es ist nicht an Instinkte gebunden oder durch körperliche Bedürfnisse angetrieben. Das höhere Selbst hat den Überblick über unser Leben und betrachtet alles, was geschieht, mit Abstand und einem liebevollen Blick. Manche Autoren nennen diese Instanz »Überbewusstsein«

oder »Super-Bewusstsein«. Es ist nicht konditioniert durch weltliche Prägungen, sondern existiert jenseits der Zeit. Es hat den vollständigen Überblick zu Vergangenheit, Gegenwart und Zukunft. Besonders in Entscheidungssituationen mit weitreichenden Konsequenzen für unser Leben kann es hilfreich sein, über eine Meditation mit dem höheren Selbst Kontakt aufzunehmen. Um diese Visualisierung durchzuführen, empfehle ich die CDs von Erik Berglund, einem begnadeten Harfenspieler. Geeignet sind »Harp of healing light« und »Angel flight«. Sie vermitteln erweiternde, schwebende Klänge, die uns dabei helfen, in die Welt des höheren Selbst einzutauchen.

Schließen Sie die Augen und stellen Sie sich vor, dass es einen Fahrstuhl in den Himmel gibt, in dem Ihr höheres Selbst lebt. Der Fahrstuhl kann sich in einem Baum befinden oder völlig gläsern in einer weiten Landschaft stehen. Steigen Sie in dieses Wunderwerk ein und drücken Sie auf den Knopf, der die oberste Etage anzeigt. Alternativ können Sie auch einen Heißluftballon wählen und in den lichtdurchfluteten Himmel aufsteigen. Lassen Sie sich sanft in die Lüfte geleiten und steigen Sie oben aus. Sie durchwandern Lichtlandschaften, Farbwelten, Wolken oder eine Ebene aus Kristallen. Lassen Sie Ihrer Phantasie freien Lauf. Besuchen Sie dort einen Tempel, einen heiligen Baum, eine Bibliothek oder ein Schloss. Ihr höheres Selbst wartet dort auf Sie. Es kann auf einem Thron sitzen, sich als Engel zeigen oder als Bibliothekar. Dieser Teil von Ihnen ist weise, liebevoll und ruhig. Setzen Sie sich mit ihm zusammen und besprechen Sie, was Sie auf dem Herzen haben. Stellen Sie Fragen, bitten Sie um innere Führung und Inspiration. Gehen Sie gemeinsam mit Ihrem höheren Selbst verschiedene Lebenswege durch, die sich aus einer Entscheidung ergeben würden, und finden Sie zu einer stimmigen Lösung. Vertrauen Sie auf die inneren Bilder, Gefühle und Impulse, die aus dieser Meditation zu Ihnen kommen. Ihr höheres Selbst kann auf eine riesige Bibliothek zurückgreifen, in der alle Informationen gespeichert sind, die Sie für Ihr Leben brauchen. In dieser Ebene gibt es keine Zeit; dort können Sie einen Blick in Ihre Zukunft werfen.

Der siebte Schlüssel: feminine und maskuline Qualitäten in Balance bringen

Viele sensitive Frauen wünschen sich, stärker zu werden. Sie meinen, sie könnten dies erreichen, indem sie härter, männlicher, aggressiver und leistungsfähiger würden. Deshalb fällt es ihnen schwer, ihre femininen, weichen Qualitäten wertzuschätzen. Doch wir brauchen eine ausgeglichene Persönlichkeit, um unser Leben glücklich zu gestalten. Im Zuge der Emanzipation der Frauen sind weibliche Qualitäten in der öffentlichen Wahrnehmung zunehmend »uncool« geworden. Frauen, die mit ihrer Hochsensibilität kämpfen, möchten ihre feinfühlige Seite unterdrücken und empfinden sie eher als Schwäche. Dies geschieht häufig, wenn sie in Familien aufwuchsen, in denen weibliche Mitglieder unterdrückt wurden oder in denen Leistung und Intellekt die höchsten Werte darstellten. Deshalb ist es wichtig, zunächst Ihre femininen, sensitiven Eigenschaften anzunehmen und aktiv weiterzuentwickeln. Im zweiten Schritt ist die Integration des Männlichen in Ihrer Psyche ein enormer Entwicklungsmotor.

Sowohl der Zugang zu unseren femininen Gaben als auch die Entwicklung von kraftspendenden Yang-Energien ermöglichen uns ein selbstbestimmtes Leben. Nur weil wir einen weiblichen Körper haben, heißt das nicht unbedingt, dass wir ohne weiteres Zugang zu femininen Qualitäten haben. Oftmals fehlt Mädchen eine ausreichende »Bemutterung« und damit das seelische Genährtwerden. Der innere Hunger, der sich daraus ergibt, zwingt so manche Frau zu einer Lebensführung, die der Arbeit einer Archäologin gleicht. Mühsam muss sie Stück für Stück zusammensetzen und verlorengegangene Aspekte ihrer Weiblichkeit in der Wüste des Lebens wieder ausgraben.

Umgekehrt bedeutet es ebenfalls, dass uns die Entwicklung maskuliner Qualitäten nicht versagt bleibt, weil wir keine Männer sind. Der Psychologe Carl Gustav Jung nennt diese beiden Seiten in unserer Seele *Anima* und *Animus*. Wir haben sowohl männliche als auch weibliche Aspekte, die in Einklang gebracht werden möchten. Sobald wir beide Energien beleben, sind wir vollständig und reif geworden.

Feminine Qualitäten bejahen

Ich möchte Sie einladen, zuerst in die weiblichen Energien einzutauchen. Im zweiten Schritt werde ich Ihnen maskuline Qualitäten näherbringen. Einige weibliche Aspekte wirken auf den ersten Blick womöglich überholt. Unser Widerstand gegen solche Eigenschaften ist kollektiv damit verbunden, dass viele Begabungen von Frauen keine Wertschätzung erfahren haben. Im Gegenteil, Frauen wurden früher auf ein bestimmtes Rollenbild beschränkt und in ihrer Entfaltung behindert. Frauen der Neuzeit bemühen sich eifrig, die alten Röcke abzustreifen und in männliche Rollen zu schlüpfen. Doch damit allein schaffen wir keine Gleichberechtigung. Die Wiedererweckung urweiblicher Qualitäten hilft uns, unserem innersten Wesen Ausdruck zu verleihen. Ich möchte die Zeit keineswegs zurückdrehen, sondern Sie einladen, sich offenen Herzens Ihren Wurzeln wieder zu nähern.

Wenn Sie noch tiefer in diese Gefühlswelt eintauchen möchten, empfehle ich Ihnen, beim Lesen des folgenden Abschnitts die CD »The Visit« von Loreena McKennitt oder »Four great winds« von Peia Luzzi anzuhören.

Gefühle fließen lassen

Als hochsensitive Frau haben Sie nah am Wasser gebaut. So viel steht fest. Ihre Gefühle sind ein wahrer Schatz, wenn Sie aufhören, sich dagegen zu wehren. Frauen, Kinder und Männer werden häufig verspottet, wenn sie Gefühle zeigen. Dabei machen uns Gefühle menschlich. Darüber habe ich bereits im Abschnitt zur »Verletzlichkeit« ausführlich geschrieben. In meinen Seminaren gibt es regelmäßig Szenen, in denen sich Frauen entschuldigen, sobald sie beginnen zu weinen. Doch für mich ist es eine Bestätigung, dass wir in der Gruppe eine Atmosphäre von Vertrauen, Wertschätzung und Nähe geschaffen haben. Wie viele nicht geweinte Tränen verstopfen buchstäblich unsere inneren Kanäle? Wie viele Frauen laufen mit dem berühmten »Kloß im Hals« herum, weil sie über Jahre hinweg ihre Gefühle unterdrückt haben?

Dabei gilt die Gefühlswelt bis heute als weibliche Domäne, und soziale Berufe werden noch immer überwiegend von Frauen ausgefüllt. Verletzliche Gefühle wie Trauer, Einsamkeit, Liebeskummer und Ängstlichkeit bringen uns mit anderen Aspekten unseres Selbst in Verbindung. In jedem Fall machen sie deutlich, dass wir Wesen sind, die Liebe und Geborgenheit brauchen. Unsere sehnsuchtsvollsten Momente bringen uns auf die Spur dessen, was wir im Leben am meisten vermissen. Öffnen Sie Ihr Herz für all diese Gefühle und lauschen Sie auf die Botschaft darin. Sobald Sie das zugelassen haben, steigen die Gefühle deutlich auf und landen im Kehlkopf. Auch dort gibt es viele Blockaden. Öffnen Sie Ihre Kehle, atmen Sie tief durch den Mund ein und aus. Heulen Sie wie eine Wölfin, wenn es sein soll. Schreien Sie im Wald alles heraus. Weinen Sie hörbar. Stimmen Sie einen Singsang an, der Ihren Gefühlen Ausdruck verleiht. Schon bald werden Sie sich besser fühlen.

Nähren und Nähe zulassen

Dieser Aspekt ist stark mit dem Thema Mütterlichkeit verknüpft. Das Muttersein ist vielen Projektionen unterworfen, und ich möchte mich hier auf die naturgegebene Instinktebene der Mutterqualität konzentrieren. Dabei spielt es keine Rolle, ob Sie eigene Kinder haben, als Erzieherin arbeiten oder Freunde in einer schwierigen Phase unterstützen. Wir alle brauchen Nähe und Geborgenheit. Wenn wir uns unseren femininen Qualitäten annähern, ist es hilfreich, wieder zu lernen, sich fallen zu lassen. Wir alle brauchen das Gefühl des Genährtwerdens. Dazu gehört es, vollkommen angenommen und liebevoll umsorgt zu werden. Es ist die Suppe, die Ihnen Ihre Freundin anbietet, wenn Sie unangekündigt vorbeikommen. Oder der tröstliche Anruf, wenn es Ihnen gerade nicht gutgeht. Je mehr Sie selbst als Kind Nähe und Geborgenheit erfahren haben, desto natürlicher wird es Ihnen erscheinen, diese Qualitäten an Freunde und Freundinnen, Partner und Kinder weiterzugeben.

Für sensitive Frauen ist es besonders wichtig, eine fürsorgliche Ader für sich selbst zu entwickeln. Oftmals sind sie Meisterinnen darin, andere zu versorgen, und kommen selbst dabei viel zu kurz. Dieses Dilemma lässt sich nur mit Selbstliebe lösen. Erkennen Sie an, dass Sie genauso wichtig sind wie die anderen, im Grunde genommen sogar noch wichtiger! Sich selbst zu nähren darf uns nicht beschämen, sondern es ist die absolute Voraussetzung für seelische und körperliche Gesundheit.

Jeder Mann und jede Frau, die vor Nähe flüchten, haben in

ihrer Biographie tiefe Verletzungen erlebt, in denen sie durch Nähe erdrückt oder schmerzhaft im Stich gelassen wurden. Ich sehe es als eine unserer wichtigsten Aufgaben, alle Verletzungen, die mit Nähe zu tun haben, aufzulösen, um erfüllende Beziehungen leben zu können. Aus wahrer Nähe entsteht eine seelische Intimität. Sie macht es uns möglich, uns wirklich auf ein Gegenüber einzulassen. Seelische Nähe bringt uns mit dem inneren Kern unseres Seins in Kontakt. Durch den Spiegel des anderen erkennen wir uns selbst. Aus dieser Verbindung wachsen starke Familienbande.

Verbinden und vergeben

Hochsensible Frauen sind exzellent darin, Harmonie in Gruppen zu erzeugen. Die verbindende Kraft der Weiblichkeit hilft uns, Gruppen, Familien, sogar ganze Unternehmen zusammenzuhalten. Wir sehen die Gemeinsamkeiten und schaffen Kommunikationsverbindungen mit Freunden, Kollegen, Geschäftspartnern und Nachbarn. Das gute Gefühl, Synergien zu erschaffen, entsteht, wenn wir bewusst liebevolle Verbindungen knüpfen und bewahren. Der soziale Aspekt ist ein wichtiger Anteil der weiblichen Psyche. Wir brauchen ein Gefühl von Heimat, Zugehörigkeit und Kontakt.

Außenseiter und Ausgeschlossene erwecken in uns den Beschützerinstinkt. Wir möchten gern dafür sorgen, dass sie wieder integriert sind. Hochsensible haben dafür einen feinen Sinn. Sie streben nach Gerechtigkeit, Ausgleich, Fairness und Einklang. Dabei schließen sie nicht nur andere Menschen mit ein, sondern auch Tiere, Pflanzen und Mutter Erde. Dieses tiefe Gefühl der Verbundenheit mit allem Leben kann in manchen Momenten eine erhebende spirituelle Erfahrung sein, die uns aufs dringlichste vermittelt, dass wir alle in einem Geflecht des Lebens miteinander vernetzt sind. Wir brauchen uns gegenseitig.

Dadurch wird Vergebung möglich. Viele Frauen, die sich in einem Konflikt mit ihrer eigenen Mutter befinden, versuchen später als Mutter, alles »besser« zu machen. Doch sobald sie selbst Kinder bekommen, bemerken sie, wie herausfordernd die Mutterschaft tatsächlich ist. Solange sie ihre eigene Mutter verurteilen, sitzen sie insgeheim auf ihrer eigenen Anklagebank. Alles, was sie ihrer eigenen Mutter nicht verzeihen können, legen sie sich früher oder später selbst zur Last. Deshalb ist es eine enorme Befreiung, wenn wir unseren Müttern für all ihre »Fehler« und ihr »Versagen« vergeben können. Im Licht der Verbundenheit erkennen wir, welche Verletzungen und Schwierigkeiten unsere Mütter geprägt und dass sie ihr Bestes gegeben haben, auch wenn das für uns als Kinder nicht immer erkennbar war. Verbundenheit öffnet unser Herz und macht uns empfänglich für die Liebe. Auf diesem Nährboden kann Vergebung gelingen und Frieden zwischen den Generationen hergestellt werden.

Heilen

Die Fähigkeit zu heilen hat viel mit den eben genannten Qualitäten zu tun. Heilen ist eine archaische Kunst, die von jeher durch Schamaninnen und Heilerinnen aller Kulturen ausgeübt wurde. Im nächsten Kapitel »Die sieben Archetypen hochsensibler Frauen« wird die Heilerin ausführlich besprochen. Ich habe die Erfahrung gemacht, dass gerade sensitive Frauen einen Hang zu dieser Qualität haben. Durch die große Verbundenheit und ihren beweglichen Geist haben sensitive Frauen intuitive Fähigkeiten, die sie dazu anleiten, ihren eigenen Heilungsprozess in Gang zu bringen. Ich spreche in diesem Zusammenhang gern von der »inneren Heilerin«. Dieser Aspekt hilft uns durch Träume, Impulse, innere Bilder, Sehnsüchte und zufällige Begegnungen, dass wir unseren innersten Kern entdecken. Er signalisiert uns in Krisensituationen, was wir brauchen und wie wir uns selbst helfen können. Um mit der inneren Heilerin in Kontakt zu sein, brauchen wir einen guten Zugang zu unseren Gefühlen und zum Instinkt.

Heilung kommt von Heil-Sein, Ganz-Sein. Statt das Selbst in immer weitere Teile zu zersplittern, fügt die Heilerin sie wieder zusammen. Die *Wolfsfrau* ist ein gutes Beispiel dafür und wird uns in dem gleichnamigen Buch von Clarissa Pinkola Estés vorgestellt. Sie wird in den Erzählungen der Indianerstämme im Südwesten der USA beschrieben. Diese handeln vom »Knochenvolk«. Eine Geschichte berichtet von einer alten Frau, die über karge Berge und durch tiefe Täler schleicht, um die Knochen toter Wölfe zu sammeln. Dabei hebt sie jeden noch so winzigen Knochen auf, bis sie auch den letzten Rückenwirbel findet und alle zu einem vollständigen Skelett zusammenfügt. In diesem Moment richtet sie sich auf und stimmt einen Heilgesang an. Dabei bewegt sie ihre Hände über die Knochen und erweckt sie zu neuem Leben. Sie singt so tief aus dem Herzen und mit voller Kraft, dass der Wolf wieder lebendig wird und in die Wüste davonspringt.

Das Singen über den Knochen ist ein Sinnbild für die immense Selbstheilungskraft in uns. Auch Anteile, die abgestorben und zersplittert scheinen, können mit unserer liebevollen Aufmerksamkeit wieder zum Leben erweckt werden. Abgespaltene Anteile sind in der Psychotherapie ein großes Thema. Wann immer wir schmerzhafte Erfahrungen machen, die zu groß sind, um sie zu verarbeiten, verdrängen wir den Aspekt ins Unbewusste. Dort führt er ein schädliches Eigenleben, das uns dazu bewegt, die schmerzlichen Erfahrungen aus der Kindheit zu wiederholen, indem wir als Erwachsene ähnliche Situationen und Menschen anziehen. Die Heilerin hat den Mut, sich ihrem eigenen Schatten liebevoll zu nähern und ihm ins Gesicht zu sehen. Sobald wir das getan haben, verliert er seinen Schrecken. Wir sehen plötzlich hinter den verzerrten

Bildern unseres Selbst die tiefen Verletzungen, die uns zu einer Karikatur haben werden lassen. Im Licht betrachtet, verwandeln sich die verletzten Aspekte zurück in ihre ursprüngliche Energie und können wieder in das Gesamtselbst integriert werden. Die Heilerin stellt den versöhnenden, ausgleichenden und liebevollen Teil in uns dar.

Schönheit kreieren

Ihr Blick fürs Detail und das Harmonieverständnis macht sensitive Frauen zu Künstlerinnen für Haus, Hof und Büro. Egal, wie sie leben, sie finden immer eine Möglichkeit, ihre Umgebung zu verschönern. Naturfarben, Blumen, Seide, Federn, Schals, Mandalas und die richtigen Zimmerpflanzen verzaubern unser Wohnumfeld, wenn Frau nur weiß, wie sie richtig einzusetzen sind. Schönheit hat viel mit Sensibilität und Verletzlichkeit zu tun. Frauen, die sich ihrer eigenen Schönheit bewusst sind, werden diese auch ausstrahlen. Unser Harmoniesinn verleiht uns Phantasie und Ordnung im Leben. Wir sortieren unsere Kleidung nach Farbe, streichen das Wohnzimmer im passenden Farbton zu unseren Möbeln und tragen Kleidung, die unserer Stimmung entspricht. Wenn wir diesen Bedürfnissen nachkommen, stellen sich Wohlbefinden, Ruhe und Lebensfreude wie von selbst ein.

Lösen

Die Fähigkeit, sich aus unguten Verbindungen zu lösen, ist eine alte, magische Kunst, die zum Spektrum des Heilens gehört. Überall da, wo wir uns in energiezehrende Netze verstrickt haben, brauchen wir die Kraft des Lösens, des Loslassens, der Auflösung. Oftmals haften wir wortwörtlich an Menschen, Orten und Gewohnheiten, die uns nicht guttun. Wie hypnotisiert denken wir: »*Ich kann ohne ... nicht leben. Ich kann ... nicht enttäuschen. Ich darf nicht ...*« In diesem

Bewusstsein sind wir in einer Art Gedächtnisverlust gefangen. Wir haben vergessen, dass wir die Kraft haben, unser Leben selbst zu gestalten. Die Illusion des Opferdaseins, des Ausgeliefertseins und emotionaler Co-Abhängigkeit lässt uns glauben, mit Verlusten und Enttäuschungen nicht fertigwerden zu können. Solange wir in unserem Kinder-Ich feststecken, glauben wir tatsächlich an unsere Hilflosigkeit.

Jede ungute Situation in unserem Leben ist ein Aufruf zum Wachsen. Sammeln Sie Ihre spirituellen, mentalen und emotionalen Kräfte, um sich von Energieräubern und Manipulatoren zu befreien. Wenn Sie einmal die Erfahrung gemacht haben, dass dies möglich ist, werden Sie ein anderes Bild von sich entwickeln. Auch der Verlust eines geliebten Menschen kann uns in dieses Lernfeld hineinkatapultieren. Ob wir es wollen oder nicht, wir müssen loslassen, wenn unser Leben weitergehen soll.

Viele Menschen wissen nicht, wie sie loslassen können. Ein wesentlicher Schlüssel dazu liegt im Trauern. Um authentischen Zugang zu unseren Tränen zu finden, ist es hilfreich, sich der Gefühlswelt zu öffnen. Ein weiterer Schlüssel sind Abschiedsrituale und die symbolische Durchtrennung von emotionalen Nabelschnüren. Schneiden Sie die Schnüre durch, die Sie noch mit Ihrem früheren Partner, Chef oder stichelnden Freunden verbinden. Erkennen Sie, dass Sie die Stärke dazu haben. Machen Sie sich frei davon: im Innen wie im Außen. So wie die Vogelmutter ihre Jungen irgendwann aus dem Nest schubst, können auch Sie lernen, Altes loszulassen.

Empfangen

Die Kunst zu empfangen stellt in vielerlei Hinsicht eine der weiblichsten Qualitäten dar, die wir entwickeln können. Ohne das Empfangen können wir nicht überleben. Es beginnt schon im Mutterleib, wenn wir durch die Nabelschnur mit Luft und

Nahrung als Fötus versorgt werden. Vorher gilt es natürlich, den Samen des Mannes zu empfangen. Wenn wir geboren werden, empfangen wir (hoffentlich) Fürsorge, Milch und Geborgenheit. Ohne diese können wir nicht gedeihen.

Im Erwachsenenalter brauchen wir diese Fähigkeit zu empfangen, um beim Sex loszulassen, um Liebe und Anerkennung vom Partner im Herzen aufzunehmen. Wir brauchen ein offenes Herz, um Lob, Unterstützung, Geld, Fürsorge und Freundschaft aus unserer Umwelt anzunehmen. Leider entwickeln die meisten hochsensiblen Frauen ein Ungleichgewicht zwischen *Geben* und *Empfangen*. Aus einer Erfahrung der Mangelversorgung können wir eine Zeitlang so tun, als könnten wir selbst ohne Nährendes leben. Wir entwickeln dann eine Überbetonung des Gebens. Dieses »magersüchtige Verhalten« lässt uns seelisch verhungern. Hochsensible Mütter sind in diesem Bewusstseinszustand nur für die Kinder und die Familie da. Sich selbst gönnen sie kaum eine Pause, vergessen zu essen oder zu schlafen. Sensitive Frauen in Helferberufen opfern sich für ihre Schutzbefohlenen auf und vergessen darüber, sich selbst zu nähren.

Versuchen Sie einmal, nach dem Einatmen so lange wie möglich auszuatmen. Wie lange können Sie ausatmen, ohne zu ersticken? Wir müssen einatmen, um Sauerstoff aufzunehmen. Wir können nicht nur ausatmen (geben). Sonst sterben wir! Wenn wir verlernen zu empfangen, schneiden wir uns von der Versorgung des Lebens ab. Lassen Sie es zu, dass Liebe, Zärtlichkeit, Unterstützung, Geld und Fülle zu Ihnen strömen darf.

Übung zu femininen Qualitäten

Schauen Sie sich noch einmal die Liste mit den  femininen Qualitäten an und überlegen Sie sich, welche davon Sie dringend in Ihrem Leben kultivieren möchten.

- Schreiben Sie in Ihrem Tagebuch darüber, wie Ihr Leben sich positiv verändern würde, wenn Sie dieser Qualität mehr Raum geben.
- Analysieren Sie, wie sich die Einschränkung einer dieser Fähigkeiten in Ihrem Leben bisher widergespiegelt hat.
- Welche weiblichen Qualitäten hat Ihre Mutter unterdrückt?
- Welche femininen Eigenschaften hat sie ausgelebt?
- Wie hat sich das Vorbild Ihrer Mutter auf die Entwicklung Ihrer eigenen weiblichen Identität ausgewirkt?
- Finden Sie eine mütterliche Freundin/Therapeutin, die Sie im Erwachsenenalter noch einmal nachträglich bemuttert, wenn Sie das Gefühl haben, dies zu brauchen.

Maskuline Qualitäten integrieren

In der uralten asiatischen Lehre des Tao-Yoga wurden unsere femininen und maskulinen Energien in Yin und Yang symbolisiert. Die alten Meister waren sich sehr bewusst, dass beide Energien in unserem Körper und Leben ausgeglichen sein sollten. Sobald eine Energie überwiegt und die andere zu schwach ist, sind wir nicht mehr in Balance. Dieses fein beobachtete Weltbild wird auch in der Akupunktur deutlich, die Yin- und Yang-Meridiane im menschlichen Körper kennt und stimulieren soll. Wenn wir in unsere Kraft kommen wollen, ist es wichtig, aktiv unsere konstruktiven Yang-Energien aufzubauen und auszubalancieren. Die folgenden Beispiele möchten Ihnen eine Idee davon geben, wie es sein könnte, wenn Sie zu Ihren femininen Energien auch maskuline Qualitäten in ihrer Psyche integrieren. Das erste erfolgreiche Buch zu diesem Thema war *Gute Mädchen kommen in den Himmel, böse überall hin*. Ute Ehrhardt, die Autorin dieses Bestsellers ermutigte darin erstmals Frauen, männliche Strategien zu nutzen, um besser im Leben voranzukommen, Karriere zu machen oder um sich einfach besser zu schützen. An dieser Stelle möchte ich Ihnen kurz einige Aspekte dazu näherbringen.

Aggression

Aggression ist ein Instinkt, den wir sehr gut bei Wölfen beobachten können. Die Natur hat sich etwas dabei gedacht, warum Zähnefletschen, Knurren und Beißen zum Verhaltensrepertoire von Säugetieren gehören. Gesunde Aggressionen helfen uns dabei, unser Revier und unser Leben zu verteidigen. Die »Wolfsfrau« kann uns lehren, wie wir unserem Instinkt wieder vertrauen. Weil unsere Vorfahren schon so viel Krieg erfahren haben, bewerten wir Aggressionen als negativ und verwechseln sie mit Gewalt. Sensitive Frauen haben Probleme, einen gesunden Zugang zu ihrer Aggression zu finden, und werden so zum Spielball für Energieräuber. Solange wir immer nur lieb und nett alle Probleme weglächeln, wird uns keiner ernst nehmen. Unsere Grenzen sind in Gefahr!

»Negative« Gefühle wie Ärger und Zorn haben ihre Aufgaben. Sie helfen uns dabei, uns abzugrenzen und aus manipulativen Beziehungen auszubrechen. In den letzten Jahren habe ich bei mir selbst bemerkt, dass ich kurz vor und teilweise während meiner Monatsblutung weniger »nett« bin. Gefühle von Frustration, Ungerechtigkeit, Ärger und Wut kommen schneller an die Oberfläche. Während ich früher noch geübt darin war, diese Impulse zu unterdrücken, kommen sie nun in wichtigen Situationen zum Vorschein. Oftmals habe ich mich später darüber gewundert, wie ich mich verhalten und was ich gesagt habe. Dabei spüre ich deutlich, dass es in diesen Situationen eindeutig um Selbstschutz ging. Es ist keine Angriffslust, sondern ein Instinkt, der mir hilft, die Krallen auszufahren und mich selbst zu verteidigen. Die Konsequenzen dieser Direktheit und authentischen Aggression sind nicht immer angenehm, aber in jedem Fall bringen sie Klarheit. Wenn Sie sich für die aggressiven Impulse in Ihrem Innersten öffnen, wird es in Zukunft leichter, wenn Sie sich abgrenzen oder sich in brenzligen Situationen schützen wollen. Sie werden Ihre Ziele souveräner erreichen, weil der gesunde »Biss« auch zum Erfolg gehört.

Unterscheiden

Die Unterscheidungsfähigkeit ist so wichtig, dass sich ein ganzes Buch darüber lohnen würde. Wir leben in einer Welt der Dualität. Durch Philosophien wie »Wir sind alle eins« lassen sich so manche sensitive Frauen auf entgrenzte Pfade führen. Besonders in spirituellen Kreisen wird die Einheit allen Lebens immer wieder aufs Neue gelehrt. Natürlich stimmt das auf einer höheren Ebene. Doch in unserem Menschengewand müssen wir bereit sein, Licht und Schatten in unserem Umfeld zu erkennen. Nicht jeder Mensch spricht die Wahrheit oder ist Ihnen gut gesinnt. Betrüger, Manipulatoren, Energieräuber und Mobber reiben sich die Hände, wenn sie naive Frauen entdecken. Das perfekte Opfer ist gefunden.

Hochsensible wehren sich meist zutiefst, wenn es um Unterscheidung geht, denn sie befürchten, andere Menschen zu Unrecht zu verurteilen. Diese falsche Bescheidenheit funktioniert nur dann, wenn wir unsere innere Stimme unterdrücken. Sobald Sie wieder eins mit sich selbst geworden sind, können Sie unterscheiden, welche Menschen gut für Sie sind und welche nicht. Wie im Märchen von Aschenbrödel oder Babajaga werden Sie im Leben vor die Aufgabe gestellt, die guten und die schlechten Körner/Samen/Linsen zu sortieren. Wenn wir lernen, die »Spreu vom Weizen zu trennen«, können wir Nährendes von Schädlichem unterscheiden. Wir sehen in diesem Moment klar. Diese Fähigkeit hilft uns dabei, in der Dualität zu überleben.

Kämpfen

Dieser Aspekt gehört unmittelbar zur Aggression. Kämpfen Sie wie eine Löwin für Ihre Ziele, Rechte und Grenzen. Wussten Sie, dass bei den Löwen tatsächlich die Weibchen auf die Jagd gehen? Es gibt einen speziellen Selbstverteidigungskurs für Frauen, das Programm heißt Wen-Do. Eine sehr kraftvolle Übung darin ist das »Löwinnen-Gebrüll«. Dabei stellen sich die Frauen eine Angriffssituation auf der Straße vor, und ihre Aufgabe besteht darin, den Angreifer durch Brüllen in die Flucht zu schlagen. Ich nahm selbst daran teil und war erstaunt, wie groß in der Übungssituation die Überwindung war, laut »Haub ab!« zu schreien. Mit dem Entfalten der Stimme und dem Schreien wird eine enorme Kraft frei, die helfen kann, das eigene Leben zu verteidigen.

Dieser Aspekt ist für sensitive Frauen eine Herausforderung, denn ihr Harmoniebedürfnis ist sehr groß. Kämpfen hat mit der Bewältigung von Konflikten zu tun. Viel zu schnell scheuen hochsensible Frauen zurück, wenn es darum geht, die eigenen Krallen auszufahren. Frauen, die sich danach sehnen, dass ihr Mann alles regelt, was mit Konflikten und Revierkampf zu tun hat, geben ihre Verantwortung ab. Ohnehin gibt es heutzutage so viele Singlefrauen, dass Sie gut beraten sind, wenn Sie sich diese Qualität nutzbar machen. Weichen Sie Konflikten nicht mehr aus, kämpfen Sie für das, was Ihnen zusteht, und entwickeln Sie einen guten Instinkt für Ihr eigenes Revier.

Einfordern

Gerade im Geschäftsleben oder in Familienkonflikten haben sensitive Frauen häufig Hemmungen, wenn es darum geht, etwas für sich einzufordern. Denken Sie zum Beispiel an die Gehaltserhöhung, an Geld allgemein, den lange verschobenen Urlaub, angemessene Vertragsbedingungen, stimmige Honorare, das Erbe, das Recht auf Rückzug und Selbstschutz. Aus Angst, andere zu verletzen, oder aus dem Glauben an die eigene Schwäche geben sensitive Frauen viel zu schnell auf, wenn es darum geht, das einzufordern, was ihnen zusteht. Je mehr Sie in kleinen Alltagssituationen trainieren, Ihre Rechte einzufordern, und aufhören zu schweigen, desto erfolgreicher wird Ihr Leben verlaufen. Dazu bieten sich jede Menge Gelegenheiten. Auch in der Kommunikation mit Ihrem Partner dürfen Sie sich schon angewöhnen, sich mehr herauszunehmen. Statt immer nur zu geben, fordern Sie etwas zurück. Dies gilt auch für den gesamten Freundeskreis. Holen Sie sich ausgeliehene Bücher zurück, bestehen Sie darauf, dass geliehenes Geld an Sie zurückgegeben wird. Erwarten Sie mehr vom Leben! Fordern Sie, was Sie sich in Beziehungen wünschen, anstatt vom Partner zu erwarten, dass er Ihre Gedanken liest.

Dazu verrate ich Ihnen einen wirksamen Trick: Lassen Sie die Gewohnheit los, bei Konflikten die Situation aus dem Blickwinkel des anderen zu sehen. Schärfen Sie stattdessen den Blick für Ihre eigenen Bedürfnisse, Wünsche und Grenzen. Aufgrund unserer hohen Empathie fällt es uns sensitiven Frauen eher schwer, den Wahrnehmungsfokus zu uns selbst zurückzuholen. Wir sind zu sehr damit beschäftigt, die Gefühle, Wünsche und Anliegen der Personen in unserem Umfeld zu berücksichtigen. Stellen Sie sich die Situation, in der Sie etwas einfordern wollen, wie eine Waage vor. Liegen die Positionen gleichauf? Hat Ihr Gegenüber mehr Gewicht als Sie? Unsere Angst, andere zu dominieren, entpuppt sich in der Realität eher als umgekehrter Fall. Wenn Ihre Waagschale noch zu wenig Gewicht hat, verleihen Sie Ihrem Anliegen mehr Nachdruck.

Entscheiden
Für viele Hochsensible sind Entscheidungssituationen ein Graus. Aufgrund ihrer Angewohnheit, alles gründlich zu

durchdenken, betrachten sie die Dinge aus verschiedenen Perspektiven. Das kann Zeit in Anspruch nehmen. Sensitive Frauen suchen bei Entscheidungsfragen gern den Rat von Freunden und brauchen Vergleichsmöglichkeiten. Wenn Sie sich kraftvoller entfalten wollen, gewöhnen Sie sich an, Entscheidungen schnell und instinktiv zu treffen. Oftmals wissen wir tief in uns schon, was wir wollen und was nicht. Doch die Angst, andere zu enttäuschen oder mit einer unangenehmen Wahrheit zu konfrontieren, macht uns nervös. Um diese Fähigkeit voll zu entfalten, ist Übung notwendig. Nehmen Sie sich kleine Herausforderungen gleich zur Brust und arbeiten Sie sich Schritt für Schritt zu den größeren Lebensfragen vor.

Zentrierung

Die von Männern vielzitierte Sachlichkeit in emotionalen Situationen zu bewahren ist für sensitive Frauen eine Herausforderung. Lassen Sie sich nicht einreden, dass Ihre emotionale Welt keine Bedeutung habe oder dass Sie übertrieben reagieren. Untersuchen Sie stattdessen die Botschaft hinter den Gefühlen. Spüren Sie beispielsweise Wut auf jemanden, kann es sein, dass Sie Ihre Grenzen schützen müssen. Sobald Sie das emotionale Hinweisschild aus Ihrem eigenen Energiefeld entschlüsselt haben, sammeln Sie sich innerlich. Aus diesem Fokus können Sie zielgerichtet und, wenn es sein muss, auch sachlich antworten.

Gerade in Vertragsfragen oder in Bezug auf Themen wie Geld, Immobilien und in der Arbeitswelt ist eine emotionale Distanz durchaus förderlich. Doch diese Eigenschaft lässt sich nicht wie ein neuer Hut einfach überstülpen. Wenn Sie den Eindruck haben, in manchen Situationen von Ihren Gefühlen überwältigt zu werden, sorgen Sie für Abstand. Räumliche oder zeitliche Distanzen helfen uns, die innere Ruhe wiederzufinden und nicht gleich emotional zu reagieren. Lernen Sie

Techniken, die Ihnen dabei helfen, überschäumende Emotionen ins Gleichgewicht zu bringen.

Eine wunderbare Schulung dafür ist die Herzintelligenz-Methode®, eine Form des Biofeedbacks. Dabei wird keine nüchterne Distanziertheit produziert, sondern eine Herzzentrierung, die uns dabei hilft, Angst, Aggression und sonstige Automatismen zu überwinden und in einen friedlichen Zustand zu gelangen. Das spart Energie und befreit uns davon, automatisch auf Knopfdruck emotional zu reagieren. Wie ein Shaolin-Mönch sammeln wir unsere emotionalen, mentalen und körperlichen Kräfte. Auf diese Weise werden wir weniger angreifbar und können punktgenau unsere Ziele erreichen. Wie ein Bogenschütze, der seine Zielscheibe anvisiert, sammeln wir unsere Kräfte. Aus der Zentrierung entsteht eine durchschlagende Treffsicherheit im Leben.

Strategisches Denken

Die hohe Kunst der Strategie hat sich schon seit Jahrtausenden im Schachspiel oder im Geschäftsleben als gewinnbringend bewährt. Hochsensible Frauen können von dieser trainierbaren Fähigkeit profitieren. Wenn Sie danach streben, sich selbständig zu machen, Ihre Berufung zu erfüllen oder ein Buch zu schreiben, sollten Sie lernen, strategisch zu denken.

Dafür eignen sich Jahrespläne sehr gut. Setzen Sie sich große Ziele und beginnen Sie, daraus kleine Teilschritte abzuleiten. Wir scheuen nur deshalb vor großen Visionen zurück, weil wir uns kaum vorstellen können, wie wir diese erreichen. Das strategische Denken ist gänzlich anders als die gefühlsmäßige Wahrnehmung der Welt. Ich kann natürlich meine Ziele visualisieren, mich hineinfühlen, als wäre ich schon dort. Doch wenn ich meine Vision nicht in eine übergeordnete Handlungsstrategie verwandle, bleibt sie eine Seifenblase, die jeden Moment zu platzen droht.

Übung zu maskulinen Qualitäten

- Schauen Sie sich noch einmal die Liste mit den Yang-Qualitäten an und überlegen Sie sich, welche davon Sie verstärkt in Ihrem Leben brauchen.
- Schreiben Sie in Ihrem Tagebuch darüber, wie Ihr Leben sich positiv verändern würde, wenn Sie dieser Eigenschaft mehr Raum geben.
- Analysieren Sie ebenfalls, wie sich die Einschränkung einer dieser Fähigkeiten in Ihrem Leben widerspiegeln.
- Welche maskulinen Qualitäten hat Ihre Mutter eher unterdrückt, welche hat sie aktiv gelebt?
- Welche Yang-Eigenschaften hat Ihnen Ihr Vater vorgelebt? Haben Sie diese mit positiven oder negativen Assoziationen und Gefühlen in Erinnerung?
- Welche der maskulinen Fähigkeiten macht Ihnen am meisten Probleme? Welche Verletzung könnte dahinterstecken? Beleuchten Sie dazu Ihre Biographie in der Kindheit.
- Welche Ihrer Freunde leben maskuline Qualitäten positiv und gewinnbringend? Von wem können Sie lernen, bestimmte Eigenschaften effektiver in Ihr eigenes Leben zu integrieren? Wer ist ein guter Stratege? Wer trifft Entscheidungen sicher? Kommen Sie ins Gespräch mit diesen Menschen und lernen Sie von ihnen.

Übung: Weibliche und männliche Eigenschaften in Balance

Fertigen Sie ein Kreisdiagramm an, in dem Sie Ihre femininen und maskulinen Eigenschaften gegenüberstellen. Betrachten Sie das Gesamtbild. Welche Seite überwiegt? Wie können Sie besser in eine Balance kommen? Welche Eigenschaften möchten Sie weiterentwickeln?

Kapitel 5

Die sieben Archetypen sensitiver Frauen

Sieben Bilder, sieben Typen

In diesem Kapitel möchte ich Ihnen sieben Archetypen hochsensibler Frauen vorstellen. Doch was sind Archetypen? Dieser Begriff geht auf den Psychologen Carl Gustav Jung zurück. Er gehört zu den wichtigsten Pionieren auf dem Gebiet der Psychologie als Seelenheilkunde. Der Analytiker erkannte, dass es so etwas wie ein »kollektives Unbewusstes« gibt, das durch die Lebenserfahrungen, Kultur und Religion unzähliger Generationen vor uns gespeist wurde. In Märchen, Mythen und unserer Sprache finden sich diese Archetypen wieder. Manchmal begegnen wir ihnen auch in Träumen.

Die hier aufgeführten Archetypen sind nicht gleichzusetzen mit den klassischen Urbildern des Weiblichen oder Göttinnen. Sie bilden vielmehr das ab, was ich in meiner Beratungstätigkeit bei sensitiven Frauen in den letzten Jahren beobachten konnte. Sie sind ein eigener kleiner Kosmos, der durch unsere Kultur geprägt wurde. Diese Auflistung erhebt keinen Anspruch auf Vollständigkeit, sondern möchte sich als Modell anbieten, mit dem Sie kreativ experimentieren können. Es ist ratsam, wenn Sie sich Ihren eigenen Reim darauf machen und das Konzept für sich weiterentwickeln. Dies gibt Ihnen die Möglichkeit, Ihre einzigartige Persönlichkeit noch genauer unter die Lupe zu nehmen und sich selbst näherzu-kommen.

Nicht jede Frau ist gleich. Im Laufe meines Lebens bin ich mit vielen sensitiven Frauen in Kontakt gekommen. Dabei habe ich beobachtet, dass es verschiedene Charaktere gibt, die sich in sieben Typen aufteilen lassen. Natürlich gibt es auch Misch-typen. Lesen Sie sich alle sieben Archetypen genau durch und halten Sie fest, mit welchen Sie sich am meisten identifizieren. Wahrscheinlich werden Sie sich in mehreren Aspekten wieder-finden. Mit Sicherheit entdecken Sie das Herzstück, das Ihnen am nächsten kommt.

Noch etwas Wichtiges vorweg: Es ist nicht Sinn unseres Lebens, dass wir uns mit einem Archetyp zu hundert Prozent identifizieren und diesen dann kontinuierlich verkörpern. Das ist ohnehin unmöglich. Jede Frau ist so vielschichtig und durchläuft so mannigfaltige Wandlungsphasen, dass diese Ver-einfachung zu kurzfristig und einengend werden müsste. Des-halb gehe ich auch ausführlich auf die sogenannten »Schat-tenaspekte« jedes einzelnen Typs ein. In diesen Abschnitten möchte ich den Finger auf verborgene Wunden und ungeliebte Themen setzen. Denn jeder einzelne Archetyp durchläuft in sich selbst eine Entwicklung. Viele unserer Werte sind durch jahrtausendealte gesellschaftliche Traditionen gefärbt, die das Weibliche in ein Korsett gepresst haben, in dem es immer nur »lieb, unterwürfig, hilfsbereit und sittsam« zu sein hatte. Be-sonders hochsensible Frauen sind davon angetan, immer nett und hilfsbereit sein zu wollen. Doch damit bereiten sie einen Nährboden für Burnout und Selbstaufopferung.

Anhand einer kurzen Erzählung lade ich Sie ein, in die Lebenswelt der jeweiligen Charaktere einzutauchen. Anschlie-ßend skizziere ich die Licht- und Schattenaspekte des Arche-typs und die damit verbundenen Entwicklungsaufgaben. Um Sie zum Nachdenken anzuregen, zeige ich Ihnen zu jedem

Archetyp das »Gegenstück«. Das ist die andere Seite der Medaille, die Sie integrieren können, wenn Sie sich aus starren Strukturen befreien wollen.

Analysieren Sie auch Ihr Umfeld. Mit welchen Frauen sind Sie befreundet? Welche Aspekte sind besonders häufig in Ihrem Freundeskreis vertreten? Was könnte das für Sie widerspiegeln? Welche Aspekte fehlen Ihnen? Durch den bewussten Austausch mit Frauen völlig entgegengesetzter Naturen erhalten Sie die Chance, die fehlenden Puzzleteile in Ihrer eigenen Seelenlandschaft zu ergänzen.

Die Künstlerin

Kerstin *ist neununddreißig Jahre alt, alleinstehend und arbeitet selbständig als Schmuckgestalterin. Ihr Sohn Jonas geht auf eine Privatschule. Dort leitet sie ehrenamtlich einmal in der Woche einen Kreativkurs für Kinder. Seit ihrer Existenzgründung vor sieben Jahren hat sie viele Höhen und Tiefen erlebt. Sie gewann einen Wettbewerb als Schmuckdesignerin und bekam danach viele Aufträge. Seit drei Jahren schreibt sie nebenbei an einem Roman, den sie am liebsten verfilmt sehen möchte. Deshalb sucht sie händeringend eine Drehbuchautorin, mit der sie ihr Material überarbeiten will. Ihre Wohnung ist eigentlich ein Atelier. Überall finden sich farbige Ecken, einladende, orientalische Kissen, selbstgestaltete Collagen, Steine und Federn aus dem Urlaub und irgendwo ein Schreibtisch, der vor lauter Papier kaum noch sichtbar ist. Kerstin hat Design studiert und das dringende Bedürfnis, sich in weiteren Kunstrichtungen auszuprobieren. Ihr Hunger nach neuen Betätigungen ist nicht zu stillen. Manchmal fühlt sie eine gewisse Unterforderung, wenn sie längere Zeit mit* *immer denselben Tätigkeiten beschäftigt ist. Insgeheim sehnt sie sich nach etwas mehr Ruhe und Ordnung. Nachdem sie in einer Liebesbeziehung sehr verletzt und ausgenutzt wurde, ist sie vorsichtig, was Männer angeht. Sie wünscht sich, ihren Seelenpartner zu finden, und ist fest davon überzeugt, ihm irgendwann einmal zu begegnen.*

Lichtthemen der Künstlerin

Die Künstlerin ist einer der Archetypen, die auffällig nah am Phänomen der Hochsensibilität dran sind. Sie besitzt ein vielschichtiges Feingespür für Farben, Formen, Klänge, Proportionen und Harmonien. Ihre Beobachtungsgabe für Phänomene der Natur ist überdurchschnittlich. Ihr entgeht kein Detail. Sie beobachtet die Lichtschattierungen beim Sonnenuntergang, den Gesichtsausdruck des Menschen in seinen unterschiedlichen Emotionen und lauscht seinen Stimmnuancen.

Vielfach sind sensitive Künstlerinnen synästhetisch veranlagt. Das bedeutet, dass verschiedene Sinneskanäle miteinander verschmelzen und zu vielschichtigen Wahrnehmungsphänomenen führen. Sie nehmen beispielsweise Musik in Farben und/oder Formen wahr. Auch Zahlen und Buchstaben können mit Farben oder Gerüchen verknüpft werden, die unwillkürlich in der Wahrnehmung auftauchen. Deshalb sind Sensitive schnell stimuliert durch Umwelteinflüsse. Um sich zu inspirieren, finden Künstlerinnen Gewohnheiten, die anregen. Sie lassen sich zum Beispiel durch Spaziergänge in der Natur, Filme, Bilder, Düfte und Klänge inspirieren. Ich persönlich höre beim Schreiben sehr gern Musik. Auch zwischenmenschliche Begegnungen können für Sensitive mystische Dimensionen öffnen, die sie in ihrer Kunst zum Ausdruck bringen. Die Künstlerin sucht nach dem Flow und kann sich leicht darin fallen lassen. Ideen fliegen ihr förmlich zu. Sie muss sich nicht anstrengen, um ein kreatives Werk zu erschaffen.

Die Künstlerin besitzt einen vollkommenen Schönheitssinn. Sie legt großen Wert auf Harmonie und passend abgestimmte Farben in ihrer Wohnung und Kleidung. Hier gibt es große Überschneidungen zur Kindfrau (siehe unten). Jede Künstlerin bewahrt sich ein Stück des Kindlichen. So kann sie auch als Erwachsene über das Universum staunen, Phantasiewelten erschaffen und vermitteln. Das innere Kind ist der Schlüssel zur Erweckung der Kreativität.

Wenn die empfindsame Künstlerin ihre mystische Dimension entdeckt hat, wird sie mit einer gewissen Medialität ihre Kunstwerke erschaffen. Die Texte einer Songwriterin sind dann voller Andeutungen und Symbole, in denen es um die Seele oder das Leben nach dem Tod geht, um tiefe Naturverbundenheit, Träume und Visionen. Romane, Filme und Musik transportieren dann Grenzthemen, die die Menschen faszinieren. Die Kunst ist von einem Geist beseelt, der die Zuschauer inspirieren, trösten oder wachrütteln soll. Hochsensible Künstlerinnen werden sich früher oder später sozial engagieren und für gemeinnützige Organisationen Spenden sammeln oder an Charity-Veranstaltungen teilnehmen. Andere thematisieren in ihren Werken selbst soziale Themen.

Weitere dazugehörige Archetypen und Märchenfiguren
Die Musen, die singenden und tanzenden Feen, die Tempeltänzerin, die Sirenen, die Weberin, die Träumerin, die Spinnerin.

Typische Berufe
Malerin, Sängerin, Instrumentalistin, Fotografin, Musiklehrerin, Roman- und Drehbuchautorin, Texterin, Komponistin, Schauspielerin, Bildhauerin, Filmemacherin, Regisseurin, Synchronsprecherin, Goldschmiedin, Töpferin, Produkt-Desi-

gnerin, Web-Designerin, Schneiderin, Choreographin und Tänzerin.

Schattenthemen der Künstlerin

Die Künstlerin mit einem entgrenzten Ich neigt dazu, sich in der Arbeit zu verausgaben. Sie verliert sich in ihrer Kunst, ähnlich wie die Heilerin, weil sie ganz und gar in ihrem Tun aufgeht. Die typische Selbstvernachlässigung entsteht bei der Künstlerin dann, wenn sie vergisst zu essen, nachts aufsteht und kreativ ist, viele Stunden ohne Pause arbeitet, zu viele Projekte auf einmal betreut oder sich zusätzlich sozial engagiert.

Weil ihnen kreative Ideen nur so zufliegen, neigen sensible Künstlerinnen dazu, sich zu verzetteln. Sie haben ganze Bücher voller Skripte, Ideen, Visionen, Bücher, Filme, Projekte, die sie kaum in einer Lebensspanne verwirklichen können. Aus der Verzettelung entsteht Überforderung, weil zu viel Energie verpulvert wird. Ohne pragmatischen Berater fällt es ihnen schwer, sich für ein Projekt zu entscheiden. Dazu gehört auch die Erdung. Das Geldthema ist bei Künstlerinnen genauso anzuschauen wie bei der Heilerin.

Eine weitere Tücke in der Künstlerwelt besteht darin, in den Sog einer ausbeuterischen Persönlichkeit zu geraten. Menschen mit einer narzisstischen Wunde fühlen sich besonders zu kreativen Berufen in der Öffentlichkeit hingezogen. Sie brauchen die Anerkennung, den Applaus und die erhöhte Aufmerksamkeit ihrer Umwelt. Dies gilt auch für Kollegen, Freunde und Partner. Mit einem angeknacksten Selbstwertgefühl ist die hochsensible Künstlerin anfällig dafür, in den Bann einer egozentrischen und rücksichtslosen Person gezogen zu werden. Ist die Falle einmal zugeschnappt, sind emotionale Verletzungen vorprogrammiert. Denn die unerfahrene Künstlerin führt dann ein Schattenleben in der zweiten Reihe. Indem sie dem schillernden Star zuarbeitet, verliert sie nach und nach das Vertrauen in ihre eigenen Qualitäten und stellt ihr Licht unter den Scheffel. Kritik am Idol wird mit Beleidigtsein, Gegenkritik und Verurteilung harsch zurückgewiesen. Hat sich die Dynamik über Jahre verfestigt, verstärken sich die Selbstzweifel der Künstlerin umso mehr, bis der eigene kreative Brunnen zu versiegen droht.

Destruktive Beziehungen dieser Art können auch in intimen Partnerschaften auftreten. Schillernde Persönlichkeiten mit ausbeuterischen Eigenschaften wirken auf den ersten Blick faszinierend, geheimnisvoll, erotisch, lebendig und anziehend. Wenn sich daraus eine Ehe oder feste Partnerschaft entwickelt, kann dies zu einer ernsthaften Gefährdung der eigenen Karriere werden. Selbstzweifel, mangelnde Anerkennung und das ständige Auf und Ab in der Beziehung führen zu Versagensängsten und sozialem Rückzug.

Sensible Künstlerinnen wären gut beraten, einen souveränen Umgang mit Kritik einzuüben. Ihr übermächtiges Streben nach Perfektion kann die Kreativität im Keim ersticken. Da sie mit ihren Werken ihr Innerstes nach außen kehren, fühlen sich Kreative bei einer Veröffentlichung oder persönlichen Darstellung auf der Bühne besonders verletzlich. Sie haben Angst, Fehler zu machen, und verlangen von sich selbst, perfekt zu sein. Darüber vergessen sie irgendwann die Freude am kreativen Ausdruck. Um sich von diesem Druck zu befreien, ist die Versöhnung mit dem »inneren Kritiker« wichtig. Denn es sind nicht nur die Menschen im Umfeld, die Kritik ausüben, sondern der ständig bewertende Teil in uns, der immer ein Haar in der Suppe findet. Besonders harte Kritik kann dazu führen, dass Künstlerinnen zu früh aufgeben oder sich lange Zeit zurückziehen, weil die Verletzungen zu tief gehen. Dabei spielt es keine Rolle, ob diese Kritik von Freunden, Part-

ncrn oder professionellen Persönlichkeiten ihrer Szene ausgeübt wurde.

Durch die Gehemmtheit der hochsensiblen Veranlagung
erscheint der Griff zu entspannenden Drogen verlockend. Viele Musiker brauchen Alkohol oder Marihuana, um in den Flow
zu kommen oder Lampenfieber zu bekämpfen. Kein Beruf ist
mit so vielen Extremen verbunden wie der des Künstlers. Deshalb brauchen sensitive Künstlerinnen funktionierende Strategien, um Stress, Nervosität und Gehemmtheit zu reduzieren.

Das Gegenstück: die Verwalterin

Wenn Sie sich weiterentwickeln wollen, streben Sie danach,
das Gegenstück zu Ihrem Künstlersein zu integrieren. Mir persönlich fällt dazu der Begriff »die Verwalterin« ein. Im Gegen-
satz zur emotionalen, spontanen und kreativen Künstlerin ist
die Verwalterin eine Frau, die geübt ist im Umgang mit Zahlen
und Geld und vielfältige Strategien besitzt, um sich materiell
abzusichern. Oftmals fällt es kreativen Menschen schwer, sich
mit Geld, Zahlungen, Steuern und Finanzen auseinanderzusetzen. Je mehr Sie sich mit Ihrem Gegenstück anfreunden können, desto erfolgreicher wird Ihre Karriere als Künstlerin sein.

Entwicklungsaufgaben der Künstlerin

Wenn Sie sich in dem Archetypen der Künstlerin wiedererkannt haben, brauchen Sie eine Balance zwischen Ihrer Innen-
und Außenwelt. Praktizieren Sie Erdungsübungen und bleiben
Sie in Kontakt mit Ihrem empfindsamen Körper, um sich vor
Überarbeitung zu schützen.

Disziplinieren Sie sich dazu, nur ein oder wenige Projekte

gleichzeitig zu verfolgen. Lernen Sie, sich zu fokussieren und Ihre Kräfte auf ein Ziel zu bündeln. Dazu brauchen Sie mit Sicherheit einen kompetenten Berater. Das kann der eigene Partner oder ein Coach sein.

Versuchen Sie, sich daran zu gewöhnen, in irgendeiner Art in der Öffentlichkeit zu stehen. Denn Klappern gehört zum Handwerk. Das Internet unterstützt heutzutage die Selbstdarstellung von Künstlern sehr, ohne dass sie viele öffentliche Auftritte wahrnehmen müssen. Der eigene Blog, die Facebookseite oder der eigene Youtube-Kanal kann zum Motor des Marketings werden.

Wenn Sie Autodidaktin sind und über keine künstlerische Ausbildung verfügen, stärken Sie Ihr Selbstverständnis als Künstlerin. Viele Größen in der Kunstgeschichte hatten keinerlei künstlerische Ausbildung genossen. Stärken Sie Ihr Selbstwertgefühl, um souveräner mit Kritik oder Ablehnung umgehen zu können.

Erlauben Sie sich, große Visionen zu haben. Folgen Sie Ihrer inneren Stimme und setzen Sie die Dinge um, zu denen Ihre Intuition Ihnen rät. Vielleicht sind Sie Ihrer Zeit voraus. Deshalb hören Sie auf sich selbst. Lassen Sie die Neider und Skeptiker in der Ecke stehen, gehen Sie Ihren eigenen Weg!

Affirmationen

Durch meine Kunst werde ich zum Kanal für Liebe, Schönheit und Kreativität.

Meine künstlerische Arbeit ist heilig.

Je mehr ich mich erde, desto besser kann ich meine Träume realisieren.

Ich bin liebenswert, egal ob ich mit meiner Kunst Erfolg habe oder nicht.

Ich vertraue meiner kreativen Kraft. Meine Inspirationsquelle versorgt mich immer wieder mit frischen Ideen.

*Ich erlaube mir, erfolgrcicher/weniger erfolgreich als
meine Eltern zu sein, und gehe meinen eigenen Weg.
Ich finde eine Balance zwischen Rückzug und Aktivitäten im Außen.*

Die Kindfrau

Katja ist Anfang dreißig und arbeitet beim Fernsehen als Kreativ-
Redakteurin. Alle schätzen sie jünger. In ihrem Job ist sie sehr
phantasievoll, am Puls der Zeit und innovativ. Ihre frische Art,
Themen anzupacken, verspricht ihr Erfolg und positive Resonanz.
Durch ihre unkonventionelle Art, sich zu kleiden, zu sprechen und
zu denken, fällt sie auf. Teilweise provoziert sie gern und liebt es,
sich mit konservativen Kollegen zu reiben und zu streiten.
Angepasste Menschen sind ihr suspekt; sie sucht nach Authentizität. Nach Feierabend leitet sie eine Theater-AG für Kinder, was ihr
viel Freude bereitet. Dort kann sie so richtig aufdrehen und mit
den Kindern in Phantasiewelten abdriften.
Mit der großen Liebe hat es leider noch nicht geklappt. Einmal
hatte sie eine Affäre mit dem achtzehn Jahre älteren Redaktions-
leiter. Seine reife und intellektuelle Art zog sie magisch an. Doch
die Beziehung hatte keine Basis, denn er war verheiratet. Manchmal fragt sie sich, wie der richtige Partner überhaupt sein soll.
Doch dann lernt sie plötzlich wieder jemanden kennen. Viel zu oft
stolperte sie schon in Beziehungen, nur weil sie nicht allein sein
wollte. Ihre Partner fühlten sich von ihrer offenen, freien Wesensart angezogen und genossen die Lebendigkeit, wenn sie ins
Theater gingen, auf der Straße sangen oder spontan einen
Campingurlaub in Italien starteten.
Katja mag es nicht, sich über Geld Gedanken zu machen. Sie

vertraut auf eine höhere Kraft, die ihr den Ausgleich im Leben bringt. Sie entscheidet spontan aus dem Bauch heraus und nach dem Spaßfaktor. Die Menschen schätzen sie, weil sie frischen Wind und Humor in die Welt bringt.

Lichtaspekte der Kindfrau

Die sensitive Kindfrau ist eine jung gebliebene Person, egal welchen Alters, die eine jugendliche Frische ausstrahlt. Sie verkörpert kindliche Neugier, Kreativität, Lebendigkeit und Lebensfreude. Dabei ist sie spontan, verspielt, innovativ und hat einen super Draht zu Kindern in ihrer Umgebung. Häufig engagiert sie sich auch praktisch für Kinder. Zum Beispiel als Kursleiterin für Kunst, Sprachen oder in der Naturpädagogik. Da sie selbst nie den kindlichen Zugang zum Leben verloren hat, kann sie mit Leichtigkeit Kindern etwas beibringen. Dabei geht sie mit äußerster Achtsamkeit vor. Sie kennt die kindliche Seele und weiß, welche Freiräume sie braucht, um zu lernen. Die Kindfrau kann sich deshalb authentisch mit den Kindern freuen, wenn sie Neues entdecken, kreativ sind und Gelerntes in die Tat umsetzen. Sie ist in der Lage, vollständig in die Empfindungswelt eines Kindes einzutauchen. Ohne Anstrengung betritt sie die kindlichen Phantasieräume und hält somit den Zauber wach, der in einfachen Dingen wohnt. Bemalte Steine werden plötzlich lebendig. Eine Fee wird im Wald sichtbar. Puppen beginnen zu sprechen und zu tanzen. Das Wasser im Bach stammt aus einer heiligen Quelle. Verkleidungs- und Schauspielkünste verhelfen der Kindfrau, andere in diese Phantasiewelt einzuladen.

Deshalb ist sie nicht nur die ideale Kursleiterin für Kinder, sondern auch in der Lage, durch ihre Kreativität Erwachsene in phantastische Welten zu locken. Sie schafft es, einen Zauber in ihre Tätigkeiten zu weben. Ein magischer Glanz geht von ihren Kunstwerken aus. Ihre Stimme beflügelt, und ihre Leichtigkeit steckt an.

Sicherheitsliebende Kindfrauen suchen sich eher eine Anstellung, in der sie finanziell versorgt sind. Ihre kindliche Verspieltheit leben sie dann privat aus. Kindfrauen mit einer größeren Risikobereitschaft suchen sich gezielt kreative Berufe, in denen sie weiterhin spielen können. Hier gibt es einen fließenden Übergang zur »Künstlerin«. Teilweise steckt in der Kindfrau eine Rebellin, die sich weigert, nach den Spielregeln der Erwachsenen zu spielen, weil sie schon früh die Ungereimtheiten der Welt erkannt und verurteilt hat.

Weitere dazugehörige Archetypen, Märchen- und Filmfiguren
Die Jungfrau, Schneewittchen, Dornröschen, verspielte Elfen und Feen, *Anne auf Greengables*, Holly Golightly in *Frühstück bei Tiffany*, Amelie in *Die fabelhafte Welt der Amelie*.

Ideale Berufe für die Kindfrau
Theaterpädagogin, Schauspielerin, Kinderkursleiterin, Schriftstellerin, Puppenspielerin, Künstlerin, Designerin, Weltenbummlerin, Maskenbildnerin, Märchenerzählerin, Clownin, Kunstlehrerin und Naturpädagogin.

In ihren privaten Räumen finden sich allerlei hübsche und heilige Gegenstände. Die Kindfrau sammelt gerne Steine, Muscheln und andere Naturmaterialien, die sie schön auf der Fensterbank oder dem Küchentisch plaziert. An Türen finden sich geheimnisvolle Federn, Edelsteine, Zaubergarne oder gemalte Bilder. In den Fenstern dieser sensitiven Frauen finden sich Traumfänger oder Talismane, die ein Gefühl der Sicherheit vermitteln. Die Kindfrau hat ihre Wohlfühlkleidung: kuschelige Pullover, seidige Schals, warme Decken und für jede

Stimmung die passende farbige Kleidung. Je nach Stimmungslage zieht sie bestimmte Stücke aus dem Schrank. Eine sterile, schicke und moderne Wohnung würde ihr leblos und kalt erscheinen. Deshalb braucht sie eine offene Umgebung, in der sie kreativ sein kann. Am liebsten malt sie ihre Wände selbst bunt an, verschönert den Spiegel im Bad mit Glitzerfarben und Urlaubserinnerungen vom Strand. Pippi Langstrumpf lässt grüßen.

In Beziehungen sucht die Kindfrau Geborgenheit. Im Kontakt mit Männern kann sie eine gewisse Faszination sowie den Beschützerinstinkt auslösen. Diese offene Lebendigkeit wirkt anziehend und entfacht die Sehnsucht, selbst wieder authentisch, frei und kreativ sein zu dürfen. Aufgrund ihrer Persönlichkeitsstruktur liegt es nahe, dass die Kindfrau väterliche Partner bevorzugt. Diese sind entweder älter, emotional ausgeglichener oder finanziell erfolgreicher als sie. Je stärker die emotionale Reifung der Kindfrau voranschreitet, desto mehr wird sie ebenbürtige Partner anziehen.

Schattenaspekte der Kindfrau

Die Kindfrau hat eine gewisse Naivität. Sie kann sich schlecht entscheiden, verliert sich gern in Phantasien und großen Visionen. Dass es auch Personen gibt, die berechnend, kalt oder manipulativ vorgehen, übersteigt ihr Vorstellungsvermögen. Deshalb glaubt sie an das Gute im Menschen und wird auf diese Weise oft bitter enttäuscht. Vielfach schadet ihr diese Eigenschaft im Berufs- und Privatleben.

Sobald sie ihre weiblichen Reize entdeckt hat, kann es sein, dass sie über ihre Optik Anerkennung und Bewunderung bei Männern sucht. Dies gilt insbesondere für Kindfrauen mit einem angeknacksten Selbstwertgefühl.

Eine nicht geerdete Kindfrau hat Mühe, sich mit Geldfragen auseinanderzusetzen. Am liebsten überlässt sie das dem Partner. Sie scheut sich davor, angemessen Geld für ihre Dienstleistungen oder Produkte zu verlangen, und hofft auf eine Versorgung durch höhere Kräfte. Entsprechende Bücher finden sich reichlich in ihrem Regal. Mit ihrem naiven Glauben versäumt sie es meist, reale geschäftliche Strukturen aufzubauen, die sie angemessen finanziell versorgen. Die Kindfrau hofft, aus einem imaginären Pluskonto, das sie mit guten Taten auffüllt, vom Leben später einmal belohnt zu werden. Unterschwellig lehnt ein Teil von ihr Geld ab.

Einige Kindfrauen weigern sich, erwachsen zu werden. Dies ist dann der Fall, wenn sie in ihrer Ursprungsfamilie kaum Gelegenheit hatten, ihre Kindheit zu genießen. Es betrifft Frauen, die als Kinder schon früh Verantwortung für Geschwister, Haus und Hof übernehmen mussten. Für sie selbst gab es in der Regel zu wenig elterliche Geborgenheit. Deshalb ist die Kindfrau der Gegenentwurf zum erzwungenen Erwachsensein.

In anderen Fällen besteht eine zu große emotionale Abhängigkeit von den eigenen Eltern, auch jenseits des zwanzigsten Geburtstags. Eltern, die eine übergroße Autorität darstellen und ihrem Kind nicht erlauben, psychologisch autonom zu werden, binden das Kind auf eine ungesunde Weise an sich. Eine solche übermäßige Abhängigkeit weist immer auf eine ungute Dynamik innerhalb von Familien hin. Auch ungeheilte Suchtstrukturen können dazu beitragen.

Wenn eine Kindfrau z.B. noch mit dreiunddreißig Jahren täglich bei ihrer Mama anruft und Rat braucht oder nicht gern allein ist, besteht eine Symbiose, die aufgelöst werden sollte. In den Biographien dieser Frauen stelle ich immer wieder fest, dass sie als Kinder förmlich in Watte gepackt wurden, keine Gelegenheit hatten, Verantwortung für sich zu übernehmen, und dass das Selbstvertrauen in die eigenen Fähigkeiten nicht wachsen konnte. Die Übereltern stehen auf einem unerreichbaren Podest.

Das Gegenstück: die weise Alte

In meinen Beratungen mit Kindfrauen habe ich teilweise erschreckende Lebensgeschichten erfahren. Wenn eine Frau in ihrem Kinder-Ich steckenbleibt, läuft sie Gefahr, im Leben zu scheitern. Wir dürfen der Entwicklungsaufgabe, erwachsen zu werden, nicht ausweichen. Andernfalls sind wir darauf angewiesen, dass Partner, Behörden und Freunde ständig Verantwortung für uns übernehmen. Die Kindfrau liefert sich ausbeuterischen Beziehungen aus und findet nicht die Kraft, daraus auszubrechen, weil sie insgeheim die Verantwortung an den Partner abgegeben hat und auf Erlösung hofft. In anderer Weise kann sich das Feststecken im Kinder-Ich als finanzielles Fiasko offenbaren. Denn Kinder haben keinen Sinn fürs Geldverdienen und möchten lieber spielen.

Wenn Sie sich in irgendeiner Weise hier erkannt haben, suchen Sie die »weise Alte« in den tiefsten Winkeln Ihrer Seele auf. Jede Frau hat Zugang zu diesem Archetyp, wenn sie es will. Die weise Alte ist mit allen Wassern gewaschen, hat schon alles erlebt und sieht die Dinge mit mehr Abstand. Sie kennt die Tücken des Lebens und hat viele Verluste überwunden. Sie ist listig, schlau und weitsichtig. Sie weiß, wann man ein Band durchschneiden muss, um das eigene Überleben zu sichern. Sie ist bereit, Lebensaspekte, Partner oder Karrieren sterben zu lassen (loszulassen), wenn das erforderlich ist. Sie ist vollkommen in der Lage, für sich selbst Verantwortung zu übernehmen. Die weise Alte ist nicht mehr abhängig von ihrer eigenen Mutter, sondern verkörpert selbst Mütterlichkeit und Reife.

Entwicklungsaufgaben der Kindfrau

Auch wenn Sie bei den Schattenaspekten einige erschreckende Details gelesen haben, lassen Sie sich nicht entmutigen! Nicht alle diese Beschreibungen müssen auf Sie zutreffen. Ich habe hier viele verschiedene Themen zusammengefasst, die ich bei unterschiedlichen Frauen in meiner Beratungspraxis über Jahre hinweg beobachtet habe.

Grundsätzlich stellt die Kindfrau eine liebenswerte Persönlichkeit dar, die im Grunde genommen nur eine Aufgabe hat: reifer zu werden. Mit etwas mehr Rationalität, Objektivität und emotionaler Autonomie kann die Kindfrau zu einer ausgewogenen Gesamtpersönlichkeit werden, die sich ihre Kreativität, Spontanität und Begeisterungsfähigkeit bewahrt hat. Dafür muss sie jedoch zunächst eine Reihe von Ent-Täuschungen verarbeiten. Je mehr Sie bereit sind, Verantwortung für Lebensbereiche zu übernehmen, die Ihnen fremd erscheinen, desto erfolgreicher werden Sie sein. Ihre Kreativität ist ansteckend und inspirierend. Bewahren Sie sich den Zugang in die kindliche Phantasiewelt, und Sie können im kreativen Sektor beruflich sehr erfolgreich sein. Entscheidend ist es, den richtigen Partner zu finden, mit dem Sie sich auf Augenhöhe weiterentwickeln können. Erlauben Sie sich, erwachsen zu werden, auch wenn Sie selbst von Erwachsenen als Kind nur enttäuscht wurden.

Affirmationen
Ich kann spielen und gleichzeitig seriös sein.
Ich habe die Kraft, mich selbst zu versorgen.
Ich bin ein Geschenk für die Welt.
*Ich liebe das Leben und teile meine Lebendigkeit mit
    anderen.*
Ich verbinde mich mit meiner weiblichen Kraft.

Ich vertraue mir selbst.
Ich übernehme Verantwortung für mich und entdecke die
Freiheit darin.

Die Heilerin

Hella *ist sechsundzwanzig Jahre alt und befindet sich schon in einer Lebenskrise. Nach Abschluss ihres Psychologiestudiums und ersten Berufserfahrungen knallt sie hart in der Realität auf. Sie kommt nicht richtig klar mit dem Weltbild, das die westliche Wissenschaft vertritt. Während ihrer Hochschulausbildung investierte sie viel Zeit, um Statistik zu verstehen und die Perfektionierung ihres logischen Denkens voranzutreiben. Aufgrund ihrer raschen Auffassungsgabe hatte sie in diesen Fächern sehr gute Noten. Doch irgendetwas fehlte ihr.*
Sie spürte, dass die Welt der Rationalität nicht alles erfassen kann, was sich zwischen Himmel und Erde abspielt. Seit ihrer Kindheit empfindet sie eine mystische Verbundenheit mit der Natur und allen Lebewesen darin. Diese lässt sich logisch nicht erklären. Hella ist extrem feinfühlig und kann die Energien von Räumen, Menschen und Tieren erspüren. Teilweise erlebt sie telepathisch anmutende Phänomene. Ihren Berufsalltag hatte sie sich ganz anders vorgestellt. Sie zweifelt am gesamten Konzept ihres Studiums und weiß nicht, wie sie die zwei Welten zusammenbringen kann. Das Praktikum in einer Klinik bricht sie ab. Sie träumt davon, einmal eine Naturheilpraxis zu eröffnen. Dort möchte sie nach ihren eigenen Vorstellungen arbeiten. Hella fühlt sich auch zu Pflanzen und Bäumen hingezogen. Sie beginnt, die Wirkung von Kräutern und die Heilmethoden von Schamanen zu studieren.

Sie meldet sich für eine Körpertherapieausbildung an und fühlt sich beruflich endlich angekommen. Sie will eine Heilpraktiker-Ausbildung absolvieren, um später in eigener Praxis zu arbeiten.

Lichtaspekte der Heilerin

Die mystische Heilerin ist fasziniert von Romanen wie *Die Nebel von Avalon* oder von Fachbüchern über Familienaufstellungen, Schamanismus, Hypnose, Ayurveda, Kräuterheilkunde und allen alternativen Heilmethoden. Wenn sie die Wahl hätte, würde sie lieber in einer weit entfernten Vergangenheit in der Natur leben. Sie interessiert sich sehr für altes Wissen und möchte bis zu den tiefsten historischen Wurzeln der Naturheilkunde graben. Ein historisches Vorbild könnte Hildegard von Bingen sein, die Visionen empfing, mit denen sie religiöses und heilkundliches Wissen niederschrieb.

Doch die Wurzeln dieses Archetyps sind noch viele Jahrtausende älter. Die Heilkunde für Körper, Geist und Seele war sehr lange in Frauenhand. Unsere Urahninnen verstanden sich auf verschiedenste Heilkünste, die sie für Männer, Frauen und Kinder in ihrem Umfeld zur Verfügung stellten. Diese Heilkünste wurden mündlich von einer Generation an die nächste weitergegeben. Dazu gehörten Heilgesänge, eine starke Herzintelligenz, Geschichten und Sagen, Trancetanz, Meditation, die Arbeit mit Heilkräutern und Halluzinogenen, Baumheilkunde, schamanische Seelenkunde, Traumyoga, Hebammenwissen, Kinderheilkunde sowie ein Gespür für das Feinstoffliche und Unsichtbare. Auch die Kommunikation mit den Seelen Verstorbener war kein Tabu, sondern normaler Alltag.

Die ursprüngliche Heilkunde war tief in die Religiosität eingebunden. Die alten Lieder sangen von der Verbundenheit allen Lebens. Auch Rituale spielten in vergangenen Kulturen eine große Rolle. Sie signalisierten die Übergänge zwischen den Lebensphasen und stellten eine Kommunikation mit dem Stamm und der Natur dar. Die Heilerin trat während dieser Rituale als Priesterin und Vermittlerin zwischen den Welten in Erscheinung. Sie war ein zutiefst geachtetes Mitglied ihrer Gemeinschaft. Die Menschen vertrauten auf ihre Kraft und Erfahrung in Zeiten von Krankheit, Tod und Geburt.

Die sensitive Heilerin verfügt über eine Vielzahl von Fähigkeiten, die sie zu ihrer Berufung hinführen:
- eine ausgeprägte Intuition
- starke Naturverbundenheit
- Empathie und Einfühlungsvermögen
- feinstoffliche Wahrnehmung
- sensitive Hände, mit denen sie körperliche Blockaden erspüren kann
- mystische Träume und Vorahnungen
- Hellfühligkeit oder Hellsichtigkeit
- ein ganzheitliches Erfassen von Menschen, Pflanzen und Tieren

Mit diesen Gaben ist sie geradezu prädestiniert, einen heilerischen Beruf auszuüben. Aufgrund unserer gesellschaftlichen Ignoranz gegenüber diesen Begabungen kann der Weg zur Selbstverwirklichung für diesen Archetyp recht lang sein. Denn viele dieser Fähigkeiten werden allgemein als »Einbildung« oder »esoterische Spinnerei« abgewertet.

Weitere dazugehörige Archetypen und Sagenfiguren
Die weise Frau, die Priesterin von Avalon (aus matriarchalen Kulturen), die Schamanin, die Zauberin, die Seherin, die gute Hexe, die gute Fee, das Orakel von Delphi, Fee Morgane, die Herrin vom See.

Filmfiguren und historische Beispiele
In moderner Form die Hexen aus *Charmed:* Phoebe, Piper und Prue; Hildegard von Bingen, die heilige Weleda.

Ideale Berufe für die Heilerin
Craniosacraltherapeutin, Osteopathin, Heilpraktikerin, Psychotherapeutin, Tierärztin und Tierheilpraktikerin, Naturheilärztin, Hebamme, Musik- und Kunsttherapeutin, Kräuterfachfrau, Schriftstellerin, Seelsorgerin, Schamanin, Yogalehrerin, Heilpädagogin, Gruppenleiterin für Frauenseminare, Traumatherapeutin.

Schattenaspekte der Heilerin

Zunächst gilt es für die Heilerin, die Vorurteile und Fehlannahmen unserer Gesellschaft abzuschütteln und sich wertfrei ihren Begabungen zu widmen. Dazu muss sie in der Regel eine Menge Selbstzweifel über Bord werfen und sich unter die Fittiche einer Mentorin begeben. Das sind Frauen, die ihren eigenen Heilungsweg bereits gegangen sind und ihre therapeutische Berufung schon verwirklicht haben. Natürlich kommen auch Männer als Lehrer in Frage, wenn sie auf derselben Wellenlänge arbeiten.

Da die Gabe der feinstofflichen Wahrnehmung mit der Abschwächung der Eigenwahrnehmung einhergeht, braucht die Heilerin praktische Methoden, um sich zu erden und sich körperlich besser zu spüren. Dazu gehören Yoga, Tanz, der Ausdruck über Kunst, Massage und achtsamer Sport. Dieser Archetyp ist am meisten entgrenzt und muss erst lernen, die Wahrnehmung auf sich selbst zurückzulenken und zu fokussieren. Das eigene Ich bedarf einer Stärkung und Zentrierung. Hat sie das nicht gelernt, wird die mystische Heilerin ihre eigenen Bedürfnisse vernachlässigen. Sie neigt zum Weltretterkomplex, kann nicht Nein sagen und lässt sich – genau wie die idealistische Helferin – von Energievampiren aussaugen. Deshalb braucht sie Methoden, um sich emotional, geistig und körperlich abzugrenzen. Der Aufbau eines gesunden Selbstschutzes ist absolute Voraussetzung, um in diesem Berufsfeld gesund zu bleiben.

Ein weiterer Schattenaspekt ist unsere kollektive Angst vor der Hexenverfolgung. Über Jahrhunderte hinweg wurden Frauen mit heilkundlichen Begabungen verbrannt. Die Menschen fürchteten sich vor der Macht der Frauen und entwickelten irrationale Ängste. Daraus entstand unser verzerrtes Bild der »bösen Hexe«. Dabei leitet sich das englische Wort »witch« von »wit« ab, was »weise« bedeutet. Vor langer Zeit galt diese Bezeichnung als respektvolle Anerkennung der geistigen und spirituellen Kräfte einer Frau. Bei den Ureinwohnern Amerikas wurden sie »Medizinfrauen« genannt.

Zielscheibe der Verfolgungen waren Hebammen, Heilerinnen und Kräuterfrauen. Später konnte jeder verdächtigt werden. Die Anschuldigungen wurden immer skurriler, die Beute immer verlockender, denn Hab und Gut der Verurteilten wurden konfisziert. Das Phänomen der Hexenverfolgung führte in Europa und seinen Kolonien zu Massenpanik, Verrat, Enteignung und dem Verlust von Millionen Menschenleben. In meinen Beratungen erlebe ich regelmäßig eine Aktivierung der Angst vor der Stigmatisierung, eine Hexe zu sein. Damit einhergehend entstehen Befürchtungen von Verspottung, Ausgrenzung, Ächtung, Verfolgung und schließlich dem Ausschluss aus der Gesellschaft. Unser kollektives Unbewusstes hat diese alten Zeiten noch nicht vergessen, wenngleich sich heute Frauen den alten Heilkünsten wieder straffrei zuwenden dürfen. Wenn wir Frauen die Angst vor unserer eigenen Kraft loslassen, ist der Weg aus dem Opferdasein frei.

Das Gegenstück: die Zerstörerin

Jetzt wird es ganz schön herausfordernd. In unserem Bestreben, immer hilfreich, gut und lieb zu sein, übersehen wir oft, dass es auch andere Energien im Leben gibt, die verkörpert werden wollen. In den uralten Religionen Indiens finden wir zahlreiche Götterfiguren, die furchterregend und überaus mächtig dargestellt werden. Ich möchte Sie nicht dazu anregen, alte Göttinnenfiguren zu verehren. Vielmehr finde ich es bemerkenswert, dass der psychologische Aspekt der Zerstörerin in solchen alten Kulturen noch quicklebendig ist. Wenn wir uns andererseits bewusst machen, wie stark Frauen in Indien noch heute unterdrückt werden, mag dies eine Widerspiegelung der kollektiven Angst vor ihrer weiblichen Kraft sein.

Wenn sensitive Frauen sich nur mit dem Aspekt der Heilerin identifizieren, können sie in eine Falle geraten. Die nicht balancierte Heilerin verfängt sich dann in ihrer helfenden Rolle. Doch nicht jeder Ratsuchende will wirklich Hilfe. Es gibt Menschen, vor denen sich selbst die Heilerin schützen muss. Wenn wir uns mit der kämpferischen, amazonischen Kraft in uns verbinden, finden wir den Hebel, um selbst aus schwierigsten Konstellationen zu entfliehen. Frauen, die Zugang zu solchen Qualitäten haben, durchtrennen Bänder der Abhängigkeit und Ausbeutung. Sie lösen sich aus giftigen Beziehungen und lassen eher diese Beziehung sterben anstatt das eigene Selbst. Dies erfordert den Mut, selbstzerstörerische Aspekte in uns zu erkennen und loszulassen. Wir dürfen unser eigenes Ich nicht länger auf dem Altar der edlen Hilfsbereitschaft opfern! Stattdessen brauchen wir die machtvolle Energie der Zerstörerin, um uns gegen Mobbing, Erniedrigung und Energieräuber zur Wehr zu setzen. So entkommen wir dem Käfig des Bravseins. Darin gefangen, opfert sich die Heilerin märtyrerhaft für andere auf und richtet sich selbst zugrunde. Mit Hilfe der Zerstörerin finden Sie die Kraft, um sich aus Ihrem zu eng gewordenen Heilerinnenkorsett zu befreien.

Entwicklungsaufgaben der Heilerin

Wenn Sie sich in diesem Archetyp wiedererkannt haben, dann empfehle ich Ihnen, geduldig mit sich selbst zu sein. Die Verwirklichung der heilerischen Veranlagung ist eine Lebensaufgabe. Sie dürfen sich ruhig Zeit damit lassen. Zunächst ist es wichtig, Ihre Talente anzunehmen und nicht zu negieren. Im zweiten Schritt finden Sie heraus, in welchen Bereichen Sie sich beruflich verwirklichen wollen. Dies kann viele Jahre in Anspruch nehmen, denn die Spezialisierungen sind vielfältig.

Auf dem Weg zur eigenen Fachausrichtung ist es wichtig, sich den eigenen seelischen Verletzungen zuzuwenden. Denn nur so können Sie mit den Ratsuchenden in die Tiefe gehen. Je mehr Sie Ihre eigenen Verletzungen heilen, desto besser können Sie später helfen. Nehmen Sie selbst therapeutische Hilfe an. So werden Sie sich leichter in die Rolle Ihrer Klienten und Patienten hineinversetzen können.

Bevor Sie die Welt retten wollen, lernen Sie bitte, sich selbst zu schützen und wichtig zu nehmen. Erkennen Sie an, dass Sie liebenswert und wertvoll sind, auch wenn Sie gerade nicht heilerisch tätig sind. Entwickeln Sie eine starke Selbstliebe und Eigenfürsorge. Lernen Sie, sich energetisch aufzuladen. Sie müssen und können nicht allen helfen. Zum Selbstschutz gehört es auch, Klienten abzulehnen, die ihre Kräfte übersteigen. Wenn Sie als Heilerin arbeiten, brauchen Sie gesunde Grenzen, um sich nicht zu verausgaben. Vertrauen Sie auf Ihre Intuition. Beginnen Sie, ein Tagebuch zu führen, in dem Sie Ihre Träume, Visionen und Empfindungen aufschreiben. Dies hilft Ihnen, sich zu erden und für unerklärliche Phänomene eine Sprache zu finden. Solange Sie Ihren eigenen Fähigkeiten nicht zu hundert Prozent vertrauen, werden Sie sich von einer Weiterbildung zur nächsten hangeln. Dann haben Sie das Gefühl, noch immer nicht gut genug zu sein. Dieser nagende Selbstzweifel ist weiter verbreitet, als Ihnen vielleicht bewusst ist. Sammeln Sie Feedback von den Menschen, denen Sie geholfen haben, und vergewissern Sie sich, dass Sie gut genug sind.

Nehmen Sie Geld an. Viele Heilerinnen haben Probleme damit, da ihre Motivation nicht im Geldverdienen liegt, sondern im Wunsch, anderen zu helfen. Doch ohne Geld können Sie in dieser Welt nicht leben. Klären Sie Ihre negativen Glaubenssätze über Finanzen, wenn Sie langfristig Ihren Lebensunterhalt als Therapeutin verdienen möchten.

Affirmationen

Ich nehme meine heilerische Gabe an.

Ich wende mich liebevoll meinen Verletzungen zu und entspanne mich in meinem Herzen.

Ich vertraue meiner inneren Stimme.

Ich umsorge mich selbst liebevoll und kümmere mich um meine eigenen Bedürfnisse.

Ich finde eine Balance zwischen der spirituellen und materiellen Welt.

Ich vertraue meinen Fähigkeiten und verwirkliche meine Gaben.

Ich darf nein sagen und mich selbst schützen.

Die Helferin

Ines *ist eine engagierte Frau Mitte vierzig, die schon seit über zwanzig Jahren als Lehrerin an einer Grundschule arbeitet. Sie ist die Mutterfigur der gesamten Schule und hat immer ein offenes Ohr für ihre Schüler und Kollegen. Als Vertrauenslehrerin ist sie die Ansprechpartnerin Nummer eins, wenn es um Probleme geht. Sie engagiert sich für Außenseiter und auffällige Schüler. Wenn sie ihren Unterricht vorbereitet, gibt sie sich größte Mühe, um das bestmögliche Ergebnis zu erzielen. Überall ist sie gern gesehen und wird von allen geschätzt. Einige sagen sogar, sie sei die tragende Säule der Schule.*

Auch in ihrer Familie ist sie für alle da. Jedes Familienmitglied kann Tag und Nacht anrufen. Nie kann sie nein sagen, denn sie möchte niemanden verletzen. Sie fühlt sich persönlich für das Wohlergehen der anderen verantwortlich. In ihrer Freizeit engagiert sie sich ehrenamtlich im Tierheim. Der Zeitplan wird immer knapper. Sie bekommt kaum noch Luft zum Atmen. Und weil alle denken, dass ihre Unterstützung selbstverständlich ist, wird sie regelmäßig um Rat gefragt. Viele Jahre lang machte ihr das nichts aus. Doch in letzter Zeit bemerkt sie, dass sie immer weniger Kraft hat. Zunehmend nerven sie die Anrufe und Anfragen von Kollegen und Familienmitgliedern. Sie hat immer wieder Kopfschmerzen, und nachts plagt sie der Rücken. Irgendetwas stimmt nicht. Als dann noch Schlafstörungen dazukommen, konsultiert sie ihren Hausarzt. Diagnose: Burnout. Widerstrebend lässt sie sich krankschreiben, denn sie hält es kaum aus, die anderen im Stich zu lassen. Das schlechte Gewissen plagt sie, doch ihr Körper signalisiert, dass es so nicht weitergeht. In einem Buchladen findet sie einen Ratgeber über Hochsensibilität. Schnell erkennt sie sich selbst wieder. Doch wie soll es weitergehen?

Lichtaspekte der Helferin

Haben Sie Teile der Geschichte aus Ihrer Biographie wiedererkannt? Dann gehören Sie auch zur Gruppe der »idealistischen Helferinnen«. Dieser sensitive Frauenarchetyp verfügt über eine reiche Palette an altruistischen Eigenschaften.

Die Helferin ist
- hilfsbereit
- verantwortungsbewusst
- mütterlich
- empathisch
- beschützend
- idealistisch
- unterstützend
- herzlich

Überall, wo es brennt, ist sie zur Stelle und hilft. Egal, ob privat oder beruflich: Ohne sie geht nichts! Denn das Umfeld gewöhnt sich daran, dass die Helferin zuverlässig ihr letztes Hemd gibt. Auf diese Weise wird sie in sozialen Berufen viel Anerkennung und Erfolg haben. Denn das ist ihre Natur. Sie verfolgt hohe Ideale und vertritt ethische Werte. So kann sie Jahrzehnte wirken, ohne dass sie müde wird. Sie empfindet Erfüllung und Glück, wenn sie helfen kann. Das »strahlende Lachen in den Augen« der Kinder/Klienten/Patienten ist ihr größter Lohn.

Häufig engagiert sich die idealistische Helferin ehrenamtlich: für Kinder, Jugendliche, im Elternbeirat der Schule, für Senioren, in Not geratene Tiere oder politisch in ihrer Gemeinde. Sie brennt für die Sache und verschenkt bereitwillig ihre letzten freien Stunden.

Privat lebt sie eher bodenständig, bisweilen spartanisch. Wenn sie Mutter ist, wird sie auch in dieser Rolle ganz aufgehen und für ihre Kinder da sein, wann immer sie kann. Doch aufgrund ihrer vielfältigen Verpflichtungen wird es früher oder später zu Interessenkonflikten kommen. Als Antwort darauf verausgabt sie sich noch mehr. In Beziehungen übernimmt sie ebenfalls viel Verantwortung. Egal, ob im Familienunternehmen, für die Kinder, Partner und Eltern: Die idealistische Helferin ist ein Segen für alle, mit denen sie Kontakt hat.

Weitere dazugehörige Archetypen und Märchenfiguren
Die Wunschfee, der Schutzengel, Aschenputtel, die Nonne.

Historische Beispiele
Mutter Teresa, Lady Diana.

Die passenden Berufsbilder der Helferin
Lehrerin, Erzieherin, Sozialarbeiterin, Psychologin, Hebamme, Tierheilpraktikerin, Therapeutin, Kinderschutzbeauftragte, Gleichstellungsbeauftragte, Tagesmutter, Pflegemutter, Naturschützerin. Hinzu kommen zahllose ehrenamtliche Tätigkeiten, in denen sich die idealistische Helferin von Herzen engagiert.

Schattenaspekte der Helferin

Bei genauerem Hinsehen entpuppt sich die Helferin als eine abgeschwächte Ausdrucksform der Heilerin. Im Unterschied zur Heilerin hat sie aber einen Teil ihrer magischen, heilenden Fähigkeiten verloren, vergessen oder verleugnet. Wo die Heilerin noch Werkzeuge hat, sich selbst abzugrenzen und ihre Eigenmacht sinnvoll zu nutzen, ist die hochsensible Helferin eher hilflos, wenn es darum geht, die eigenen Interessen zu wahren. Das Muster der Selbstaufopferung ist zu stark. Es fehlt das Gegengewicht. Angesichts der historischen Hintergründe zur Hexenverfolgung wundert es nicht, dass Frauen gelernt haben, dem Bild der altruistischen Nonne nachzueifern und sich darüber selbst verleugnen.

Deshalb muss die Helferin im Laufe ihrer Biographie erleben, dass ihre Gutmütigkeit von Mitmenschen ausgenutzt wird. Solange die Idealistin nicht gelernt hat, die wahren Motive anderer Personen richtig einzuschätzen, kann es geschehen, dass sie vor den Karren fremder Interessen gespannt wird. Als kräftiges Arbeitspferd schafft sie das eine Zeitlang hervorragend. Die Ernüchterung ist groß, wenn sie später realisiert, was wirklich geschehen ist.

Zu diesem Themenkreis gehört auch das Ausgenutztwerden durch Menschen, die sich chronisch in einer Opfermentalität befinden. Zu Beginn solch einseitiger Beziehungen wirken sie bemitleidenswert, hilflos und harmlos. Sie fragen um Rat, brauchen Hilfe, rufen völlig verzweifelt an, weil sie mal wieder Probleme mit XYZ haben und sich emotional kaum selbst beruhigen können. Sobald das »hilflose Opfer« erkannt hat, dass die Idealistin bereitwillig zuhört und helfen will, dockt es sich als »Energievampir« an. Anstatt aus Enttäuschungen zu lernen, verwickelt sich das chronische Opfer immer wieder aufs Neue in schädliche Situationen, aus denen es scheinbar keinen Ausweg gibt. Und solange die Idealistin nicht gelernt hat, dieses Spiel zu durchschauen, wird sie - natürlich - helfen!

Ein weiteres Schattenthema ist die Selbstaufopferung. In der Begeisterung für die gute Sache geht die Helferin regelmäßig über ihre eigenen Belastungsgrenzen. Dies kann sie jahrelang kompensieren, wenn sie genügend positives Feedback für ihre Bemühungen erhält. Selbstfürsorge ist für Idealistinnen lange Zeit ein Fremdwort. Wie in der Geschichte beschrieben, brauchen diese Frauen meist den gesundheitlichen Warnschuss, um mit sich achtsamer umzugehen. Wenn Sie sich an dieser Stelle erkannt haben und aus dem Kreislauf des Funktionierens ausbrechen wollen, ist Selbstliebe die Antwort! Vielleicht haben auch Sie bisher Liebe und Anerkennung aus dem Echo Ihrer guten Taten gewonnen. Es geht nun darum, das Selbstwertgefühl unabhängig von der Anerkennung im Außen aufzubauen. Nur so kann eine Balance zwischen Geben und Nehmen entstehen.

Ein letzter Bereich, der einer Korrektur bedarf, ist das Thema »Überverantwortung«. Dieses mächtige Gefühl, verantwortlich für andere Menschen zu sein, ist die Ursache dafür, warum Helferinnen zur Selbstaufopferung neigen. Sie können sich erst dann entspannen, wenn es den anderen gutgeht. Sobald jemand aus dem Umfeld leidet, leiden sie mit. Sie *müssen* förmlich helfen, um sich selbst wohler zu fühlen. Diese Angewohnheit entwickelt sich aus einem starken Empathievermögen. Das Mitgefühl für die anderen ist groß.

Wenn zusätzlich in der eigenen Biographie Verletzungen mit Verantwortung geschehen sind, potenziert sich das Problem. Dies ist in Familien der Fall, wo die Eltern durch Krankheit, Sucht, Scheidung oder Lebenskrisen gehen und eine Rollenumkehr stattfindet. In solchen Konstellationen bemuttern die Kinder ihre eigenen Eltern und verfangen sich in dieser Schieflage.

Das Gegenstück: die Prinzessin

Ähnlich wie die Heilerin ist auch die Helferin zu sehr damit identifiziert, anderen dienlich zu sein. Deshalb lesen Sie sich bitte zusätzlich den Abschnitt »die Zerstörerin« bei dem Text zur Heilerin durch. In diesem Abschnitt habe ich noch ein anderes Bild vor Augen: die Prinzessin! Ich möchte Sie einladen, sich dem Tagtraum hinzugeben, welche Wünsche Sie als Prinzessin hätten. Sie können die schönsten Kleider tragen, auf den tollsten Schlössern leben und Tanzveranstaltungen genießen. Kurzum: Lassen Sie sich mal richtig verwöhnen. Gönnen Sie sich einen Besuch bei der Kosmetikerin, pflegen Sie Ihren empfindsamen Körper. Feiern Sie Ihre Weiblichkeit mit Kleidung, die Sie umschmeichelt.

Es kann sehr heilsam sein, sich mit dem Aspekt der Prinzessin zu versöhnen. Werfen Sie das schlechte Gewissen über Bord, wenn Sie sich gestatten, Ihr eigenes Wohlbefinden in den Mittelpunkt zu stellen. Lassen Sie sich feiern, bewundern, fotografieren. Legen Sie das Gewand der helfenden Nonne ab. Interessanterweise habe ich bei den Beispielen zur Helferin auch die berühmte Prinzessin Diana erwähnt. Diese sensitive Frau hat tatsächlich beide Aspekte verkörpert. Ich will nicht behaupten, dass das Leben als Prinzessin ein Zuckerschlecken ist. Doch tief in sich spürte sie, dass sie ein Gegengewicht zu ihrem Leben im goldenen Käfig brauchte, und engagierte sich liebevoll für Kinder in Not auf der ganzen Welt. Vielleicht war gerade diese Kombination aus Prinzessin und Helferin so vollständig und echt, dass wir sie deshalb alle in unser Herz geschlossen haben.

Entwicklungsaufgaben der Helferin

Hinter der Idealistin steckt nicht selten der Schattenaspekt mangelnder Selbstliebe. Dies ist häufig nur auf den zweiten Blick zu erkennen und sicher nicht angenehm. Doch diese Schieflage ist leicht zu beheben. Als idealistische Helferin liegt Ihre größte Entwicklungsaufgabe darin, zu lernen, sich selbst zu lieben. Stellen Sie sich einfach vor, wie Sie mit der liebevollen Art, die Sie anderen Menschen entgegenbringen, fürsorglich sich selbst nähren. Die Gesellschaft braucht Sie. Sobald Sie lernen, Ihre eigenen Bedürfnisse in Balance mit den Anforderungen Ihrer Umwelt zu bringen, werden Sie standfester. Sie können so Ihren Herzenswunsch, anderen zu helfen, mit mehr Selbstschutz verwirklichen. Dies ist für die eigene Gesundheit Grundvoraussetzung und ermöglicht Ihnen, langfristig gesellschaftlich wirksam zu bleiben.

Sobald Sie es schaffen, Hilfsbedürftige von Energievampiren zu unterscheiden, haben Sie den Schlüssel, sich vor Menschen zu schützen, die Ihre Gutmütigkeit nur ausnutzen. Legen Sie das Gefühl von Überverantwortung ab und lernen Sie, anderen mehr Eigenverantwortung zuzugestehen, auch wenn sie einen leidvollen Weg gehen müssen. Es ist nicht Ihr Leben, sondern das der anderen. Versuchen Sie herauszufinden, wer Sie sind, wenn Sie *nicht* helfen.

Affirmationen

Ich erkenne meine eigenen Bedürfnisse und kümmere mich liebevoll um mich.

Ich bin wertvoll und liebenswert um meiner selbst willen.

Ich lasse mein Herzlicht scheinen.

Ich lasse das Gefühl von Überverantwortung los.

Je mehr Geld ich annehme, desto mehr kann ich meine Visionen verwirklichen.

Ich öffne mich dafür, Unterstützung anzunehmen.

Ich bewirke einen Unterschied in dieser Welt.

Die Königin

Rita *ist zweiundfünfzig Jahre alt. Ihre Freundinnen nennen sie liebevoll »Rita, das Rennpferd«. Sie gehört zu der Sorte sensitiver Frauen, die ihre empfindsame Veranlagung lange Zeit verleugnen bzw. nicht wahrhaben wollen. Sie arbeitet in einem Industrieunternehmen als Assistentin des Geschäftsführers. Sie ist sehr intelligent, selbständig und vorausschauend. Als Leistungsträgerin Nummer eins im Unternehmen stemmt sie hinter den Kulissen einen Löwenanteil der Arbeit. In der Männerwelt hat sie sich etabliert. Rita ist eine echte Problemlöserin. Wann immer schwierige Situationen auftauchen, produziert ihr Unterbewusstsein nach kurzer Zeit eine Lösung, die sich als spontane Idee präsentiert. Durch ihre umsichtige und vorausschauende Art hat sie schon oft die Erfahrung gemacht, dass sie auch härteste Nüsse knacken kann. Wegen ihrer perfektionistischen und leistungsorientierten Veranlagung fiel es ihr leicht, die hohen Belastungen über viele Jahre zu bewältigen. In letzter Zeit verspürt sie aber einen emotionalen Schmerz, der nicht mehr zu leugnen ist. Ihr fehlen die Anerkennung und Wertschätzung von der Unternehmensleitung. Mehr noch, sie erlebt sich immer häufiger in Konfliktsituationen, die deutlich machen, dass sie teilweise kompetenter ist als ihr Chef. Dies quittiert er mit ungerechtfertigten Vorwürfen und psychologischen Attacken. Rita stellt plötzlich alles in Frage, was sie in den letzten Jahrzehnten geleistet hat. Sie sehnt sich nach einem wertschätzenden Umfeld und träumt davon, sich selbständig zu machen. Je älter sie wird, desto mehr spürt sie ihre Verletzlichkeit und die stille Sehnsucht nach Harmonie.*

Auch in ihren privaten Beziehungen war sie immer die starke Frau und zog Männer an, die einen Mutterersatz suchten. Aufgrund dieses Ungleichgewichts hatten die Beziehungen keine Zukunft. In ihrer letzten Partnerschaft musste sie erleben, dass der Mann sie auch privat nur als starke Frau sehen wollte. Ihre verletzliche und emotionale Seite war ihm zu viel. Er hatte Angst vor Nähe, deshalb trennte er sich.

Lichtaspekte der Königin

Die Königin ist am schwersten in ihrer hochsensiblen Veranlagung zu erkennen. Denn sie schafft es am ehesten, sich ein dickes Fell zuzulegen und lange Zeit zu funktionieren. Heute würden wir sagen, sie ist eine Powerfrau. Egal, aus welchen familiären Verhältnissen sie stammt, die Powerfrau wird sich eine beachtliche Karriere oder finanziellen Erfolg aufbauen. Durch ihren stark ausgeprägten Intellekt in Verbindung mit einer guten Intuition findet sie verblüffende Lösungen für schwierige Situationen. Oftmals kann sie ihre inneren Vorgänge nicht erklären, doch meist trifft sie damit genau ins Schwarze. Sie zeichnet sich durch Pragmatismus, Klarheit, Direktheit und schnelles Denken aus.

Weil sie Rationalität mit Sozialkompetenz vereint, ist sie die ideale Besetzung in der Personalabteilung oder anderen Führungspositionen. Sie stellt hohe Ansprüche an sich und ihr Umfeld, weshalb sie exzellente Leistungen hervorbringt. Dabei geht sie auch über ihre eigenen Grenzen. Sie ist eine geborene Strategin. Durch ihr vorausschauendes Denken schafft sie es, komplexe Projekte zielgerichtet über Jahre voranzutreiben und zum Erfolg zu führen.

Auch als Mutter verlangt sie von ihren Kindern eine gewisse Disziplin und Leistung. Die hochbegabte Powerfrau kann sich nicht auf die Rolle als Hausfrau und Mutter reduzieren und strebt recht früh den Wiedereinstieg ins Berufsleben an, um sich intellektuell gefordert zu fühlen. In Beziehungen braucht sie einen ebenbürtigen Partner, der in der Lage ist, sowohl ihre intellektuelle als auch ihre emotionale Seite wertzuschätzen.

Weitere dazugehörige Archetypen und Märchenfiguren
Die Göttin Freya, die machtvolle Mutter, die Zauberin.

Ideale Berufe für die Königin
Managerin, Personalentwicklerin, Geschäftsführerin, Unternehmensberaterin, Mutter einer (Groß-)Familie, der Aufbau eines eigenen Unternehmens, Sporttrainerin, Marketingfachfrau, Redaktionsleiterin, Coach, Motivationstrainerin.

Schattenaspekte der Königin

Aufgrund ihrer hohen Intelligenz neigt die kraftvolle Königin zur Kopflastigkeit. Teilweise hat sie Schwierigkeiten mit Smalltalk, da sie Unterhaltungen dieser Art zu oberflächlich findet. Dies kann ihr vom sozialen Umfeld leicht als Überheblichkeit angelastet werden. Wegen ihrer hohen Auffassungsgabe erkennt sie Fehler, Reibungspunkte und Ungereimtheiten in Unternehmen recht schnell. Da sie in sich den Wunsch nach Optimierung verspürt, spricht sie ihre Beobachtungen mit dem passenden Lösungsvorschlag offen an. Diese analytische Gabe stößt in so manchen Strukturen auf Widerstand, denn man hat es sich ja schön eingerichtet.

Führungskräfte, die nicht kritikfähig sind, werden mit der hochbegabten Powerfrau unnötige Konflikte erleben. Wenn die Königin dazu noch fachliche Inkompetenz beim Chef entdeckt, ist sie kurz davor, eine Revolution anzuzetteln, denn das kann sie kaum ertragen. Sie braucht Kollegen und Vorgesetzte, die ihr das Wasser reichen können. Besser noch steigt sie selbst in die Führungsriege auf, um ihre Kompetenz geltend zu machen. Doch da scheuen sensitive Frauen gern zurück. Sie arbeiten lieber in der zweiten Reihe, was erneut Konflikte vorprogrammiert. Eigentlich sind sie dafür bestimmt, selbst Führungsrollen zu übernehmen, denn sie strahlen eine natürliche Autorität aus und haben auch das Zeug dazu.

Die hochbegabte Powerfrau braucht Ermutigung, um ihre weiblichen Qualitäten auszukosten, denn sie tendiert dazu, sich zu sehr den männlichen Normen anzupassen. In Beziehungen kann sie sehr enttäuscht werden, wenn sie es nicht schafft, einen Partner zu finden, der ihre schwache Seite wertschätzt.

Das Gegenstück: die Piratin

Kennen Sie den Film *Die Piratenbraut* mit der Schauspielerin Gina Davis? Dann haben Sie das richtige Bild vor Augen. Die Piratin ist das Gegenstück zur Königin. Sie lebt ein wildes, freies und selbstbestimmtes Leben. Sie ist frech, mutig und kampferprobt. Nehmen Sie auch das Bild der Weltenbummlerin, der Glücksjägerin. Diese Figur sucht nach ihrer eigenen Erfüllung, losgelöst von Konventionen, Verpflichtungen und zu viel Verantwortung. Ihre Kraft liegt in ihrer unkonventionellen Art. Sie schert sich nicht darum, ob sie hübsch angezogen ist oder ob die Kinder ihr Essen auf dem Tisch haben. Sie ist in guter Weise egoistisch und verfolgt ihre eigenen Träume. Dabei nimmt sie es im Kampf auch mit jedem Mann auf.

Erlauben Sie sich, davon zu träumen, wie Ihr Leben als Piratenbraut aussehen würde. Welchen Schatz würden Sie suchen, welche Länder möchten Sie bereisen, welche Konventionen wollen Sie hinter sich lassen? Erlauben Sie Ihrer Phantasie, sich alles in den buntesten Farben auszumalen. Haben Sie Spaß! Lassen Sie Ihr übergroßes Verantwortungsgefühl mal los.

Entwicklungsaufgaben der Königin

Haben Sie sich in der Königin wiedererkannt? Um eine ausgewogene Persönlichkeit zu entwickeln, empfehle ich Ihnen als hochbegabter Powerfrau, eine Balance zwischen Intellekt und Intuition zu finden. Wenn Sie sich ausschließlich in der Welt der Wirtschaft oder Wissenschaft aufhalten, kann es geschehen, dass Sie Ihre Gabe der Intuition vernachlässigt haben. Nur, weil sich etwas nicht mit Worten begründen lässt, heißt das nicht, dass es weniger real ist.

Deshalb achten Sie darauf, Ihre innere Stimme zu trainieren. Folgen Sie Ihrer eigenen Weisheit. Besonders in Konfliktsituationen, in denen Sie zwischen Kopf und Herz hin- und hergerissen sind, hören Sie auf die Stimme des Herzens. Eine tolle Möglichkeit, dies konkret zu üben, ist der Einsatz von Biofeedback, genauer gesagt das »Herz-Kohärenz-Training«.

Nehmen Sie Ihre wahre Größe an und hören Sie damit auf, sich in der zweiten Reihe zu verstecken. Stellen Sie sich vor, wie Sie auf einem imaginären Thron Platz nehmen und von dort aus Ihr Königreich mit Klugheit lenken. Lernen Sie, Aufgaben zu delegieren, und versuchen Sie, sich dabei zu entspannen. Auch wenn andere Mitarbeiter oder Familienmitglieder Ihre hohen Ansprüche nicht zu hundert Prozent erfüllen, sind sie in der Lage, Sie bei der Arbeit zu entlasten. Nehmen Sie Unterstützung an. Eine Königin erledigt nicht alle Aufgaben selbst, sondern sie hat einen Hofstaat, der ihr dabei hilft.

Erlauben Sie Ihrer Weiblichkeit aufzublühen. Sobald Sie aufhören, sich mit Leistung und Intellekt zu identifizieren, werden sich völlig neue Welten eröffnen, die mit dem Gefühlsleben, Genuss und Freude zu tun haben. Gehen Sie mal wieder tanzen, gönnen Sie sich eine Massage, kosten Sie Ihre Sinnlichkeit mehr aus. Lassen Sie die Kontrolle los und vertrauen Sie dem Fluss des Lebens.

Affirmationen

Ich erkenne meinen einzigartigen Wert.

Ich lebe meine wahre Größe und Würde.

Ich entspanne mich und erlaube mir, Aufgaben zu delegieren.

Ich lasse den Wunsch los, immer die Beste sein zu wollen.

Ich erlaube mir, eigene Ziele und Pläne zu verwirklichen.

Ich darf mein Leben genießen und es leicht haben.

Ich investiere in meine eigene Zukunft.

Die Gelehrte

Gisela ist einundvierzig Jahre alt und arbeitet schon seit vielen Jahren an einer Universität als Literaturwissenschaftlerin. Sie träumt davon, eine Anstellung als Professorin zu finden. Sie hat ihre Doktorarbeit mit Bravour geschafft, danach durchlief sie alle weiteren Schritte, um die Habilitation abzuschließen. Doch in der modernen Welt der Wissenschaften geht es mittlerweile recht wirtschaftlich zu. Sogenannte Drittmittel, Fördergelder aus der Wirtschaft oder von der EU, müssen angeworben werden. Der Konkurrenzdruck ist hart, und nur wer fleißig publiziert, bleibt am Ball. Die Studenten haben mehr Zeitdruck beim Absolvieren ihres Studiums als früher, und für eine individuelle Betreuung bleibt kaum noch Zeit.

Gisela hat sich gegen ein Kind entschieden. Viel zu oft hat sie bei Kolleginnen beobachtet, dass Kinder und Karriere nur schwer unter einen Hut zu bringen sind. Ihre beste Freundin ist im selben Alter und hat mit zwei Kindern keine Zeit mehr gehabt, ihre Doktorarbeit abzuschließen.

Da die Rahmenbedingungen noch härter geworden sind, zweifelt

Gisela an ihrem eingeschlagenen Weg. Als hochsensible Frau fragt
sie sich, ob sie dem Druck einer Professur gewachsen wäre. Die
Vorstellung, Gelder in sechsstelliger Höhe eintreiben zu müssen,
belastet sie sehr. Mobbing und Konkurrenzkampf haben ihren
einstigen Enthusiasmus gedämpft. Sie stolpert in eine Midlife-
Crisis und überlegt, ob sie alles hinschmeißen soll. Sie malt sich
aus, Bücher zu schreiben oder Angestellte in einem Verlag zu
werden. Und auch die Kinderfrage pocht heftig an ihr Herz und
lässt sie nachts kaum noch schlafen.

Lichtaspekte der Gelehrten

Dieser Archetyp konnte sich historisch noch nicht richtig verwurzeln, weil bis vor nicht allzu langer Zeit nur sehr wenigen
Frauen Zugang zu Bildung und Wissenschaft gewährt wurde.
Doch es gab sie schon immer: die Entdeckerinnen, Wissen-
schaftlerinnen, Philosophinnen und Naturforscherinnen.

Die hochsensible Gelehrte zeichnet sich durch einen geistigen Feinsinn aus. Sie hat eine philosophische Ader und den
starken Wunsch, die Natur und ihre Gesetzmäßigkeiten zu verstehen: nicht um sie zu unterwerfen, sondern um die Welt ein
Stückchen besser zu machen. Mit Hilfe ihrer präzisen Beobachtungsgabe schafft sie es, einen Blick hinter die Alltagsku-
lissen zu werfen. Sie arbeitet akribisch, detailverliebt und sehr
genau. Sie braucht den regelmäßigen Rückzug, um die vielen
Gedanken zu sortieren, die sie täglich beschäftigen. Natürlich
liebt sie Bücher über alles und besitzt eine stattliche Bibliothek
in ihrem zuhause. Sie kennt alle großen Denker, Dichter und
Philosophen. Lesen und Schreiben gehört zu ihren Lieblings-
betätigungen. Wahrscheinlich ist sie schon in der Schulzeit als
»Bücherwurm« aufgefallen.

Die Gelehrte braucht Neues, um sich lebendig zu fühlen.

Sie möchte geistig gefordert bleiben. Dabei denkt sie vernetzt und interdisziplinär. Je älter sie wird, desto ausgeprägter ist ihre innere Landkarte, mit der sie spielerisch verschiedene Fachgebiete miteinander verknüpft. Wenn in ihrem Herzen auch noch die idealistische Helferin wohnt, möchte sich die Gelehrte an Projekten beteiligen, die das Potenzial haben, die Welt zu verändern. Denn sie möchte ihre Gaben einsetzen, um die Natur zu schützen, zu bewahren und zum Wohle des Ganzen wirksam zu werden.

Typische Berufe für hochsensible, gelehrte Frauen
Doktor der Biologie, Lehrerin, Professorin für Philosophie, Ärztin, Physikerin, Professorin für Psychologie, Soziologin, Archäologin, Bibliothekarin, Religionswissenschaftlerin, Lektorin, Journalistin, Historikerin, Autorin, Übersetzerin, Professorin für Germanistik, Sprachwissenschaftlerin oder Programmiererin.

Historische Beispiele
Maria Sybilla Merian (eine der ersten Schmetterlingsforscherinnen, die die Südsee bereiste und ihre Beobachtungen malerisch dokumentierte), Hildegard von Bingen (sie war nicht nur Heilerin und Mystikerin, sie war als privilegierte Nonne auch Gelehrte).

Schattenaspekte der Gelehrten

Durch eine akademische Ausbildung und Karriere kann sich im Laufe der Biographie eine Überbetonung des Intellekts herausbilden. Dies verursacht einen eingeschränkten Zugang zur Gefühlswelt, die für Hochsensible doch so wichtig ist. Wissenschaft rationalisiert unsere Welt, da bleibt wenig Raum für das

Staunen über das Wunder des Lebens. Da außerdem die Wissenschaft noch immer männerbetont ist, besteht die Gefahr, dass sich die sensitive Gelehrte zu sehr an männliche Erfolgsprinzipien anpasst und somit ihr Privatleben vernachlässigt. Die Arbeit steht im Vordergrund, alles andere muss sich unterordnen. Der Schritt zum Workaholic ist nah.

Sobald die tägliche Arbeit keine Verknüpfungsmöglichkeiten zu einem größeren Sinn bietet, stellt sich bei der empfindsamen Forscherin Abstumpfung ein. Das Gefühl von Sinnlosigkeit ist für Hochsensible kaum zu ertragen.

Das Gegenstück: die Geliebte

Entgegengesetzt zur Gelehrten stelle ich mir im Kreis der Archetypen die Geliebte vor. Dieser Aspekt verkörpert unsere sinnliche Leidenschaft und die Suche nach unserer Ergänzung. Wenn Frauen sich dieser Lebendigkeit und Sinnlichkeit öffnen, kommt der sonst so überaktive Verstand zur Ruhe. Anstatt den ganzen Tag den Kopf in die Bücher zu stecken, locken zärtliche Stunden mit dem Liebsten. Zelebrieren Sie auch beim Kochen und Essen Ihre Sinnlichkeit. Ein wunderbares Beispiel für diese Fähigkeit wird in dem zauberhaften Film *Chocolat* mit Juliette Binoche in der Hauptrolle gezeigt. Sie ist eine sinnesbegabte, feinfühlige Frau, die allein mit ihrer Tochter ein Geschäft mit Schokoladenspezialitäten im Frankreich der fünfziger Jahre führt. Die puritanische Gemeinde und allen voran der strenge Pfarrer feinden sie zunächst an. Ihrem Charme kann sich mit der Zeit jedoch niemand entziehen. Mit ihren zauberhaften Kreationen gewinnt sie die Herzen der Dorfbewohner und findet am Ende selbst die Liebe.

Sinnliche Aktivitäten nähren das instinktive Selbst. Durch den Tanz der schöpferischen Liebesenergien stehen wir in Kontakt mit einer höheren Kraft. Wenn Sie sich im Archetyp der Gelehrten wiedererkannt haben, fragen Sie sich, ob Sie genügend Raum für die Geliebte in Ihrem Leben haben. So werden Sie Ihren Lebensweg ausgewogen tanzen. Viel Freude dabei.

Entwicklungsaufgaben der Gelehrten

Haben Sie sich in diesem Archetyp wiedererkannt? Um Lebenszufriedenheit zu entwickeln, ist es für Sie wichtig, Ihre Intuition mit dem Intellekt zu verbinden. So bewahren Sie sich den ganzheitlichen Zugang zur Welt und Ihrer inneren Stimme. Wenn Sie ständig in Männerdomänen unterwegs sind, ist es für Sie vorteilhaft, einen guten Bezug zu Ihren weiblichen Qualitäten zu bewahren. Wie schaffen Sie es, Ihre Gefühlswelt, Phantasie, Sinnlichkeit und Lebensfreude lebendig zu halten? So werden Sie sich ausgeglichener und zufriedener fühlen. Für empfindsame Frauen ist es eine besondere Herausforderung, im Mittelpunkt zu stehen. Sobald Sie in Ihrer Arbeit ein gewisses Fachwissen entwickelt haben, gewöhnen Sie sich am besten ab, immer nur anderen zuzuarbeiten. Bereiten Sie sich darauf vor, selbst in der ersten Reihe zu stehen und die Lorbeeren für Ihre Arbeit zu ernten. Trauen Sie sich zu, Neues in die Welt zu bringen, und bleiben Sie Ihrem Herzen treu.

Affirmationen

Ich erkenne den Wert meiner Arbeit.

Ich erlaube meiner Intuition, sich zu entfalten und mit meinem Intellekt zu verbinden.

Ich erkenne den großen Plan des Lebens in der Ordnung der Natur.

Mein Instinkt unterstützt meine wissenschaftlichen Forschungen.

*Ich bewahre meine weiblichen Qualitäten und habe
    damit Erfolg.*
*Ich öffne mich für das Mysterium des Lebens, das sich
    nicht mit Formeln beschreiben lässt.*
*Ich stelle meine Arbeit in den Dienst zum Wohle des
    Ganzen.*

Die Vielbegabte

Dorothea *ist dreiundvierzig Jahre alt, und ihre Freundinnen nennen sie
»Doro Dampf in allen Gassen«. Ihr Lebenslauf liest sich wie eine
Abenteuerreise. Nach ihrem Hochschulabschluss als Germanistin
hat sie drei Jahre in den USA gelebt. Dort lernte sie Greg kennen,
der eine Yogaschule in Kalifornien leitet. Sie absolvierte selbst
eine Ausbildung zur Yogalehrerin und unterrichtete später eigene
Klassen. Nach einer gewissen Zeit hatte sie das Gefühl, dass ihr
etwas fehlte. Sie wollte kreativer sein und bewarb sich bei einer
Zeitung. Dort arbeitete sie ein Jahr als Journalistin. Auf einem
Kongress lernte sie den Reisereporter Thomas kennen und begab
sich mit ihm auf eine zweijährige Weltreise. Gemeinsam gründe-
ten sie eine eigene Firma, die Textarbeiten für Agenturen,
Selbständige und Firmen übernimmt.*

*In ihrer Freizeit liest sie querbeet Bücher aller Genres. Und sie
interessiert sich auch für alles. In ihrem Bücherregal finden sich
Bücher über Yoga, Astrophysik, Reinkarnation, Marketing,
Psychologie und Feng Shui. Sobald sie in einer Sache richtig gut
ist, fängt sie an, sich zu langweilen, und sucht nach der nächsten
Herausforderung. Durch ihr Leben als Globetrotter hat sie das
Gefühl für ihre Heimat verloren und fragt sich nun, wo ihr Platz
ist.*

Nachdem sie diesen Lebensstil schon viele Jahre gepflegt hat,
stellt sich eine gewisse Ernüchterung und Erschöpfung ein. Am
liebsten würde sie wieder von vorne anfangen. Doch ihre innere
Stimme sagt, dass sie so nicht weitermachen kann, ohne sich
finanziell zu ruinieren und ihr soziales Umfeld schon zum zehnten
Mal zu verlieren. Die ständigen Neuanfänge haben Spuren
hinterlassen, und sie möchte endlich im Leben ankommen.

Lichtaspekte der Vielbegabten

Die vielbegabte sensitive Frau ist eine schillernde Persönlich-keit mit vielen verschiedenen Facetten. Sie gehört zu den »High Sensation Seekern« oder »Scannern« unter den Hoch-sensiblen. Häufig hat sie eine Vielzahl von Aus- und Weiter-bildungen absolviert. Sie verspürt eine große Lust zu lernen. Dabei geht sie autodidaktisch vor und eignet sich Wissen in Eigenregie an. Je älter sie wird, desto mehr Querverbindungen findet sie hinter den verschiedenen Wissensgebieten. Durch ihre vielseitigen Interessen ist sie eine gerngesehene Ge-sprächspartnerin für Menschen unterschiedlichster Couleur, da sie immer Anknüpfungspunkte findet. In ihrem Wesenskern hat sie einen starken Motor, der sie zu Risiko, Veränderung und Innovation antreibt. Neuanfang ist ihr zweiter Vorname. Auch wenn sie damit scheitert, lässt sie sich nicht entmutigen und macht immer weiter.

Wenn sie sich als Angestellte irgendwo bewirbt, liest sich der Lebenslauf wie die Aneinanderreihung von drei Biogra-phien vergleichbarer Bewerberinnen. Sie zieht im Schnitt alle zwei bis drei Jahre um oder nimmt in demselben Rhythmus neue Jobs an. Autonomie und Kreativität sind ihr sehr wichtig. Sobald sie sich langweilt, treibt eine innere Kraft Veränderun-gen herbei. Sie ist dann am stärksten, wenn sie ihre Kreativität am Arbeitsplatz ausleben kann und nicht auf ein Teilgebiet beschränkt wird. Routineaufgaben sind ihr ein Graus, da sie lieber Probleme löst und innovative Konzepte entwickelt. Alles, was neu ist, löst in ihren Augen ein Glänzen aus. In ihrem Denken ist sie unkonventionell und oft der Zeit voraus.

Als Beziehungspartnerin braucht sie ein Gegenüber, das bereit ist, sich mit ihr zu verändern. Stagnation, Vorhersehbarkeit und überholte Traditionen wirken für sie wie tödliche Langeweile. Deshalb kann sie nur mit einem Partner glücklich werden, der wandlungsfähig, kreativ und kommunikativ ist.

Ideale Berufe ...

... sind für die Vielbegabte kaum zu benennen. Sie könnte in unterschiedlichsten Fachbereichen brillante Leistungen erbringen. Die Talente variieren vom Kreativsektor bis hin zur Forschung. Mit der richtigen Nische fühlen sich Vielbegabte am wohlsten, wenn sie entweder ihr eigenes Unternehmen gründen oder als Angestellte eine möglichst abwechslungsreiche Tätigkeit ausführen.

Schattenaspekte der Vielbegabten

Die Vielbegabte erleidet oft das Schicksal, nicht den Erfolg zu haben, der ihr eigentlich zustehen würde. Grund dafür sind die ständigen Neuanfänge. Jeder Neubeginn macht sie zu einer Anfängerin. Alles, was sie sich in dem alten Segment aufgebaut hat, fällt wie ein Kartenhaus in sich zusammen, wenn sie sich dem neuen Tätigkeitsfeld zugewandt hat. Die ständigen Umzüge und Berufswechsel verbrauchen Ressourcen: Geld und Zeit. Im Berufsleben fehlt ihr deshalb eine Spezialisierung, die Erfolg verspricht.

Je länger die Vielbegabte das Bäumchen-wechsel-dich-

Spiel betreibt, desto eher zweifelt sie an ihrem Können insgesamt. Das Selbstvertrauen kann über die Jahre sogar schrumpfen, denn die Vielbegabte verpasst es, sich in einem Spezialgebiet zu etablieren. Dies kann zu Selbstzweifeln führen, die in Wahrheit völlig unangemessen sind. Vielbegabt sensitive Frauen sind nicht selten in mehreren Sparten hochbegabt. Doch durch den intellektuellen Appetit und den Anreiz des Neuen verlieren sie sich und können beruflich nicht richtig Fuß fassen. Einige erkennen ihre höheren Begabungen gar nicht. Stattdessen fühlen sie sich als Versagerin, die es nicht schafft, etwas zu Ende zu bringen.

Das Gegenstück: die Strategin

Als Gegenpol zur vielbegabten, bunten Frau sehe ich vor mir eine Strategin. Haben Sie sich selbst als »Doro Dampf in allen Gassen« wiedererkannt, dann brauchen Sie eine völlig entgegengerichtete Energie, um in Ihrem Lebenschaos Ordnung zu schaffen. Mit Hilfe der Strategin können Sie sich für ein Ziel entscheiden und präzise darauf hinarbeiten. Die Strategin verfügt über eine gewisse Selbstdisziplin, um nicht gleich jeder interessanten Lebenslinie zu folgen, sondern sich für die heiße Spur zu entscheiden. Sie hat einen Sinn für Prioritäten und weiß genau, wann, wo und wie sie ihre Lebensenergie zielgerichtet investiert. Sie können sich diesen Archetypen als Figur vorstellen und sich ein Beratungsgespräch bei ihr reservieren. Tun Sie einen Tag lang so, als würden Sie diesen Typen verkörpern, und werfen Sie einen Blick auf Ihre aktuelle Lebenssituation. Welchen Rat würde Ihnen die Strategin geben?

Entwicklungsaufgaben der Vielbegabten

Wenn auch Sie zu den vielbegabten Frauen gehören, kommen Sie irgendwann in Ihrem Leben an den Punkt, wo Sie eine Entscheidung treffen müssen. Sie brauchen eine berufliche Fokussierung. Fachkompetentes Coaching kann dafür sehr hilfreich sein. Haben Sie keine Angst, mit einer Spezialisierung in der Langeweile zu versumpfen. Die innere Unruhe möchte erlöst werden. Erst durch die Konzentration auf ein Fachgebiet kann der berufliche Erfolg kommen. Und dann kann das eigene Business richtig groß werden.

Die Entscheidung, Expertin für ein Thema zu werden, bringt Ihnen Klarheit, Fokus und Planbarkeit ins Leben. Durch Ihr interdisziplinäres Denken können Sie in einem klar umrissenen Kerngebiet Innovationen vorantreiben. Sobald Ihre Fokussierung festgelegt ist, werden Sie die unendlichen Tiefen und Facetten innerhalb eines Fachgebietes entdecken. Das Schreckgespenst der Stagnation wird sich als Phantasie entpuppen, und Ihre erfolgreiche Karriere kann so richtig beginnen.

Affirmationen

Ich erkenne meine vielfältigen Begabungen an.

Ich weiß genau, welche Aktivitäten mir Energie rauben oder schenken.

Ich genieße die Früchte meiner Arbeit, weil ich weiß, dass ich gut genug bin.

Ich erlaube mir, mich auf ein Projekt zu fokussieren, und entdecke darin meine vielfältigen Facetten.

Ich muss nicht jede Idee umsetzen, die mir zufliegt.

Ich finde meine Wurzeln und entspanne mich in der Gegenwart.

Tief in meinem Herzen weiß ich, was ich wirklich will.

Zusammenhänge, Übergänge und Mischformen der Archetypen

Mit Sicherheit haben Sie sich beim Lesen in mehreren Beschreibungen wiedererkannt. An dieser Stelle möchte ich Ihnen noch einmal die Zusammenhänge und Übergänge zwischen den einzelnen Typen erläutern. Folgende Aspekte sind besonders häufig miteinander verwoben und kommen gern in Mischformen vor.

A = die Vielbegabte, die Künstlerin, die Kindfrau (kreativ)

B = die Heilerin, die Helferin, die Königin (sozial)

C = die Königin, die Gelehrte, die Vielbegabte (intellektuell/naturwissenschaftlich)

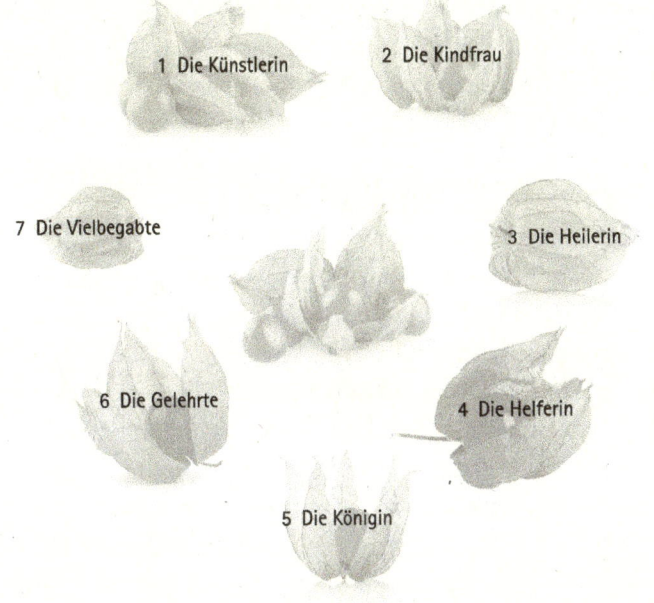

1 Die Künstlerin
2 Die Kindfrau
7 Die Vielbegabte
3 Die Heilerin
6 Die Gelehrte
4 Die Helferin
5 Die Königin

Die sieben Archetypen sensitiver Frauen und ihre Verbindung zueinander

Wenn Sie sich im kreativen Sektor (7, 1, 2) erkannt haben, dann finden Sie mit großer Wahrscheinlichkeit bei allen drei Archetypen Beschreibungen, die haargenau auf Sie zutreffen. In diesem Fall werden Sie sich in einem künstlerischen Beruf am meisten verwirklichen. Haben Sie sehr viele Übereinstimmungen mit dem zweiten Sektor (3, 4, 5) im sozialen Feld, dann sind Sie prädestiniert dafür, in therapeutischen und helfenden Berufen zu arbeiten. Wenn Ihre Begabung überwiegend im Bereich des Intellekts (5, 6, 7) liegt, werden Sie als Wissenschaftlerin, Unternehmensberaterin oder Personalleiterin Ihre Erfüllung finden.

Leider ist es oft so, dass bei der Berufswahl Freunde, Familie und Lehrer nicht nur die Begabungen eines Mädchens berücksichtigen, sondern auch äußerliche Aspekte der Sicherheit und Karrierechancen in Betracht ziehen. Deshalb wird zum Beispiel vielen kreativ veranlagten Frauen geraten, lieber Kunstlehrerin statt Künstlerin zu werden. In diesem Fall wird die kreative Begabung zugunsten der Sicherheit in den Hintergrund gedrängt. Dies ist natürlich nicht falsch, doch für die Selbstreflexion ist es unerlässlich, dass Sie Ihre Kernbegabung erkennen.

Sobald Sie ein stimmiges Gefühl für Ihre wahre Identität entwickelt haben, werden Sie Abweichungen von Ihrem inneren Kompass besser zur Kenntnis nehmen und gegensteuern. Bleiben wir bei unserem Beispiel. Wenn Sie in einem sozialen Beruf arbeiten und tief in Ihrem Herzen die Sehnsucht verspüren, künstlerisch tätig zu sein, ist es wichtig, Ihrem inneren Ruf zu folgen. Dafür müssen Sie nicht gleich Ihre Anstellung kündigen. Es würde schon reichen, wenn Sie außerhalb Ihrer beruflichen Beschäftigung eine kreative Vision verfolgen. Arbeiten Sie beispielsweise auf eine Ausstellung mit eigenen Bildern zu, nehmen Sie Gesangsunterricht oder schreiben Sie einen Roman. Die Verwirklichung Ihrer Kernbegabung wird

Ihnen ein unbeschreibliches Gefühl der Erfüllung schenken. Selbst wenn Sie sich (noch) mit anderen Jobs finanzieren, wird sich Ihr Leben sinnhafter und stimmiger anfühlen.

Komplizierter wird es, wenn Sie sowohl im kreativen (A) als auch im sozialen (B) Feld begabt sind. Es gibt viele Therapeutinnen, die substanziell kreatives Potenzial in sich tragen und sich künstlerisch betätigen. Ich selbst kenne diese beiden Aspekte in mir nur zu gut. In meiner Biographie habe ich ausgiebig beiden Strömungen Raum gegeben, doch das führt unweigerlich zu Lebensläufen mit vielen Wechseln. Dieser heikle Balanceakt sucht nach Ausgleich. Sobald wir starke Aspekte in uns selbst verleugnen, haben wir immer das Gefühl, uns würde etwas fehlen. Eine schmerzliche Leere stellt sich ein. Das energetische Loch möchte mit sinnvollen Aktivitäten und Erfahrungen aufgefüllt werden. Spitzenleistungen lassen sich in beiden Bereichen nur mit Erfahrung bzw. Übung, sprich Zeitaufwand, erreichen. Deshalb werden Sie in den Begabungsfeldern am meisten Erfolg haben, für die Sie sich mehr Zeit nehmen und in denen Sie am meisten dazulernen.

Je stärker Ihre unterschiedlichen Wesenskerne ausgeprägt sind, desto länger werden Sie in Ihrer Biographie brauchen, um alle Aspekte sinnvoll miteinander zu verknüpfen. Davon kann die Vielbegabte ein Lied singen, denn sie ist am deutlichsten von den unterschiedlichen Strömungen und Begabungen betroffen.

Betrachten Sie nun in dem Kreisdiagramm den Aspekt, der Ihnen am meisten fremd erscheint. Typischerweise wird die Königin die Kindfrau höchstwahrscheinlich suspekt finden oder umgekehrt. Doch in den Archetypen, die uns am weitesten entfernt scheinen, finden wir den Ausgleich.

Betrachten Sie in diesem Zusammenhang auch Ihren Freundeskreis. Womöglich werden Sie besonders viel mit Frauen aus einem bestimmten Sektor (A, B oder C) zu tun haben. Sie fühlen sich nämlich am meisten von den Energien angezogen, die Sie selbst in sich tragen. Das ist ein typisches Resonanzphänomen. Je mehr Sie lernen, Freunde mit entgegengesetzten Begabungen in Ihrem Umfeld einzuladen, desto einfacher können Sie von ihnen lernen und unterentwickelte Persönlichkeitsbereiche weiterentwickeln.

Kapitel 6

Beziehungen

Um Sie auf das Beziehungsthema einzustimmen, möchte ich Sie in die Welt der Märchen einladen. Beim Schreiben dieses Buches vernahm ich eines Tages deutlich meine innere Stimme, die mir sagte, dass das Märchen »Die kleine Meerjungfrau« von Hans Christian Andersen die ideale Erzählung für hochsensible Frauen ist.

Geschichten sind Nahrung für die Seele. Sie schaffen einen Zugang zu verschüttetem Wissen und sind Spiegel unseres kollektiven Unterbewusstseins. Ich kannte das Märchen aus Kindertagen, aber die tiefe Dimension hinter den Symbolfiguren offenbarte sich mir erst als erfahrene Psychologin. Durch meine Beratungstätigkeit mit hochsensiblen Frauen erkannte ich, dass sich unter der Oberfläche unserer modernen Welt und den scheinbar emanzipierten Damen noch immer die alte Wunde der *Selbstaufgabe* in Beziehungen verbirgt. Ich war erstaunt, wie häufig sich empfindsame Frauen buchstäblich in Luft auflösen und in ungleichen Paarkonstellationen verstummen. Dabei zeigen sie eine so hohe Funktionalität, dass selbst Freunden und Verwandten nicht auffällt, was hinter den Kulissen wirklich abläuft.

Viele hochsensible Frauen nehmen mehrere Anläufe in ihrer Biographie, um dieses alte Muster zu durchbrechen und endlich zentriert in Beziehungen aufzutreten. Sie brauchen Ermutigung, um zu erkennen, dass sie in ihrer Wesensart liebenswert sind und dass sie ein Recht darauf haben, glücklich zu sein. Um Sie ganz in diese Märchenwelt mitzunehmen, werde ich zunächst eine Kurzfassung des Märchens nacherzählen. Im zweiten Schritt bringe ich Licht in die Symbolik hinein. Wie eine Archäologin grabe ich in die Tiefe und entschlüssele die uralten Codes in der Erzählung. Am Ende stelle ich Ihnen eine moderne und Mut machende Version vor, die als Hörbuch unter dem Titel »Die Nixe« im Handel erhältlich ist.

Die kleine Meerjungfrau.
Nacherzählt auf Grundlage des Originaltextes
von Hans Christian Andersen

Es lebte einmal ein Meeresvolk unter dem Wasser. Die Seefahrer nannten sie Nixen oder Meerjungfrauen und kannten allerlei Erzählungen, dass sie wunderschöne Stimmen hatten und schon so manchem Schiffbrüchigen das Leben gerettet hatten.

Unter diesem großen Volk gab es einmal einen König, der als Witwer mit seinen Kindern in einem wunderschönen Unterwasserpalast lebte. Nachdem seine Frau verstorben war, kümmerte sich die Großmutter der Kinder um die Nachkommen. Von seinen sechs Kindern war die jüngste Meerjungfrau die schönste von allen. Sie hatte die zauberhafteste Stimme und konnte engelsgleich singen. Nach dem Brauch des Meeresvolkes durften die Prinzessinnen mit dem Erreichen des fünfzehnten Lebensjahres zum ersten Mal zur Wasseroberfläche auftauchen und die oberirdische Welt erkunden.

Die Jüngste sehnte sich Jahr für Jahr danach, endlich auftauchen zu dürfen, und beneidete ihre Schwestern um das Privileg. Jede berichtete spannende Geschichten von der Welt jenseits der Wasseroberfläche. Sie erzählten sich von den Farben des Himmels bei Sonnenuntergang, dem Schimmern des

Mondes bei Nacht, vom Sturm, den Jahreszeiten und den Schiffen der Menschen, die über die Wellen segelten.

Als die Prinzessin endlich alt genug war, rief die Großmutter sie zu sich. »Du bist nun erwachsen!«, rief sie freudig. Sie schmückte den Kopf des Mädchens mit einer Perlenkrone, die sie fest ins Haar drückte, so dass es der Prinzessin weh tat. »Ja, für die Schönheit muss man leiden«, entgegnete die Alte unbekümmert. Die kleine Meerjungfrau fügte sich und freute sich, dass sie endlich zur Wasseroberfläche auftauchen durfte.

Als die kleine Meerjungfrau endlich auftauchte, erblickte sie zum ersten Mal den rosa-goldenen Sonnenuntergang und wie sich die Farben des Himmels auf der Wasseroberfläche widerspiegelten.

Sie sah ein großes Schiff, auf dem ein Fest stattfand. Mit ihren neugierigen Augen erspähte sie den wunderschönen Prinzen mit seinen großen schwarzen Augen. Sie war sofort fasziniert und verliebte sich in ihn. Während nachts die Sterne aufgingen und ein Licht nach dem anderen auf dem Schiff gelöscht wurde, kam ein großer Sturm auf. Die Wellen schlugen immer höher, und die Matrosen holten die Segel ein. Die Planken des stolzen Schiffes krachten und ächzten unter den freigewordenen Kräften, bis das Prachtschiff Schieflage bekam und einige Räume mit Wasser geflutet wurden.

Die kleine Meerjungfrau beobachtete, wie der schöne Prinz von Bord gespült wurde und zu ertrinken drohte. Es war eine tiefschwarze Nacht, und niemand konnte ihn retten. Der Jüngling mit den schwarzen Haaren verlor das Bewusstsein, und die Nixe umschlang ihn mit ihren Armen. Mit all ihrer Kraft und ihrer Liebe schwamm sie zum Ufer und legte den Prinzen dort sicher ab. Aus der Ferne beobachtete sie, wie eine Frau an Land den Geliebten fand und er wohlbehalten wieder erwachte. Der Prinz indes wusste nicht, wer ihm wirklich das Leben gerettet hatte.

Von diesem Tag an wünschte sie sich nichts sehnlicher, als unter den Menschen zu leben und den Prinzen zu heiraten. Doch weil sie einen Fischschwanz hatte, konnte sie das Wasser nicht verlassen. Der Liebeskummer wurde immer größer, und sie fragte ihre Großmutter um Rat. Sie erklärte der kleinen Seejungfrau, dass Nixen dreihundert Jahre leben können und dann sterben. Anders als die Menschen hätten sie keine unsterbliche Seele. Nur wenn sie einen Menschen findet, der sie über alles liebt und heiratet, könnte sie einen Anteil seiner unsterblichen Seele erhalten. Doch wegen des Fischschwanzes würde so etwas nie geschehen.

Die junge Nixe war zutiefst betrübt. Ihre Sehnsucht wurde immer größer, und ihr Gesang ertönte in der gesamten Unterwasserwelt mit einer Schönheit, die es lange in diesem Volk nicht gegeben hatte. In ihrem Kummer wusste sie sich nicht anders zu helfen, als die alte Meerhexe aufzusuchen. Diese wohnte an einem finsteren, gefährlichen Ort auf dem Meeresgrund. Überall gab es hundertköpfige Schlangen, die aus dem Meeresboden hervorwuchsen und jederzeit drohten, Eindringlinge zu umschlingen und zu töten. Auf dem Meeresgrund erblickte sie unzählige Knochen von ertrunkenen Schiffbrüchigen. Aus den Skeletten hatte sich die Hexe ein Haus gebaut.

Als sie ihr begegnete, wusste diese bereits, was das Mädchen begehrte. Sie begrüßte sie schnippisch und sagte: »Es ist zwar dumm von dir, doch sollst du haben, was du begehrst.« Die Hexe lachte laut auf, als ob sie die Zukunft bereits kannte. Sie bot der Nixe an, einen Zaubertrank zu brauen, der ihr statt des Fischschwanzes zwei wunderschöne Beine verschaffte, damit sie auf dem Erdboden laufen konnte und zur Menschenfrau werden würde.

Doch die Hexe war nicht darauf aus, dem Mädchen zu helfen. Sie verlangte einen Tribut für ihre Dienste. Die kleine

Meerjungfrau sollte ihr ihre wunderschöne Stimme geben, von der es keine zweite je gab. Sie versprach ihr, dass sie das schönste Menschenkind sein werde, das die Welt je gesehen habe, und behauptete, dass sie ihre Stimme gar nicht brauche, um die Liebe des Prinzen zu erobern. Als Mensch würde sie stumm sein. Keine Silbe würde je über ihre Lippen kommen. Dann warnte sie die kleine Meerjungfrau: Sollte der Prinz je eine andere heiraten, würde sie am nächsten Morgen sterben und sich in Meeresschaum verwandeln. Bei jedem Schritt, den sie an Land machen würde, hätte sie Schmerzen in den Füßen, als würde sie über Glasscherben laufen.

Die kleine Nixe willigte in den dunklen Pakt ein, wohl wissend, dass sie damit ein großes Risiko eingehen würde. Doch die Liebe in ihrem Herzen brannte wie Feuer. Nachdem sie den Zaubertrank zu sich genommen hatte, wurde ihr schwindlig. Unerträgliche Schmerzen durchwanderten ihren Körper. Der Fischschwanz verschwand, und sie hatte plötzlich wunderschöne Beine. Das Meer spülte sie an die Küste, wo sie nackt am Strand lag, nur bedeckt von ihren wunderschönen, langen Haaren. Just in diesem Moment fand sie der schöne Prinz mit den dunklen Augen. Er fragte sie: »Wer bist du, und wie bist du hierhergekommen?« Da sie nicht antworten konnte, schaute sie ihn nur mit ihren lieblichen Augen an. Er hatte Mitleid mit ihr und war von ihrer Schönheit gleichfalls fasziniert. So führte er sie auf sein Schloss und bot ihr an, dort mit ihm zu wohnen. Nachdem die Bediensteten sie in Samt und Seide kleideten, strahlte sie in einer Pracht, die alle Frauen am Schloss neidisch machte. Sie tanzte und schwebte wie eine Elfe über dem Boden, obwohl ihr jeder Schritt Schmerzen verursachte.

Sie war überglücklich, als der Prinz sie bat, für immer bei ihm zu bleiben. Doch seine Liebe zu ihr war wie die eines Bruders. So kam es, dass er eines Tages auf Brautschau ging. Er besuchte eine Prinzessin aus einem benachbarten Königreich.

Eines Abends fragte sie ihn stumm mit ihren sprechenden Augen, ob er sie lieben würde. Dann sagte er: »Ja, du bist mir die liebste. Du gleichst einem jungen Mädchen, das ich einmal sah, aber niemals wiederfinde. Sie fand mich damals am Ufer des Meeres, als ich fast ertrunken wäre. Sie diente bei einem heiligen Tempel, der an der Küste stand. Seither sah ich sie nie mehr. Da sie dem Tempel dient, wird sie nie in die Welt hinausgehen.« Der Prinz sah eine große Ähnlichkeit zwischen dem Mädchen von einst und der verwandelten Nixe. Doch er wusste ja nicht, wer ihn wirklich gerettet hatte.

Die Brautschau erforderte, dass er reisen musste, und die kleine Seejungfrau begleitete ihn. Wie durch ein Wunder fand er das junge Mädchen, das ihn einst am Strand gefunden hatte. Sie war eine Prinzessin. Die Ehe war beschlossene Sache und der Prinz überglücklich. Doch das Herz der kleinen Meerjungfrau war gebrochen. Nie hatte er sie wirklich erkannt. Obwohl er sie liebte, heiratete er eine andere.

Auch die Schwestern der Nixe hatten vom Schicksal der Jüngsten gehört und waren zutiefst besorgt. In der Nacht vor der Hochzeit tauchten die Nixenschwestern aus dem Wasser auf. Ihre Haare waren abgeschnitten, denn auch sie vollzogen einen Pakt mit der Meereshexe. Die Zauberin gab den Nixen einen Dolch. Wenn die kleine Meerjungfrau den Prinzen in der Nacht erstechen würde, könnte sie sich wieder in eine Nixe zurückverwandeln und dem sicheren Tod entgehen. Die Schwestern weinten und flehten die Jüngste an, das dunkle Werk zu vollenden. Die kleine Meerjungfrau nahm den Dolch an sich und schlich sich in die Kammer des Prinzen. Doch als sie ihn so schlafen sah, fühlte sie ihre starke Liebe zu ihm und konnte ihm kein Haar krümmen. Sie warf beherzt das Messer in die Wellen, wohl wissend, dass ihr Ende nahte.

Als die Sonne aufging und Himmel und Wasser in rotes Licht tauchte, löste sich die junge Frau buchstäblich in Luft auf. Statt als Meeresschaum zu enden, fand sie sich wieder im Reich der *Töchter der Luft*. Sie flogen überall hin zu Menschen, die leiden mussten und krank waren. Wenn eine Schwester so dreihundert Jahre gedient hatte, konnte sie eine unsterbliche Seele erhalten. Aufgrund ihrer selbstlosen Tat, den Königssohn nicht zu töten, blieb ihr der kalte Tod im Meer erspart. Unsichtbar küsste sie die Stirn der Braut, lächelte dem schlafenden Prinzen zu und stieg mit den anderen Luftgeistern zu den rosa Wolken des Himmels auf.

Tiefenpsychologische Interpretation

Das Bild des Wassers und der Meerjungfrau

Das Meer symbolisiert die Tiefen unseres kollektiven Unbewussten. Alles Leben kommt aus dem Ozean. Unsere Urahnen stammen von dort. Wasser ist unmittelbar mit unserem Gefühlshaushalt verbunden. Als sensitive Frau haben auch Sie nah am Wasser gebaut. Deshalb war wohl der Film *Titanic* auch so ein Welterfolg. Die Tränen vieler Zuschauerinnen flossen hemmungslos. Das große Wasser in Verbindung mit einer dramatischen Liebesgeschichte verzaubert uns mit tief berührenden Emotionen.

In dem Märchen dürfen die Nixen erst mit dem fünfzehnten Lebensjahr an die Wasseroberfläche auftauchen. Hier gibt es eine Übereinstimmung mit den Menstruationsmärchen »Schneewittchen« und »Dornröschen«, die ebenfalls im fünfzehnten Lebensjahr ihre schicksalhaften Erlebnisse durchleben. Die Pubertät setzt spätestens mit fünfzehn ein. Aus dem Kind wird eine junge Frau. Sie darf hinaufsteigen in die Welt der Menschen. Dafür durchbricht sie eine Grenze, sie taucht aus den Tiefen des Wassers auf und streckt ihren Kopf hinaus ans Licht, ähnlich einer Geburt. Als sie den Prinzen erblickt, kommt ein Sturm auf, der wiederum die turbulenten Gefühle der Pubertät symbolisiert und der schicksalhaft das Lebensband der Nixe mit dem Geliebten verknüpft.

Der Verlust der Mutter, der Verlust der Seele

In diesem Märchen ist die Mutter der kleinen Meerjungfrau bereits zu Beginn der Erzählung nicht mehr am Leben. Es gibt nur die Großmutter, die die Kinder betreut. Hier zeigt sich schon der Verlust des Weiblichen. Die Mutter ist gar nicht da, während die Großmutter nichts Besseres zu tun hat, als ihrer Enkelin zu vermitteln: »Wer schön sein will, muss leiden.«

Das Erwachsenwerden war in den alten Kulturen immer mit einem Einweihungsprozess verbunden. Dieser stellt sich hier mit dem Ritual des Auftauchens aus den Tiefen des Meeres dar. Doch damit ist es nicht getan. Die kleine Meerjungfrau will am Leben der Menschen teilhaben und die Liebe mit einem Mann erleben. All dies soll ihr verwehrt bleiben. Es fehlt die mütterliche Begleitung, der rettende Anker. Die Großmutter erzählt der Nixe, dass sie gar keine unsterbliche Seele habe und nach dreihundert Jahren sterben würde. Im Mittelalter glaubten die Menschen tatsächlich, dass die Frau keine Seele habe und Eva aus der Rippe von Adam erschaffen wurde. Die kleine Meerjungfrau erfährt, dass sie nur durch die Liebe eines Mannes eine unsterbliche Seele erhalten würde.

Dies ist eine Fehlannahme. Das Weibliche hat in dieser Erzählung aus sich selbst heraus keine Existenzberechtigung mehr. In den uralten Schöpfungsmythen war es jedoch anders. Aus dem Weiblichen wurde alles Leben erschaffen, doch das haben wir längst vergessen.

Die psychologische Abhängigkeit vom Märchenprinzen

Mit der Annahme, keine Seele zu haben, geht ein Gefühl der Machtlosigkeit und Unwürdigkeit einher. Im Märchen kann nur die Liebe eines Mannes die kleine Nixe erwecken und ihr eine Seele schenken. Diese psychologische Abhängigkeit entsteht, wenn Mädchen nicht ausreichend bemuttert werden. Der Prinz soll sie aus ihrem Schlaf erwecken und ihr immerwährende Liebe schenken. Entsprechend groß ist noch heute im kollektiven Unbewussten von Frauen die Sehnsucht, endlich den »Märchenprinzen« zu finden, der sie liebt, begehrt, versorgt und rettet.

Besonders hochsensible Frauen neigen dazu, sich Männer zu wählen, die sie beschützen sollen. Durch ihre mangelnde Konfliktfähigkeit möchten sie am liebsten dem Partner alles übergeben, was mit Aggression, Revierverteidigung oder Geschäftlichem zu tun hat. So versäumen sie es, diese Qualitäten selbst zu entwickeln (siehe Kapitel 4 »Feminine und maskuline Qualitäten in Balance bringen«). Durch ihr Sicherheitsstreben gehen sensitive Frauen sehr große Kompromisse ein, was die Partnerwahl angeht. Denn die »starken und rationalen Männer« haben häufig einen großen Makel: Sie können die Gefühlswelt einer sensitiven Frau nicht nachvollziehen. Dadurch bestätigt sich das Lebensgefühl, nicht verstanden zu werden und isoliert zu sein. Die psychologische Eigenmacht einer sensitiven Frau kann so nicht zum Blühen kommen. Die Ent-Täuschung wird umso größer, wenn der rettende Märchenprinz im Leben einfach nicht auftauchen will.

Das innere Streben nach Ergänzung möchte erfüllt werden

Die kleine Meerjungfrau strebt nach der Erfüllung ihrer inneren Sehnsucht. Damit folgt sie dem Entwicklungswunsch ihrer innersten Natur. Sie ist eigentlich auf der richtigen Spur, doch Unterstützung erhält sie nicht. Sie wünscht sich nichts mehr, als die Verbindung mit dem Prinzen einzugehen. Ihr Wesen strebt nach Weiterentwicklung. Dies kann in einer Liebesbeziehung am besten geschehen. Die Begegnung mit dem passenden Seelenpartner wird die Startzündung für die vollständige Reifeentwicklung einer sensiblen Frau sein.

Um die wahre Liebe zu finden, dürfen wir nicht länger naiv sein. Wir müssen erkennen, wer es wirklich ehrlich mit uns meint und sich für die Liebe öffnen kann. Dieses innere Bild tragen wir alle in unserem Herzen. Die weibliche Psyche braucht den männlichen Gegenpol, um seelisch vollständig zu werden. Anders als die kleine Meerjungfrau müssen hochsensible Frauen nicht um ihr Leben pokern und können nach »Fehlentscheidungen« wieder neue, positivere Erfahrungen machen.

Wann wird das Mädchen zur Frau?

Die erste sexuelle Beziehung symbolisiert, genau wie die Pubertät, den Übergang vom Kindesalter zum Erwachsensein. Ohne Einbettung in eine nährende weibliche Kultur verlaufen diese Übergange schutz- und orientierungslos. Die emotionale Reife einer Frau erwächst aus der Individuationskraft und Erfahrung. Sie entwickelt das Gefühl von Unabhängigkeit und Lebenskraft idealerweise aus der Verbindung mit Mutter Erde und nährenden Beziehungen. Nur wenn die sensitive Frau ein starkes »Ich« entwickeln konnte, wird sie in der Begegnung mit dem »Du« des Geliebten ihr eigenes Selbst nicht verlieren.

Genau diese Bekräftigung wird der kleinen Nixe verwehrt. Sie bekommt ihre Beine und wird zur Frau. Weitere Hilfestellungen und Ermutigungen erhält sie nicht. Im Gegenteil, sie muss etwas Elementares opfern: ihre eigene Stimme. Hochsensible Mädchen, die früh in sexuelle Kontakte einwilligen, laufen Gefahr, seelisch verletzt zu werden. Denn die weibliche Sexualität braucht Zeit und Vertrauen, um sich zu entwickeln.

In unverbindlichen *One-Night-Stands* kann das nicht geschehen. Sie haben nur die Chance, positive Erfahrungen zu machen, wenn sie sich in einer liebevollen, festen Beziehung befinden. Doch dafür fehlt vielen Jugendlichen die emotionale Reife. Wenn jugendlicher Sex zum Liebesersatz wird, der schutzlos und wahllos verläuft, weint die weibliche Seele.

Im Märchen wird dieses Thema nicht aufgegriffen, doch in unserer Realität wäre es sicher so verlaufen, dass die stumme Schöne die heimliche Geliebte des Mannes geworden wäre, während er eine andere heiratet. So keusch, wie der Prinz im Märchen beschrieben wird, wird kaum ein Mann im realen Leben sein. Neben ihm liegt die schönste Frau des Landes, die alle beneiden! Da brauchen wir nur eins und eins zusammenzuzählen. Doch eine verbindliche Beziehung, das Eheversprechen will der Prinz ihr nicht geben. Sie bleibt für ihn ein Geheimnis.

Im Netz der Dreiecksbeziehung gefangen

Der Prinz erkennt nicht, dass die schöne Frau ihn von Herzen liebt und dass sie zusammen glücklich werden könnten. Dies ist eine Erfahrung, die viele hochsensible Frauen machen. Oftmals erkennen sie den passenden Partner nicht. Sie sind blind und können die wahre Liebe nicht erkennen. Sie hören nicht mehr auf ihr Herz und sind verschlossen. Eine verzerrte Selbstwahrnehmung verleitet sensitive Frauen heute nur allzu oft dazu, die Liebe in gefährlichen Abenteuern zu suchen. Dabei erkennen so manche nicht, ob ihr Gegenüber tatsächlich aufrichtig an einer Beziehung interessiert ist. Sensitive Frauen, die nie gelernt haben, auf ihre innere Stimme, ihre Intuition zu hören, tappen reihenweise in diese Falle. Das Schicksal, in einer Dreiecksbeziehung zu landen, ist Realität von Millionen Frauen, die jahrelang darauf warten, dass ihr Liebster sich endlich ihnen ganz zuwenden und die andere Frau verlassen wird. Viele gebrochene Herzen sind aus solchen Konstellationen entstanden.

Die Hexe

Die kleine Meerjungfrau fühlt, dass es richtig ist, zur Frau zu werden und den Tanz des Lebens zu beginnen. Ihre Großmutter kann ihr dabei nicht helfen. Da ihre weibliche Linie keinerlei magische Kraft mehr besitzt, wendet sie sich an die böse Meerhexe. Hier zeigt sich, wie in anderen Märchen, die Abspaltung der magischen Kräfte von der Frau. Nur die »böse Hexe« hat die Macht, die kleine Meerjungfrau von ihrer Schwanzflosse zu befreien, so dass sie zur Menschenfrau werden kann. In der Erzählung tauchen die hundertköpfigen Schlangen auf, die uns an die Medusa erinnern. Diese Göttin stammt aus der griechischen Mythologie. Der Legende nach soll ein Blick von ihr tödlich enden und Menschen in Stein verwandeln. Diese unfassbare Macht schrieb man der Göttin zu.

Die böse Hexe kann sich in unserem Umfeld oder in den Tiefen unseres Unbewusstseins manifestieren. Sie ist das Resultat der unzähligen Generationen vor uns, deren weibliche Kraft unterdrückt und unterbunden wurde. Die verzerrte Energie weiblicher Macht zeigt sich in den Abgründen der bösen Schwiegermutter, der bösen Stiefmutter, der bösen Königin oder einer narzisstischen Chefin, die ihre Mitarbeiter kontrolliert, manipuliert und erniedrigt. Hollywoodfilme sind bevölkert von unzähligen Variationen der bösen Hexe. Diesen Schatten in unserem kollektiven weiblichen Unbewussten können wir nur durch Hinschauen erlösen. Die weibliche Kraft möchte sich frei entfalten und mit der Liebe verbinden.

Der Verlust der Stimme

Die Hexe weiß sofort, was die Nixe von ihr will, und schlägt einen dämonischen Pakt vor. Sie belügt die unerfahrene Nixe.

Anstatt ihr zu helfen, eine Frau zu werden, stielt sie ihr die wunderschöne, kristallklare Stimme. Die junge Frau wird stumm. Um in die Welt der Menschen aufgenommen zu werden, muss die kleine Meerjungfrau einen hohen Preis zahlen. Das Stummsein macht ohnmächtig. In anderen Versionen muss sie eine Haarlocke opfern, die in den Zaubertrunk geworfen wird. Auch das Haar steht für die Seele. Der Verlust des Haares und der Stimme macht die kleine Meerjungfrau hilflos.

Das Erwachsenwerden wird in dieser Erzählung nur durch den Preis der Selbstaufgabe ermöglicht. Die junge Frau kann sich selbst nicht mehr ausdrücken, mitteilen oder ihre Stimme erheben. So wird sie zum Opfer der Umstände, sie kann im Leben nichts mehr selbst gestalten. Sie hat nur noch ihre Schönheit, um die Liebe des Prinzen zu gewinnen. So glauben auch heute noch Frauen, dass allein die Optik ausreiche, um den richtigen Mann zu finden. Doch sensitive Frauen sehnen sich tief in ihrem Herzen danach, einen Partner zu finden, der sie seelisch berührt. Ein Partner, mit dem die sensitive Frau nicht sprechen kann, zwingt sie in eine seelenentleerte Beziehung, in der sie zur Magd wird, die bestenfalls die Bedürfnisse des Mannes befriedigt, jedoch nicht selbst über ihre Gefühle, Wünsche und Sehnsüchte sprechen kann. Die sensitive Frau verstummt und wird von ihrer Eigenmacht abgeschnitten. Sie kann kein selbstbestimmtes Leben führen und nicht mehr für sich sprechen.

Die Einweihung zur erwachsenen, reifen Frau muss in diesem Märchen als gescheitert betrachtet werden. Genauso ergeht es vielen Mädchen der Neuzeit. Sie erfahren keine Einweihung unter Frauen, keine Aufnahme in den Kreis der Erwachsenen. Sie schlagen sich selbst durch. Im Dschungel der Wirrungen unserer modernen Zeit opfern sie so manches, nur um dazuzugehören. Auch sensitive Frauen verlieren häufig ihre (innere) Stimme, passen sich zu sehr an und geben es auf, eigene Forderungen in Beziehungen zu stellen. Sie sind naiv und glauben, dass sie durch Überanpassung glücklich werden könnten.

Die selbstlose Tat

Als die Meereshexe mit dem zweiten, dunklen Pakt lockt, trifft unsere kleine Nixe eine schwere Entscheidung. Selbst angesichts des drohenden eigenen Todes verschont sie den Prinzen. Sie tötet ihn nicht und bewahrt sich so ihre Würde. Die Liebe ist stärker. Im Märchen wird sie auf diese Weise erlöst und erhält die Möglichkeit, durch selbstloses Tun eine unsterbliche Seele zu erhalten. Dieser Handlungszweig ist eindeutig religiös geprägt und vermittelt wieder einmal, dass nur die »Selbstlosen« in den Himmel kommen.

Gerade für hochsensible Frauen ist es wichtig, sich eine Existenzberechtigung zu geben, auch wenn sie gerade nicht helfend tätig sind. Wenn Sie sich das Wort »selbstlos« auf der Zunge zergehen lassen, werden Sie feststellen, dass einer solchen Frau das »Selbst« fehlt. Das ist kein erstrebenswerter Zustand, sondern eine Selbst-Vernachlässigung. Wir brauchen ein Bewusstsein für unser wahres Selbst, das eigene Ich, um in dieser Welt unseren Platz zu finden. Hochsensible Frauen verwechseln oft das »Selbst« mit dem sogenannten »Ego«. Sie scheuen davor zurück, für sich selbst Forderungen zu stellen. Sie brauchen stattdessen die Erfahrung, dass sie auch dann liebenswert sind, wenn sie sich nicht für andere aufopfern und sich wie Aschenputtel hinten anstellen.

Meine Existenz hängt nicht davon ab, ob der Märchenprinz meine Liebe erwidert.
Ich kann aus mir selbst leben und mein Leben frei gestalten.
Ich muss mein wahres Selbst nicht opfern, um geliebt zu werden.

Die moderne Version: Die Nixe –
The Mermaid. Lösung in Sicht!

Ich möchte Sie nun auf eine Reise in die moderne Version dieses Märchens mitnehmen, die auf der tiefenpsychologischen Ebene eine gelungene Lösung des Dilemmas zwischen der Nixe und der Meereshexe präsentiert. Mit höchstem Fingerspitzengefühl und weiblicher Intuition hat die deutsche Künstlerin Christa Fast ein überaus gelungenes Hörspiel produziert. Dabei hatte sie prominente Unterstützung von Bela B, Annie Lennox, Annette Humpe und Peter Gabriel, denn das Hörspiel wurde auf Deutsch und Englisch eingesprochen.

In dieser Version wird schon im Klappentext der CD darauf hingewiesen, dass die Meerjungfrau auf uralte Sagen- und Göttinnengestalten zurückgeht. Aphrodite wurde als Fischgöttin Atargatis im syrischen Tempel von Askalon verehrt. Der Delphin wurde im Mittelmeerraum zum Symbol der Göttin Aphrodite. Noch heute bringen wir mit diesem Namen die Göttin der Liebe und Sexualität in Verbindung. Einmal mehr bestätigt sich hier die tiefe mythologische Wurzel, um die es in diesem Märchen wirklich geht. Im Griechischen waren »Fisch« und »Schoß« Synonyme. Beide wurden »delphos« genannt, was klar die Wurzel des Wortes Delphin sein muss. Es geht um die Wandlung vom Mädchen zur Frau, das Erwachen der Sexualität.

Anders als bei Hans Christian Andersen ist die kleine Meerjungfrau in der Version von Christa Fast nicht die Königstochter. Sie ist eine von vielen und verliebt sich in einen Fischer, der sie versehentlich mit seinem Netz ins Boot holt. Sie blickt in seine Augen, und beide verlieben sich ineinander. Da sie mit ihrer Fischgestalt nicht bei ihm bleiben kann, taucht sie tief in die dunkleren Bereiche des Meeres hinab, um die alte Hexe zu finden. Damit zeigt sie ihre Bereitschaft, tief ins Unbewusste einzutauchen, um dort Licht hineinzubringen.

Sofort wird sie mit dem wohlbekannten Pakt konfrontiert. Sie soll ihre Stimme gegen Menschenbeine eintauschen. Doch unsere Heldin ist mutig und stark. Sie verwehrt der Meereshexe den Tribut und provoziert sie geradezu, indem sie die Kräfte der Hexe in Frage stellt. In dem Hörspiel erfahren wir, dass die Meereshexe einmal selbst in einen Menschen verliebt war und an Land nicht glücklich werden konnte. Sie ist zerfressen von Einsamkeit, giftigen Rachegelüsten, Langeweile und Verbitterung. Sie spielt ein Spiel mit allen Meerjungfrauen, die zu ihr kommen, und stiehlt ihnen neben der Stimme auch noch das Selbstvertrauen.

Damit symbolisiert die Meereshexe jene verbitterten Mütter und Großmütter, die es ihren Töchtern versagen, selbst glücklich und erwachsen zu werden. Ihr eigener Schmerz hat sie zu einer verzerrten Wahrnehmung der Welt verleitet. Sie können sich nicht vorstellen, dass die nächste Generation mehr Glück in der Liebe haben wird. Anstatt ihre Töchter in den Kreis der erwachsenen Frauen aufzunehmen und sie in die Geheimnisse des Weiblichen einzuweihen, vergiften sie die Hoffnung der Jüngeren durch Zynismus, Lügen und Spielchen. Doch unsere kleine Nixe ist mutig. Sie schaut nicht weg, sie erkennt den Schmerz der Hexe und steigt mit ihr in die tiefsten Winkel ihrer verletzten Seele, weint mir ihr gemeinsame Tränen. Dieses Hinschauen, das solidarische Mitgefühl schafft eine Verbindung, die die Hexe aus ihrer Isolation befreit. Eine tiefe Wandlung geschieht, und die Meereshexe versöhnt sich mit dem Leben. Sie schenkt der kleinen Meerjungfrau ihre Beine und noch dazu Selbstvertrauen, Liebe und Mut.

So ausgestattet, wird die junge Menschenfrau von ihrem Freund, dem Delphin, an Land getragen. Dort begegnet sie in der Abenddämmerung dem heimkehrenden Fischer, der sie sofort erkennt. Er fragt sie: »Bist du es?«, und sie antwortet mit Ja. Damit ist ihre Liebe besiegelt, und die beiden werden ein

Paar. Das Sehnen der jungen Frau erfüllt sich. Sie wird von ihrer wahren Liebe erkannt, weil sie sich nicht verstellen und verstecken muss wie in der Version von Andersen.

Dieses Hörspiel berührt zutiefst mein Herz, und ich bin mir sicher, dass es auch bei Ihnen etwas bewegen wird. Das Märchen ist für Frauen jeden Alters ein heilsames Erlebnis. Wahrscheinlich haben auch Sie keine rituelle Einweihung ins Frausein erfahren und sich auf Ihrem Lebensweg Verletzungen zugezogen. Die verbittere Hexe schlummert in vielen Frauen und sabotiert ihre Bemühungen, liebevolle Beziehungen zu leben. In diesem Zustand wiederholen sie die gleichen Verletzungen wieder und wieder. Wie durch einen unsichtbaren Magneten ziehen sie Partner an, die sie betrügen, verletzen oder unterdrücken. Damit bestätigen sie sich in einer endlosen Spirale in ihren alten Mustern und Begrenzungen. Nur wenn wir bereit sind, diese verletzten Anteile in uns zu erlösen, können wir unser Herz für die Liebe öffnen und unsere Weiblichkeit mit Würde und Freude leben. Es ist nicht länger notwendig, dass wir uns in Beziehungen verstellen und unsere innere Stimme unterdrücken. Dieser Akt der Befreiung macht es möglich, ein selbstbestimmtes, glückliches und beziehungsreiches Leben zu führen.

Wenn ich die verbitterte Hexe in meinem Unbewussten erlöse, werde ich heil.
Meine Sehnsucht nach Liebe wird sich erfüllen.
Wenn ich mutig meine Stimme bewahre, kann ich mein Leben authentisch führen.
Ich erkenne meinen passenden Partner. Unsere Seelen finden sich.
Ich bin es wert, geliebt zu werden.

Fragen und Antworten – Ihr Leben

Abschließend möchte ich Sie einladen, sich zu erinnern, wie Sie selbst die Phase Ihrer Jugend und der ersten großen Liebe erlebt haben. Auch wenn dies schon länger her sein könnte, so hat diese Lebensphase eine prägende Wirkung, die uns lange begleitet. Die folgenden Reflexionsfragen werden Ihnen helfen, Ihr bisheriges Leben in einem klaren Licht zu sehen.

- Welches Bild von Weiblichkeit wurde Ihnen von Ihrer Mutter und der Großmutter vorgelebt?
- Welche Glaubenssätze wurden Ihnen über Menstruation, Sexualität und das Erwachsenwerden vermittelt?
- In welchen Lebensphasen hätten Sie eine liebevollere Bemutterung gebraucht?
- Wann haben Sie sich zum ersten Mal erwachsen gefühlt? Was war der Auslöser?
- In welchen Beziehungen/Situationen bleibt Ihnen die Stimme weg?
- Wozu schweigen Sie und verleugnen damit Ihre Wahrheit?
- Wo opfern Sie sich zu sehr auf, weil Sie glauben, das wäre Ihre Pflicht?
- In welchen Dreiecksbeziehungen haben Sie sich verheddert, weil Sie glaubten, es nicht wert zu sein, in einer verbindlichen, liebevollen Beziehung zu leben?
- Welche Glaubenssätze hat Ihnen Ihre Familie in Bezug auf Ihre weibliche Sensibilität vermittelt?
- Glauben Sie, dass Sie liebenswert sind?
- Haben Sie sich emotional von Ihren Eltern abgelöst oder verhalten Sie sich in Gegenwart Ihrer Mutter/Ihres Vaters noch immer wie ein Kind? Haben Sie Angst, Ihre Eltern zu enttäuschen, wenn Sie nicht deren Erwartungen erfüllen?
- Haben Sie Ihre eigenen Interessen und Träume aus Rücksicht auf Ihre Eltern geopfert?

- Gibt es eine »Hexe« in Ihrer Familie, die Ihnen verzerrte Bilder von der Liebe, dem Leben, von Sexualität und Partnerschaft vermittelt hat? Welche »Hexe« hat Ihre Beziehungen vergiftet?
- In welchen Beziehungen wurden Sie seelisch verletzt, weil Sie einfach zu unerfahren waren und keinen Selbstschutz hatten?
- Mit welchen Überzeugungen, Glaubenssätzen und Kommentaren zeigt sich die verbitterte Hexe in Ihrem Innersten, wenn es um Beziehungen geht? Können Sie erkennen, wer Ihnen diese Überzeugungen vermittelt hat?
- Haben Sie selbst eine erwachsene Tochter? Wie haben Sie sie in der Pubertät aufgeklärt?
- Haben Sie eine junge Tochter? Welche Rituale können Sie Ihrer Tochter anbieten, um ihr den Übergang zum Frausein zu erleichtern? Wie können Sie Ihr Mädchen unterstützen, dass es die Kraft in sich selbst finden kann?

Egal, ob Sie heute fünfundzwanzig, sechsunddreißig, vierundvierzig oder sechsundfünfzig Jahre alt sind: Nicht geklärte Prägungen bestimmen, wie Sie Ihre Beziehungen leben. Sie definieren, ob wir uns als selbstbestimmte Frauen verhalten oder in der Überanpassung feststecken. Wenn Sie zurückschauen auf die Übungen von Kapitel 4, in denen es um die liebevolle Annahme Ihres Körpers ging, werden Sie feststellen, dass Ihre Kindheit einen großen Einfluss darauf hatte, wie Sie Ihren weiblichen Körper wahrnehmen und ob Sie sich selbst annehmen können.

Beziehungen als Spiegel der Seele

Die familiären Bande zu unseren Eltern, Großeltern und Geschwistern prägen unser Selbstbild und das Selbstwertgefühl. Das, was wir als Kinder in unserem engsten Umfeld erfahren haben, definiert, wie wir uns selbst wahrnehmen. Daraus erwächst im Laufe vieler Jahre unsere Identität. Oftmals wachsen Kinder mit verzerrten Spiegeln auf. Wenn wir nicht richtig wahrgenommen werden, uns ungeliebt oder missverstanden fühlen, entwickelt sich ein verzerrtes Selbstbild. Bei hochsensiblen Frauen ist damit oft ein Konflikt verbunden, der an den Nerven zerrt. Einerseits spüren sie ihre Sensibilität, Empfindsamkeit und Kreativität, andererseits glauben sie, dass sie genau deshalb nicht liebenswert seien oder eine Belastung für andere darstellen. Als Gegengewicht entwickeln viele sensitive Frauen Perfektionismus und Leistungsstreben, um die vermeintlichen Erwartungen der Umwelt nicht zu enttäuschen. In unseren eigenen Beziehungen als Jugendliche und Erwachsene finden wir – ohne bewusste Arbeit – häufig verzerrte Widerspiegelungen unserer alten Prägungen wieder.

Übung: Die Spiegelung
meiner Beziehungen entschlüsseln

Zeichnen Sie eine Tabelle. Tragen Sie in die linke Spalte Ihre Idealvorstellung von einer Beziehung ein. Schreiben Sie, wie Sie sich Ihren Traumpartner vorstellen und welche Wünsche Sie in einer »perfekten Beziehung« hätten. Wie würde Ihre ideale Beziehung aussehen? Erlauben Sie sich, zu träumen und sich alle Details ganz genau vorzustellen. Dann schreiben Sie in die rechte Spalte die Realität ihrer aktuellen oder vergangenen Beziehung. Wenn Sie Single sind, erinnern Sie sich an Ihre letzte Partnerschaft. Beschreiben Sie mit Stichworten, welche Qualitäten diese Beziehung hatte. Schreiben Sie auch, ob Sie sich in dieser Partnerschaft geliebt und wertgeschätzt gefühlt haben. Wenn Sie in einer festen Beziehung oder Ehe leben, notieren Sie einfach das, was tatsächlich stattfindet.

Vergleichen Sie im nächsten Schritt die linke und die rechte Spalte der Tabelle. Überprüfen Sie, ob Ihre Realität mit der Wunschvorstellung übereinstimmt oder ob es dabei Unterschiede gibt. Jetzt tritt das Spiegelgesetz der Beziehungen in Aktion. Das, was wir wirklich über uns und unsere Beziehungen glauben, wird sich in unserem sozialen Umfeld widerspiegeln. Was Sie tief in Ihrem Unterbewusstsein über sich, Männer und Frauen glauben, wird sich definitiv zeigen. Wenn Sie beispielsweise einen unnahbaren Partner haben, wenn Sie sich in einer Dreiecksbeziehung befinden oder der Partner nicht die Feinfühligkeit hat, die Sie sich gewünscht haben, spiegelt dies Ihre wahren Glaubenssätze wider.

Schreiben Sie unter die Tabelle alle Glaubenssätze, die Sie jetzt noch in Bezug auf Partnerschaft und Beziehungen für die Wahrheit halten. Oftmals fällt es uns schwer, vollkommen bewusst über diese Glaubenssätze zu sein. Deshalb hilft uns die Betrachtung der Realität unserer Sozialkontakte dabei, auf die richtige Spur zu kommen. Um Ihnen diese Arbeit zu erleichtern, gebe ich Ihnen einige Beispiele negativer Glaubenssätze.

Beziehungen engen mich ein,
weil ich mich darin selbst aufgeben muss

Wenn Sie diesen Glaubenssatz in Ihrem Unterbewusstsein abgespeichert haben, ist es sehr wahrscheinlich, dass Sie sich in Fernbeziehungen oder Dreiecksbeziehungen wiederfinden, in denen es keine wirkliche Nähe oder Verbindlichkeit gibt. Sie haben die Möglichkeit, gegen diesen Glaubenssatz zu rebellieren oder sich diesen vom Leben bestätigen zu lassen. Dann gehen Sie mit diesem Glaubenssatz konform und ziehen entsprechende Partner an, die Ihnen genau das widerspiegeln, was Sie tief in Ihrem Unterbewusstsein glauben.

Ich bin nicht liebenswert

Wenn Sie mit diesem Credo herumlaufen, werden Sie sich in Beziehungen wiederfinden, die Ihnen genau das spiegeln. Vielleicht leben Sie in einer Partnerschaft, in der Sie nicht respektiert werden oder nicht die Liebe bekommen, die Sie brauchen. Möglicherweise haben Sie das Gefühl, Ihre Liebenswürdigkeit ständig durch gutes Aussehen oder hilfreiche Taten beweisen zu müssen.

Eine andere Möglichkeit, diesen Glaubenssatz zu kaschieren, ist die Überkompensation. Frauen suchen dann überall Bestätigung, Anerkennung und Aufmerksamkeit. Durch ein gezieltes Zurschaustellen ihrer Attraktivität und weiblichen Reize sind sie sich ihrer Anziehungskraft sicher. Der bewundernde Blick von Männern ist das, was sie von ihrem angeknacksten Selbstwertgefühl ablenkt.

In Beziehungen werde ich verletzt
Diese Überzeugung wächst aus realen Enttäuschungen, Erniedrigungen und Grenzüberschreitungen, die Frauen in ihrer Kindheit erlebt haben. Dieses tiefe Misstrauen führt dazu, dass sie entweder selbst unnahbar sind oder sich von solchen Partnern angezogen fühlen. In diesen Paarkonstellationen ist die Gefahr nicht sehr groß, dass der verletzte Kern berührt wird. Stattdessen tummeln sich die »Liebenden« an der sicheren Oberfläche. Eine andere Variante dieses Spiels sind kurze Affären, On-Off- und Fernbeziehungen. So verstecken sich beide Partner hinter einer Fassade. Die Sicherheitszone des verletzlichen und ängstlichen Ichs wird gewahrt.

Im nächsten Schritt fragen Sie sich bitte, was Sie an Ihrem aktuellen oder letzten Partner am meisten negativ aufregt. Die Wahrscheinlichkeit ist recht hoch, dass Sie auf diese Weise einer Verletzung auf die Spur kommen, die Sie in Ihrer Ursprungsfamilie geprägt hat. In diesem Fall ist die Partnerschaft der Spiegel für das unerlöste Familienthema. Diese Paarkonstellation bietet Ihnen die Möglichkeit, dieses unangenehme Muster genauer anzuschauen und sich davon zu lösen.

Den eigenen Spiegel putzen

Unser Seelenspiegel möchte geputzt werden. Wenn er beschmutzt, verkratzt oder verzerrt wurde, stört dies empfindlich das eigene Selbstbild. Wenn Sie diese Reinigungsprozedur durchlaufen haben, kann eine liebevolle Beziehung Wirklichkeit werden. Vielleicht erleben Sie eine herzliche Vertiefung und seelische Öffnung in Ihrer aktuellen Partnerschaft. Dann gibt es diesen Schleier nicht mehr, der Sie von Ihrem Gegenüber getrennt hatte. Eine wahrhaftige Begegnung von Herz zu Herz wird möglich. In diesem Bewusstsein nehmen Sie den Partner und sich selbst nicht mehr als Schema wahr, sondern ein Erkennen der Essenz wird möglich. Dafür ist es hilfreich, sich vorzustellen, wie Sie und Ihr Partner jenseits aller Prägungen und Muster sein könnten. Was macht Ihren Kern aus? Wer ist Ihr Gegenüber wirklich?

Für hochsensible Frauen bedeutet diese Reinigung ebenfalls das Abwaschen alter Schuldgefühle. Viel zu oft fühlen sie sich für alles, was in der Familie oder in Liebesangelegenheiten schiefgeht, selbst verantwortlich. Diese Beschämung und das nagende Schuldgefühl sind Überreste des egozentrischen Weltbildes aus Kindertagen. Solange wir uns selbst die Verantwortung für alles Negative geben, sitzen wir innerlich auf der Anklagebank. Wir bezeichnen es als unser »Karma«, immer Pech in der Liebe zu haben, und erkennen nicht, dass dies nur ein weiterer Ausdruck des unberechtigten Schuldgefühls ist. In einer Partnerschaft gibt jeder 50 Prozent ein. Werden Sie sich einerseits Ihrer Muster bewusst. Benutzen Sie dieses Wissen jedoch niemals gegen sich selbst, indem Sie sich wieder und wieder einreden, allein die Verantwortung für das Scheitern einer Beziehung zu haben. Wie sagt man so schön? Es gehören immer zwei dazu.

Wenn Sie damit beginnen, sich Ihre alten Muster und Verletzungen bewusst zu machen, gehen Sie liebevoll vor. Verurteilen Sie sich nicht für das, was Sie in der Vergangenheit über sich selbst oder andere gedacht haben. Sollten Sie in Ihrem Leben Beziehungen identifiziert haben, die Ihnen nicht guttun, fischen Sie die Essenz Ihrer Glaubenssätze daraus. Nehmen Sie diese zur Kenntnis und fragen Sie sich, ob Sie damit fortfahren wollen, sich auf negative Weise in Ihrem alten Selbstbild zu bestätigen. Wenn Sie der Meinung sind, dass es genug ist, haben Sie den Mut, destruktive und ausbeuterische Beziehungen zu beenden. Sagen Sie »nein« dazu und signalisieren Sie Ihrem Unterbewusstsein, dass die alten Zeiten endgültig vorbei sind. Nehmen Sie Ihr inneres Kind gedanklich in den Arm und versichern Sie ihm, dass es alle Liebe der Welt verdient und dass seine Wünsche sich erfüllen können. Eine wunderbare Unterstützung für die Kontaktaufnahme mit Ihrem inneren Kind sind die Musik-CDs von Shaina Noll (»You can relax now« und »Songs for the inner child«.)

Affirmationen für Beziehungsthemen

Ich bin liebenswert, so wie ich bin.
Ich glaube an die Kraft der Liebe.
Ich habe es verdient, dass sich meine
    kühnsten Wünsche erfüllen.
Ich darf in Beziehungen ich selbst sein.
Ich bin eine Frau mit Würde.
Es ist sicher für mich, wirklich gesehen zu werden.
Ich bin gut genug als Frau.
Ich darf »nein« sagen in Beziehungen.
In einer liebevollen Beziehung erkenne ich, wer ich
    wirklich bin.
Meine Sensibilität ist ein Segen
    für alle meine Beziehungen.

Wenn Sie in den Bewusstseinszustand gekommen sind, in dem Sie bereit sind, sich selbst und andere auf neue Weise zu entdecken, können Sie den Wunsch loslassen, mit Ihren negativen Glaubenssätzen recht zu haben. Liebevolle Beziehungen sind der Nährboden für mehr Selbstliebe, Geborgenheit, Sicherheit, Kreativität und ein neues Selbstbild. Wenn Sie in Ihrer Partnerschaft Liebe, Respekt, Anerkennung, Zärtlichkeit und Nähe erfahren, dann nährt dies Ihren wahren Kern. Auch das für Hochsensible so heikle Thema der Konfliktfähigkeit kann in einer Beziehung auf Augenhöhe in einem sicheren Hafen geübt werden. Wenn Ihre Partnerschaft auf einem soliden Fundament steht, werden Sie eine positive Wachstumsspirale durchwandern.

Empathie: Gabe und Last für sensitive Frauen

In meiner Umfrage mit vierhundertvierzig hochsensiblen Frauen tauchte ein Begriff sehr häufig auf: Empathie. Hochsensible sind überdurchschnittlich begabt darin, die Empfindungen, Gefühle und Lebenssituationen von Menschen und Tieren nachzuempfinden. Deshalb sind sensitive Frauen häufig in sozialen, helfenden Berufen tätig, oder sie engagieren sich ehrenamtlich für den Tierschutz, für Kinder in Not, Menschen mit Behinderungen oder für karitative Projekte im Ausland. Wegen ihrer starken Empathie fühlen sie eine hohe soziale Verantwortung für Schwächere und können sich dem Leid anderer Lebewesen nicht entziehen.

Michaela

»Ich habe ein starkes Einfühlungsvermögen und spüre verborgene Emotionen anderer Menschen. Leider empfinde ich diese so intensiv, dass sie wie meine eigenen werden und mich überreizen. Ich glaube zu sehen, welche verborgenen Gaben und Talente die Menschen haben. Ich würde ihnen gerne helfen, sie zu erkennen und den Mut aufzubringen, ihre Begabungen in die Welt zu bringen.«

Sandra

»Meine Stärken liegen darin, mich um Menschen zu kümmern und verständnisvoll zu sein. Mir fallen Dinge auf, die anderen verborgen bleiben. Meine Hochsensibilität würde ich gern in die Gesellschaft einbringen, indem ich Kinderpsychologin werde. Schon als Kind habe ich mich immer anders gefühlt und bin von Therapeut zu Therapeut geschleppt worden. Erst vor kurzem habe ich selbst erkannt, dass ich extrem hochsensibel bin. Ich will diese Hochsensibilität nutzen, um auf andere Kinder eingehen zu können und ihnen den Selbstwert zu vermitteln, der mir in meiner Kindheit gefehlt hat.«

Empathie als eine Form sozialer Hochbegabung

Die Gabe der Empathie ist lebenswichtig für jedes soziale Gefüge, egal, ob es sich um Familien handelt, Freundschaften, Firmen oder Partnerschaften. Mit empathischem Einfühlungsvermögen gelingen Beziehungen einfach besser. Sensitive Frauen haben den Schlüssel zum Herzen der Menschen in ihrem Umfeld. Aus Empathie entsteht eine authentische Fürsorge, die nicht nur an der Oberfläche kratzt, sondern die Menschen tief berührt und nährt. Mit dieser sozialen Hochbegabung gelingen Gespräche besser.

In der psychologischen Literatur kam vor einigen Jahren der Begriff »emotionale Intelligenz« auf. Er geht auf den amerikanischen Psychologen Daniel Goleman zurück. Mit einer gesteigerten Empathie erhöht sich unsere Fähigkeit, emotional intelligent zu handeln. Rücksichtnahme, Fairness, Vermitteln in Konflikten und das empathische Wahrnehmen der Bedürfnisse anderer Menschen führen zu gelungenen Lösungen in schwierigen Situationen.

Aus diesen Gründen sind hochsensible Frauen beliebte Gesprächspartner und Vermittlerinnen. Sie können aufmerksam zuhören und zwischen den Zeilen lesen. Es fällt ihnen leicht, sich in die unterschiedlichen Perspektiven von Konfliktpartnern hineinzuversetzen.

Mit diesem großen Schatz ist es hochsensiblen Frauen spielend möglich, die Bedürfnisse von Kindern zu erkennen. Dies wirkt sich positiv in pädagogisch-therapeutischen Berufen sowie in Familien aus. Ich bin überzeugt, dass hochsensible Frauen auch in Führungspositionen von Unternehmen gehören. Viel zu häufig beklagen sich Arbeitnehmer, dass Vorgesetzte und Chefs zu wenig Empathie zeigen und stattdessen nur auf Erfolg und Zielerfüllung achten. Diese Führungskräfte geizen mit Lob und tadeln viel zu oft. Doch die vielen zwischenmenschlichen Konflikte in Unternehmen werden nicht richtig erfasst. Genau in den Schlüsselpositionen einer Firma könnten Hochsensible viel Positives bewirken – wenn sie gelernt haben, mit dem Druck umzugehen.

Vor vielen Jahren lernte ich die Leiterin eines Altenpflegeheims kennen. Sie war eine warmherzige und führungsstarke Frau, die mit einer hohen emotionalen Intelligenz ausgestattet war. Das Arbeitsklima in dieser Einrichtung zeichnete sich durch Vertrauen aus. Die Verbindung zu den Mitarbeitern war herzlich. Als plötzlich einer der Angestellten überraschend verstarb, sah ich diese Frau vor der gesamten Belegschaft weinen. Das war eine sehr berührende Geste.

Um als Chefin respektiert zu werden, brauchen sensitive Frauen nicht hart zu sein. Authentizität und Klarheit, gepaart mit Empathie und Fairness, sind beste Voraussetzungen, um motivierend auf Mitarbeiter zu wirken.

Wenn Empathie
zu Abgrenzungsproblemen führt

Bereits aufgrund kleinster Nuancen in der Mimik und Gestik ihres Gegenübers entschlüsseln Hochsensible die emotionale Befindlichkeit von Gesprächspartnern. Dadurch erspüren sie blitzschnell, wie es anderen geht. Dies kann in Partnerschaften seltsame Blüten treiben. Selbst wenn der Lebensgefährte gerade nicht reden möchte und sich nach der Arbeit einfach hinter seiner Zeitung verkrümeln will, spürt die sensitive Frau schon Disharmonien auf. Sie fühlt, dass ihr Schatz Ärger von der Arbeit mit nach Hause gebracht hat, dass er grübelt und nicht mit sich im Reinen ist. Wenn sie ihre Wahrnehmung zu schnell anspricht, kann das zu Irritationen führen, insbesondere, wenn der Partner selbst länger braucht, um seinen Gefühlszustand zu erkennen. Manche Frauen entwickeln geradezu hellfühlige Talente, wenn es darum geht, zu erspüren, wie es ihren Kindern, Kollegen, Eltern und Partnern geht.

Wenn sensitive Frauen noch nicht darin geübt sind, bei sich zu bleiben und sich zu zentrieren, kann es geschehen, dass sie die Emotionen des Gegenübers aufschnappen und selbst empfinden. Dies kann sich als störend erweisen, wenn plötzlich beide Partner traurig, wütend oder unruhig sind. Auch in sozialen Berufen kann sich das »zu viel« an Empathie als Last auswirken.

Dies geht mit dem Gefühl der »Überverantwortung« einher. Sehr viele Hochsensible entwickeln im Laufe ihrer Biographie die Angewohnheit, anderen uneingeschränkt helfen zu wollen. Dies fördert gleichzeitig ihre eigene emotionale Betroffenheit. Im Zustand der Überverantwortung schießen sie auch gelegentlich über das Ziel hinaus und packen ihre Kinder in Watte oder können sich schlecht abgrenzen. Die Überfürsorglichkeit führt bei Frauen auch zu jenem nervenden Gluckenverhalten, das so manchen Mann und die Kinder auf die Palme bringt. Aus dieser Konstellation ergeben sich Konflikte in Beziehungen, die mit Nähe und Distanz zu tun haben. Denn viele Männer wollen zunächst gar nicht über ihre Probleme reden, während die hochsensible Frau die verborgene Gefühlslage ihres Partners längst durchschaut hat.

Dennoch ist es wichtig, dass Sie zu Ihrer empathischen Wahrnehmung stehen und lernen, ihr mehr und mehr zu vertrauen.

Übung: Überverantwortung loslassen

Machen Sie sich eine Liste mit Begebenheiten aus Ihrem Alltag, in denen Sie mit Überverantwortung reagieren.

- Welchen Menschen können Sie nicht nein sagen, weil es ihnen so schlechtgeht?
- Wem wollen Sie unbedingt helfen?
- Bei welchen Themen können Sie einfach nicht wegschauen?
- Überlegen Sie im nächsten Schritt, ob Ihre Hilfe erwünscht ist.
- Fragen Sie sich danach, ob Ihre Hilfe Früchte trägt oder in einem schwarzen Loch versickert.
- Wo reiben Sie sich unnötig auf?
- In welchen Lebensbereichen übernehmen Sie zu viel Verantwortung für Verwandte, Freunde, Arbeitskollegen und Vorgesetzte?

Stellen Sie sich nun plastisch vor, was geschehen könnte, wenn Sie das Gefühl von Überverantwortung loslassen und den Menschen um sich herum die Verantwortung für ihr Leben zurückgeben. »Ja, aber ...« werden Sie sicher in sich verspüren, doch denken Sie den Gedanken zu Ende. Was würde passieren? Vielleicht gar nicht viel? Vielleicht gäbe es eine Katastrophe? Vielleicht würde dieser Mensch endlich aus seiner Hypnose aufwachen und etwas verändern. Wissen Sie was? Das ist nicht Ihre Baustelle! Stimmen Sie sich auf einen Zustand ein, der Ihnen versichert, dass Ihr Wohlbefinden nicht von den anderen abhängt. Möglicherweise werden Sie erkennen, dass bestimmte Menschen gar keine Hilfe wollen, sondern nur gern jammern! Entdecken Sie sich selbst neu, jenseits der Helferrolle. Ihre Empathie werden Sie natürlich behalten. Doch Sie können endlich bewusst entscheiden, ob Sie helfen wollen oder nicht. Hurra!

Übung: Den Segen der Empathie anerkennen

Unsere Welt fühlt sich oft kalt und grau an. Viele Menschen fühlen sich allein und suchen nach Verständnis. Wenn Sie sich der Gabe Ihrer Empathie bewusst werden wollen, fragen Sie sich nun Folgendes. *»Für welche Menschen war ich ein Engel?«* Mitfühlende Worte in Trauerphasen, Verlustsituationen, in Krankheit und Not können viel Trost spenden. Das Gefühl der Isolation wird aufgeweicht. Wärme und Liebe können ins Herz strömen. Sicher haben Sie schon einigen Menschen in schweren Situationen beigestanden und viel bewirken können. Überlegen Sie sich, welchen Menschen oder Tieren Sie in der Vergangenheit mit Ihrer Empathie geholfen haben. Wer hat Ihnen rückgemeldet, dass er sich durch Sie endlich verstanden, erkannt und gesehen gefühlt hat? In diesen Momenten geschieht Heilung. Seien Sie dankbar und stolz, dass Sie so viel bei anderen bewirken können. Sie haben eine wertvolle Gabe!

Wahrscheinlich sind Sie schon Weltmeisterin darin, auf andere Menschen empathisch einzugehen.
Oftmals vergessen sich Hochsensible dabei selbst.
Deshalb üben Sie, achtsam mit sich und Ihren eigenen Bedürfnissen umzugehen. In schwierigen Momenten, in denen
Sie nicht das leisten können, was Sie von sich selbst erwarten,
wären Sie gut beraten, liebevoller mit sich umzugehen. Dabei
hilft Ihnen Selbstempathie. Wann immer Sie sich selbst verurteilen, in Frage stellen oder beschämt fühlen, fragen Sie sich,
wie Sie mit anderen Menschen in derselben Situation umgehen
würden. Oftmals erkennen wir durch eine solche Rollenumkehr, dass wir andere längst nicht so hart beurteilen wie uns
selbst. Wenn Sie sich angewöhnen, sich durch liebevolle Augen zu betrachten, werden Sie ein starkes Mitgefühl für sich
entwickeln, das Ihnen zu innerer Ruhe, Selbstannahme und
Gelassenheit verhilft. Sie werden sehen, auf diese Weise wird
das Leben leichter.

Mutterschaft und Hochsensibilität

Ich habe drei Jahre lang als Klinikpsychologin in einer Eltern-
Kind-Fachklinik gearbeitet und mit Hunderten Müttern Bera-
tungsgespräche durchgeführt. Deshalb kenne ich die vielschichtigen Fragen, Herausforderungen und Probleme der
Mütter sehr genau.

Hochsensible Mütter haben ihre eigenen Herausforderungen zu meistern. Dies gilt besonders, wenn sie ihr eigenes,
hochsensibles Temperament oder das der Kinder noch nicht
bewusst erkannt haben. Sie stellen hohe Erwartungen an Ihre

Leistung als Mutter und verzweifeln, wenn Sie erkennen, dass Sie das nicht immer schaffen. Dann gehen sie über ihre eigenen Grenzen und erwarten von sich und den Kindern zu viel. Ihnen fehlt das Vertrauen in die eigene Wahrnehmung, und deshalb suchen sie gern Rat in Büchern und bei Experten, bis sie erkennen, dass sie ihrem eigenen Gefühl vertrauen können.

Die Elternschaft ist mit einer sehr hohen Verantwortung verbunden, und sensitive Frauen engagieren sich stark für das Wohl ihrer Sprösslinge. Wenn Sie selbst Mutter geworden sind, hat sich Ihr gesamtes Leben auf den Kopf gestellt. Wahrscheinlich haben Sie beobachtet, dass Sie viele Dinge anders sehen als andere Mütter in Ihrer Umgebung. Das fängt an bei dem Thema »Schlafen lernen«, Schnuller, Windeln, Kinderbetreuung, Nähe, Erziehungsfragen, Ernährung usw.

Haben Sie manchmal auch das Gefühl, gegen Windmühlen zu kämpfen, wenn Sie Ihre eigenen Vorstellungen von Familie und Erziehung leben wollen? Lassen Sie sich von anderen nicht verunsichern. Vertrauen Sie auf Ihre eigene Wahrnehmung.

Zwischen Empathie, Multitasking und Selbstbehauptung

Dabei bestimmen zwei Pole das Familienleben von hochsensiblen Müttern. Einerseits sind sie durch ihre starke Empathie sehr eng mit ihrem Kind verbunden, andererseits fehlt ihnen dadurch die Möglichkeit, sich von seinen Problemen oder Schulgeschichten innerlich zu distanzieren. Sie werden förmlich absorbiert, und oftmals haben sie kaum Raum für sich selbst.

Christine

»Ich denke, ich bin eine einfühlsame und liebevolle Mutter. Mit der beginnenden Pubertät meiner Tochter merke ich, wie sehr ich unter den dazugehörenden Missstimmungen und der ›Rolle‹ derjenigen leide, die Ansagen zu machen hat. Es fällt mir schwer, den Raum und Weg für meine berufliche Selbständigkeit zu finden, gerade auch, weil meine Geschäftsräume in unserem Haus sind. Erst heute habe ich es meinem Mann so geschildert: Ich brauche es ordentlich und schön, um klar denken und strategisch arbeiten zu können. Aber bis ich im Außen diesen Zustand um mich herum hergestellt habe, kommt die Tochter schon wieder aus der Schule, und meine ungestörte Zeit ist vorbei.«

Lynn

»Ich merke schon am Blick oder an der Sprache, wenn mein Kind traurig oder fröhlich ist, auch ob es lügt oder abblockt. Ich kann mich besser in das Kind hineinversetzen und somit über passende Lösungen bei Problemen nachdenken. Ich kann offen mit ihm über alles sprechen, und es lernt dadurch sehr viel über das Leben und die Menschen. Manchmal werden dadurch Gefühlslagen bei meinem Kind verstärkt. Es verunsichert mich, weil ich merke, das Kind fühlt sich nicht besser. Ich mache mir Sorgen und werde etwas hilflos. Ich bin permanent auf Empfang und kann nicht abschalten. Dadurch brauche ich immer wieder Ruhephasen ohne fremdbestimmten Input. Ich kann andere Menschen schlecht ausblenden. Ich habe permanent meinen Fokus auf sie gerichtet, wie ein Seismograph.«

Kerstin

»Ich denke, dass ich insgesamt eine gute Mutter bin. Mehrere Dinge gleichzeitig zu tun, stresst mich jedoch. Zum Beispiel, wenn ein Kind gerade mit mir spielen möchte und mein zweites Kind Hausaufgaben macht und dabei nicht allein zurechtkommt. Eigentlich wollte ich gerade Wäsche waschen oder die Küche in Ordnung bringen. Es fällt mir schwer, Prioritäten zu setzen. Die Vorteile meiner sensiblen Art sind, dass ich mitfühlen kann, was meine Kinder fühlen und was sie gerade brauchen. Nachteile sind, dass ich eigene Grenzen nicht richtig erkenne. Es fällt mir manchmal schwer, von meiner Struktur abweichen zu müssen. Beides geht, und trotzdem bringt mich das durcheinander, anscheinend ›nur‹, weil meine Struktur dann hinüber ist.«

Der Mutterinstinkt

Erleben Sie auch, wie Ihre Intuition im Umgang mit dem Nachwuchs in Frage gestellt wird? Erziehung, Leistungsdruck und Normen versuchen uns vorzuschreiben, wie wir mit schutzbedürftigen Kindern umgehen sollen. Oftmals stehen diese Erwartungen in einem Kontrast zu dem, was unser Instinkt sagt. In meinen Beratungen erlebe ich immer wieder, wie Frauen dafür kämpfen müssen, wenn sie ihrem Mutterinstinkt vertrauen wollen. Lassen Sie sich nicht verunsichern! Und hören Sie auf Ihre ureigenen Impulse. Unser Instinkt und die damit verbundene Intuition vermitteln uns Informationen, die uns auf anderen Wegen nicht zugänglich sind. Wir brauchen viel Vertrauen in unsere eigene Wahrnehmung, um unser Leben zu meistern. Es ist keine Einbildung! Es gehört zu uns.

Selbstfürsorge trainieren

Da Sie spielend fühlen, wie es Ihrem Kind geht, brauchen Sie nur mehr Selbstfürsorge trainieren. Haben Sie keine Angst, zu »egoistisch« zu sein. Versuchen Sie, wieder mehr Freiräume für Ihre Seele zu schaffen, in denen Sie sich entspannen, Yoga praktizieren, meditieren, malen, spazieren gehen oder einfach nur schlafen können. Erkennen Sie, dass Sie das Recht haben, auf Ihre eigenen Bedürfnisse zu achten, auch wenn Ihr Kind Sie natürlich noch braucht. Widerstehen Sie der Versuchung, die »perfekte Mutter« zu sein, die immer für ihr Kind da ist. Wenn Sie sich an die Zeit vor der Schwangerschaft erinnern, werden Sie sicher gern an Phasen denken, in denen Sie ganz allein und in Ihren eigenen Welten versunken waren. Je älter Ihre Kinder werden, desto mehr können und dürfen Sie sich diese freien Räume zurückerobern. Dazu brauchen Sie natürlich Unterstützung von Ihrem Umfeld.

Leistungsdruck loslassen

Keine Mutter ist perfekt. Auch Sie nicht. Und das ist eine befreiende Erkenntnis. Sobald Sie Ihrer Mutter die Fehler von damals vergeben, können Sie in Ihrer eigenen Mutterrolle besser entspannen. Dann brauchen Sie niemandem zu beweisen, dass Sie »alles besser machen«. Viele hochsensible Mütter versuchen, mit einem oder mehreren Kindern genauso leistungsfähig zu sein wie vor der Familiengründung. Doch dabei übersehen sie, dass die meiste Zeit und Energie in die Kinder fließt. Und genau diese Energie fehlt dann für andere Projekte, die vorher selbstverständlich waren.

Deshalb gehen Sie einen Schritt zurück und betrachten Sie Ihren Alltag mit Abstand. Wo stoßen Sie an Ihre Grenzen?

Welche Dinge wollen Sie mit aller Kraft umsetzen, obwohl Ihre Signalleuchten schon längst rot blinken und Ihnen mitteilen, dass Sie Ihre Akkus wieder aufladen müssen? Nehmen Sie Unterstützung an, auch wenn sich das ungewohnt anfühlt. Je weniger Sie jetzt auf Ihre eigenen Ruhebedürfnisse eingehen, desto mehr Nerven werden Sie verlieren, und dann ereilt Sie das Gefühl von Überforderung.

Grenzen setzen

Im Kapitel »Weibliche Heilungsräume« werden Sie noch mit dem Schutzkreis arbeiten, und es wird Ihnen bewusst sein, wie wichtig die eigenen Grenzen sind. Hochsensible Mütter haben aufgrund ihres entgrenzten Ichs tatsächlich mehr Probleme, den Kindern und sich selbst Grenzen zu setzen. Dies wird durch die psychologische Verschmelzung mit ihrem Umfeld erzeugt. Kinder zu haben ist eine großartige Möglichkeit, um zu lernen, wie man wirklich Grenzen setzt. Wegen ihrer emotionalen Intensität und ihrer biologisch bedingten Unreife brauchen sie Eltern, die ihnen einen festen Rahmen geben. In diesem Zusammenhang kommt es unweigerlich zu Reibung und Konflikten. Und das nicht nur mit den Kindern, sondern auch mit dem Partner. Männer, die nicht dasselbe sensitive Naturell haben, vertreten häufig ganz andere Werte und haben grundverschiedene Vorstellungen, was die Kindererziehung angeht.

Lena

Ich bin Mutter dreier erwachsener Kinder. Meine Erziehung war von Liebe getragen und eher »Laissez-faire«. Ich bin mit den Kindern oft in andere (geistige) Welten gereist. Ich zeigte ihnen die energetische Welt hinter der dichten Energie der Materie. Ich half ihnen, ihre Kreativität zu wecken. Ich konnte sie relativ früh

gut loslassen, und wir sind bis heute in einem guten Kontakt.
Die Kinder erzählen mir oft von ihren Sorgen und erbitten meinen
Rat und Unterstützung.
Meine drei Kinder sind grundverschiedene individuelle Wesen,
aber alle haben ein großes Herz. Heute denke ich, es war ein
Nachteil, dass ich keine klaren Grenzen setzen konnte. Kinder
orientieren sich an Grenzen. Sie selbst haben oft Entgrenzungs-
erlebnisse, und manchmal verlieren sie sich darin.

Kinder als Stressfaktor

Wir stellen uns eine Familiengründung immer romantisch vor. Das süße kleine Baby, der Kinderwagen, das Stillen und das gute Gefühl, eine richtige Familie zu sein. Doch grundsätzlich konnte die psychologische Forschung feststellen, dass Familiennachwuchs einen immensen Stressfaktor für eine Paarbeziehung darstellt, besonders in den ersten drei Lebensjahren. Kommt es dann zu einer Trennung, ist die Mutter oft auf sich allein gestellt. Vielfach entbrennt ein Streit um Unterhaltszahlungen und Umgangsrecht. In diesen Phasen brauchen Mütter jede Unterstützung, die sie bekommen können. In jeder größeren Stadt gibt es Familienberatungsstellen, die entweder von der Gemeinde oder einem kirchlichen Träger bezahlt werden. Dort können Mütter und Väter therapeutischen Rat und weitere Hilfestellungen erhalten. In vielen Fällen ist auch eine Mutter-Kind-Kur empfehlenswert.

Gebären im Industriezeitalter

Um Mutter zu werden, müssen Frau und Kind die Schwelle der Geburt durchschreiten. Dieser kritische Moment wurde im Laufe unserer historischen Entwicklung immer weiter von den natürlichen Abläufen entfremdet. In dem amerikanischen Dokumentarfilm *The Business of being born* wird dies sehr gut gezeigt. Wir können darin den Alltag im Krankenhaus beobachten, wie Kinder nach Dienstplänen mit Wehen fördernden Mitteln »geholt« werden oder per Kaiserschnitt auf die Welt kommen. Frauen brauchen eine enorme Stärke, um sich in diesem Kontext zu behaupten, gerade bei der Geburt, wenn sie sehr verletzlich und auf kompetente und einfühlsame Hilfe angewiesen sind.

Ich hoffe sehr, dass die Diskussion in Deutschland um die hohen Risikoversicherungen für Hebammen eine gute Lösung findet. Diese Entwicklung führt mittlerweile dazu, dass ein Teil der freiberuflichen Hebammen ihren Beruf aufgibt. Doch wir brauchen diese weisen Frauen dringend: in den Krankenhäusern und in niedergelassenen Praxen. Wenn wir die gute medizinische Versorgung unserer Zeit mit dem alten Wissen der Hebammen vereinen, wird natürliches Gebären eine Selbstverständlichkeit sein.

Es gibt noch weitere geschulte Geburtsbegleiterinnen, die Frauen emotional unterstützen. Sie nennen sich »Doulas«. In Holland ist diese Bewegung schon sehr etabliert, und auch in Deutschland können Frauen eine Doula finden, wenn sie wollen.

Babyblues

Nach einer Geburt, die eine Extremsituation darstellt, ist die Mutter emotional besonders verletzlich und erschöpft. Die enorme körperliche Anstrengung, die hormonelle Umstellung und etwaige Komplikationen können zu einer niedergeschlagenen Stimmung bei der Mutter führen. Deshalb braucht sie besonders in den ersten Monaten ein fürsorgliches Umfeld, das ihr die Kraft und Zuversicht gibt, in ihre neue Rolle als Mutter hineinzuwachsen. Das Gefühl von Überforderung kann für hochsensible Mütter sehr überraschend sein. Dann kommen die Selbstzweifel und das Grübeln über alles, was sich als Kontrast zur Phantasievorstellung darstellt. Manche Mütter entwickeln sogar einen Baby-Blues, also eine depressive Phase nach der Geburt, die in ärztliche oder therapeutische Betreuung gehört.

Auch Tabuthemen wie Fehlgeburten, Abtreibungen oder andere Komplikationen rund um das Kinderthema können sich als schwere seelische Belastung darstellen, die zum Teil vom Umfeld oder der betroffenen Frau selbst verharmlost werden. Diese Frauen brauchen eine liebevolle, verständnisvolle und frauenorientierte Psychotherapie.

Wieder eigenen Interessen nachgehen

Mit dem Älterwerden der Kinder wird dann vieles leichter. Sobald sie selbständig spielen können und eigene Freunde haben, sind sie nicht mehr zu hundert Prozent von der Mutter abhängig. Dann werden die Freiräume wieder größer, und die hochsensible Mutter kann ohne schlechtes Gewissen den eigenen Interessen nachgehen. Dennoch braucht es viel Stärke, die individuellen Vorstellungen von dem, was für das Kind gut sein soll, durchzusetzen. Es gibt so viele unterschiedliche Konzepte. Das betrifft vor allem die Themen: Ernährung, Schulbildung, Spracherziehung, Schlaftraining, Konfliktbewältigung, den Umgang mit den neuen Medien (Computer, Handy usw.) und vieles mehr. Versuchen Sie bei all diesen Themen Ihren gesunden Menschenverstand einzuschalten, und vertrauen Sie auf Ihren Mutterinstinkt. So ersparen Sie sich viel Stress und Diskussionen mit Ihrem Umfeld. Wenn Sie bei einer Entscheidung ein schlechtes oder gutes Gefühl haben, hören Sie darauf. Fehlentscheidungen werden dann getroffen, wenn wir gegen unsere inneren Überzeugungen handeln. Vertrauen Sie auf Ihre sensitive Wahrnehmung.

Katharina

Meine Kinder sind inzwischen erwachsen, und ich habe nur gute Erinnerungen an ihre frühen Jahre. Für mich ist es ausschließlich positiv, Mutter zu sein. Ich habe aber bald gemerkt, dass es für mich wichtig ist, nicht »nur« Mutter und Ehefrau, sondern auch »ich« zu sein. Als die Kinder noch klein waren, habe ich das Abitur nachgeholt und dann mit dem Studium begonnen. Damals wusste ich noch nicht, dass ich Fähigkeiten mitbringe, die als »hochsensibel« bezeichnet werden. Ich war damals oft verunsichert, weil ich mich anders empfand als mein Umfeld. Heute sehe ich es als großes Geschenk. Im Umgang mit den Kindern war das sicher ein Vorteil. Zum Beispiel, unglaubliche Kraft und Lebensfreude aus der Natur zu schöpfen und mit den Kindern zu teilen, zusammen mit ihnen kreativ zu sein, ihre Stimmungen zu spüren und darauf angemessen eingehen zu können.

Gratulation

Grundsätzlich bin ich davon überzeugt, dass hochsensible Frauen ganz wunderbare Mütter sein können. Denn aufgrund ihrer emphatischen Fähigkeiten, Phantasie und Kreativität sind sie sehr geeignet, sich in die Welt der Kinder hineinzuversetzen. Sobald Sie eine gute Balance zwischen den Bedürfnissen Ihrer Kinder und den eigenen Wünschen gefunden haben, werden Sie das alles großartig meistern. Haben Sie Vertrauen in Ihre Kompetenz als Mutter und in Ihre Intuition. Lassen Sie sich nicht von Verwandten, Kollegen oder Freunden entmutigen, wenn Sie in Familienangelegenheiten Ihren ganz eigenen Weg gehen wollen.

Kinderlose hochsensible Frauen

Bei meiner Umfrage mit vierhundertvierzig hochsensiblen Frauen gab nur ein Drittel von ihnen an, Mutter zu sein. Dabei war die Hälfte von ihnen im gebärfähigen Alter zwischen zwanzig und vierzig Jahren und weitere 44 Prozent zwischen vierzig und sechzig Jahren alt, wo die Kinderphase in der Regel schon abgeschlossen ist. Ob diese Zahlen der repräsentative Trend für alle hochsensiblen Frauen ist, ließe sich nur mit einer größeren Stichprobe von tausend und mehr Teilnehmerinnen untersuchen. Dennoch sehe ich in diesen deutlichen Zahlen schon einen ernstzunehmenden Trend. Denn sie zeigen, dass es einen nicht unerheblichen Anteil von sensitiven Frauen gibt, die kinderlos bleiben.

Die Vorstellung, Mutter zu werden, löst bei hochsensiblen Frauen intensive, gemischte Gefühle aus. Die große Verantwortung, das Gefühl der Reizüberflutung und die Frage, ob es richtig ist, ein Kind »in diese Welt zu setzen«, beschäftigt hochsensible Erwachsene. Ich persönlich bin davon überzeugt, dass ein erheblicher Teil der hochsensiblen Frauen sich bewusst dafür entschieden hat, keine Kinder zu bekommen. Dies ist eine ganz andere Situation als das Drama der ungewollten Kinderlosigkeit. Während Freunde und Verwandte Nachwuchs bekommen, bleiben diese Frauen kinderlos, auch wenn sie sich in einer Partnerschaft befinden. Von vielen dieser Paare wird die Kinderlosigkeit leider als ein persönliches Versagen gedeutet. In einer Welt, in der alles machbar scheint, alles käuflich ist und die Medizin immer mehr Fortschritte macht, wird die ungewollte Kinderlosigkeit zur Zerreißprobe für die Partnerschaft. Wenn dann die fünfte künstliche Befruchtung scheitert, fragt sich die Frau, was mit ihr nicht stimmt. Wenn Sie dieses Thema betrifft und Sie sich damit eingehender beschäftigen möchten, empfehle ich Ihnen das Buch *Unsere Glückszahl ist die Zwei* von Franziska Ferber.

Manuela

Ich bin einunddreißig Jahre alt und habe keine Kinder. Der Gedanke beschäftigt mich fast jeden Tag. Eigentlich wäre ich die geborene Mama, mein Partner würde wahrscheinlich auch passen. Ich weiß aber nicht, ob ich ein so zartes Geschöpf in diese Welt bringen will und in der Lage wäre, sie für es besser zu machen. Für mich ist das ein schwieriges Thema.

Für kinderlose hochsensible Frauen gibt es viele Möglichkeiten, sich jenseits einer Mutterschaft eine Identität aufzubauen. Statt sich mit biologischen Kindern zu umgeben, können sie sich »kreativen Kindern« widmen. Sie haben mehr Zeit, Ihre eigenen Wünsche, Träume und Visionen umzusetzen. Diese Unabhängigkeit kann sich in einer erfolgreichen Karriere widerspiegeln oder in einem freien Leben mit vielen Auslandsaufenthalten und beruflichen Umbrüchen. Auch das ehren-

amtliche Engagement für Kinder oder die berufliche Begleitung von Kindern in sozialen Berufen kann ein guter Ersatz
für eigene Kinder sein.

Denn der Mutterwunsch blinzelt, schon allein hormonell
bedingt, immer wieder auf. Kinder berühren unser Herz, sie
sind noch so frei, lachen viel und verhalten sich oft unkonventionell. Deshalb verwandeln uns Kinder ebenfalls. Es ist
schön, wenn wir Kinder in unserem Umfeld haben, wenn auch
nicht zu Hause. Auf diese Weise erleben sensitive Frauen die
Möglichkeit, für Kinder etwas zu bewegen, ohne dass sie sich
der großen Verantwortung stellen müssen.

Denn wer sagt, dass es ein Fehler ist, kinderlos zu bleiben?
Vielleicht war das ja in Ihrem Fall genau die richtige Entscheidung! Wenn Sie sich für Kinder einsetzen wollen, fragen Sie
sich, ob Sie als Patentante oder in einem Verein für andere
Kinder aktiv werden möchten. Es gibt so viele Möglichkeiten,
sich für die jüngeren Generationen zu engagieren. Schließen
Sie irgendwann Frieden mit Ihrer Entscheidung oder mit dem
Schicksal. Versuchen Sie, sich mit Ihrer Kinderlosigkeit zu versöhnen. Machen Sie das Beste aus Ihrem Leben.

Familientraditionen und Beziehungsmuster unserer Ahnen

Unter Therapeuten, Familienaufstellern und Schamanen hat
sich die Erkenntnis der Wichtigkeit unserer Familiengeschichte herumgesprochen. Viele Experten sagen, dass wir
durch die sieben Generationen vor uns geprägt sind. Oftmals
reicht unser Wissen leider nur drei, maximal vier Generationen zurück, wenn es keinen Ahnenstammbaum gibt. Doch die

vorhandenen Informationen können uns wertvolle Hinweise darüber geben, ob sich im Familiensystem bestimmte Muster entwickelt haben, die sich immer wiederholen oder in Abwandlung geschehen.

Wie kommt es zu diesen Wiederholungen? Dazu gibt es verschiedene Erklärungsmodelle. Zunächst ist die psychologische Prägung enorm wichtig. Zum Beispiel erschrecken Frauen, die Mütter geworden sind, häufig, wenn sie bemerken, dass sie dieselben Verhaltensweisen an den Tag legen wie ihre eigenen Mütter. Dies geschieht unbewusst. Selbst wenn Frauen sich geschworen haben, später »alles anders zu machen«, wenn sie einmal Kinder haben, spielt sich ganz schnell die alte Platte ab. Unsere familiären Prägungen sitzen tief im Unterbewusstsein, und ohne Eigenreflexion werden Muster, Werte, Normen und gesellschaftliche Konditionierungen an die Nachfahren weitergegeben. Es erfordert ein starkes Selbstbewusstsein und eine kontinuierliche Selbstreflexion, um diese alten Muster nicht ungefiltert zu wiederholen.

Auf der feinstofflichen Ebene, die wir bereits im Abschnitt über die Sinneskanäle beleuchtet haben, gibt es ein Energiefeld, das sämtliche Informationen aus dem Familienverbund aufzeichnet. Das sogenannte morphogenetische Feld speichert wie ein Computer alle Ereignisse der Familienchronik. Therapeuten, die mit systemischen Familienaufstellungen arbeiten, können ein Lied davon singen. Wie von Zauberhand werden Familiengeheimnisse offenbart, die durch Krieg, Verbrechen oder Tabus lange Zeit im Hintergrund gehalten wurden. Wenn Kinder versterben oder Verwandte Suizid begehen, hat dies ebenfalls spürbare Folgen für das Gesamtsystem eines Klans.

Für unsere Betrachtungen soll es genügen, die relevanten Beziehungsmuster unserer Ahnen zu identifizieren.

Übung: Fertigen Sie einen Familienstammbaum an

Um sich Klarheit über Ihre Familienmuster zu verschaffen, kann es hilfreich sein, den Stammbaum Ihrer Familie aufzuzeichnen. Beginnen Sie bei Ihren Eltern und bauen Sie den Baum dann jeweils bei der Mutter- und Vaterlinie weiter. Tragen Sie stichwortartig Fakten ein, die wichtig sind. Dazu gehören Scheidungen, Trennungen, die Geschwister, Todesfälle und die Charaktere Ihrer Ahnen.

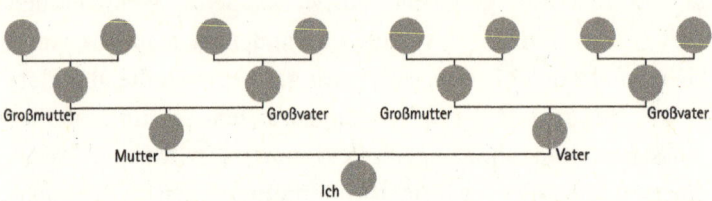

Großmutter   Großvater   Großmutter   Großvater
Mutter   Vater
Ich

**Beispiel eines vereinfachten Familienstammbaums
mit drei Generationen**

Im folgenden Abschnitt finden Sie eine Fülle von Reflexionsfragen, die Ihnen dabei helfen, sich Ihrer Familienthemen bewusster zu werden.

- Ist Ihr Vater selbst ohne Vater aufgewachsen? Wie hat sich dies in Ihrer Familie gezeigt? Kam es zur Scheidung, war Ihr Vater ebenfalls abwesend?
- Welches Frauenbild hat Ihre Mutter Ihnen vorgelebt?
- Welches Männerbild hat Ihr Vater Ihnen vorgelebt?
- Was haben beide über das andere Geschlecht gepredigt (zum Beispiel: »Männer sind ... Frauen sind ...«)?
- Wer hat sich in der Familie hilflos verhalten?
- Wer war in der Ehe der dominante Teil? Wer hatte »die Hosen an«?
- Welche Ahnen hatten ein Alkoholproblem? Welche seelischen Schmerzen wollten sie damit betäuben?

- Welche Familienmitglieder könnten auch hochsensibel gewesen sein, und wie sind sie damit umgegangen? In früheren Zeiten waren sensible Eigenschaften nicht gerade gefragt. Stattdessen versuchten Männer und Frauen, stark zu sein. Leistungsbereitschaft, Funktionalität und das Erfüllen gesellschaftlicher Normen waren in vielen Familien wichtiger als emotionale Authentizität.
- Wurde Ihre Mutter/Ihr Vater wegen der Sensibilität verspottet?
- Wurde die eigene Mutter zum Beispiel in Watte gepackt, weil man ihr die Härten des Lebens ersparen wollte? Wie wirkte sich das auf Ihre Erziehung aus?
- Welche Familienmitglieder haben mit den Traditionen und Erwartungen ihrer Eltern gebrochen?
- Wie wurden die Themen Körperlichkeit, Zärtlichkeit, Sexualität in der Familie gelebt?
- Welche Familienmitglieder haben als Schlichter und Vermittler gewirkt?
- Wer war/ist das »schwarze Schaf« in der Familie?
- Gibt es ein »Aschenputtel« in der weiblichen Linie? Wie hat sich das auf die Nachfolgegenerationen ausgewirkt?
- Gab es untreue Väter, Großväter (»Weiberhelden«), die offensichtlich mehrgleisig fuhren und damit die weiblichen Ahnen verunsicherten?
- Hielten Ihre Mutter/Großmütter/Urgroßmütter an unguten Beziehungen fest, weil sie durch Existenzängste und gesellschaftliche Normen gar nicht anders konnten?
- In welcher Hinsicht »rebellieren« Sie gegen Familientraditionen, was Beziehungen angeht, und wie ist es Ihnen damit ergangen?
- Welche schädigenden Familientraditionen haben Sie nicht wiederholt? Seien Sie stolz auf sich!

Selbst wenn Sie nicht viel über Ihre Großeltern und Urgroßeltern wissen sollten, können Sie allein aus dem Beziehungsmodell Ihrer Eltern viele Hinweise erhalten. Denn in den elterlichen Beziehungen werden die Muster der Ahnen in komprimierter Form gelebt. Versuchen Sie herauszufinden, wie stark Sie selbst den Familientraditionen treu sind, was Beziehungen angeht.

Chronik eines generationenübergreifenden Beziehungsmusters

In einer meiner Beratungen sprach ich mit einer jungen Frau, die sich emotional von einer destruktiven Beziehung befreien wollte. Obwohl der Mann sie als heimliche Affäre ansah, spürte sie eine tiefe Verbundenheit mit ihm. Auch nach der Trennung fiel es ihr schwer, die Geschichte abzuschließen. Obwohl sie bereits in einer neuen, liebevollen Partnerschaft lebte, beschäftigte sie die Vergangenheit. Bei der Analyse ihrer Beziehungsanbahnungen stellte sich heraus, dass sie immer wieder in Beziehungen hineinschlitterte, weil sie Männern keinen *Korb geben* konnte. Sie hatte nicht die Kraft, wie die Prinzessin vom »Froschkönig«, den unpassenden Verehrer beherzt an die Wand zu werfen. Ihre Grenzen waren zu durchlässig und boten keinen Schutz. Eigentlich wollte sie diese Verbindung damals nicht eingehen, doch durch das beharrliche Drängen ihres Verehrers willigte sie dennoch ein.

Um dieses Muster zu verstehen, analysierten wir die Themen ihrer Mutter und Großmutter. Dabei stellte sich folgendes übergeordnetes Muster heraus. Sowohl ihre Mutter als auch die Oma litten sehr in Beziehungen. Das begann mit einer sehr leidenschaftlichen Ehe ihrer Großmutter mit einem notorischen Fremdgeher. Mit letzter Kraft löste sich die Oma von ihrem Mann, den sie nach eigenen Aussagen sehr liebte. Von diesem Zeitpunkt an war sie alleinerziehende Mutter. Sie betäubte sich durch Rauchen. Durch wiederholte psychische Zusammenbrüche der Großmutter fehlte der Mutter meiner Klientin die ausreichende Bemutterung. Stattdessen stellte sich eine Rollenumkehr ein, die ihr abverlangte, die eigene Mutter emotional zu stabilisieren. Die Mutter fühlte sich schon als Kind gegenüber der Großmutter *schuldig*, weil diese als alleinerziehende Frau ein schweres Leben hatte. Und, es verwundert kaum, genau dieses Muster erlebte meine Klientin mit ihrer Mutter ebenfalls. Die Mutter suggerierte ihr, dass sie nur deshalb bei dem Vater der Klientin blieb, damit das Mädchen »nicht ohne Vater aufwachsen muss«.

Oberflächlich betrachtet, gelang es der Mutter, das Drama der alleinstehenden Großmutter nicht zu wiederholen. Doch das Leiden ging weiter. Sie war unglücklich in der Ehe. Im Unterbewusstsein meiner Klientin nistete sich der Gedanke ein: »Ich bin schuldig, dass meine Mutter einen Mann geheiratet hat, der ihr nicht guttut.«

An diesem Beispiel kann man sehr gut die emotionale Schuldweitergabe über die Generationen beobachten. Die junge Frau fühlte sich auch gegenüber Beziehungspartnern »schuldig« und war gehemmt, diese zu verletzen.

Im Zuge unserer psychologischen Ausgrabungsarbeiten der Familiengeschichte konnten wir erkennen, dass die Mutter den Mann durch das zweite Kind halten wollte, denn auch er war nicht treu. Das ist der älteste Trick der Welt, der noch nie wirklich funktioniert hat. Viele Frauen glauben, sie können einen Mann durch ein Kind bei sich halten. Ein zweites Mal wiederholte sich das Drama der Großmutter.

In der besagten destruktiven Beziehung meiner Klientin wiederholte sich das Muster in dritter Generation. Sie schlitterte mit Anfang zwanzig in eine Affäre, die nach den Wünschen des Mannes »geheim« bleiben sollte, während er sich parallel mit anderen Frauen vergnügte. Gleichzeitig präsentierte er sich als »hilfloses Opfer«, womit er ihr Muster der Überverantwortung bediente. In ihrer neuen Beziehung, die harmonisch verlief, spürte sie ein tiefes Misstrauen und wartete förmlich darauf, dass etwas Schreckliches passieren würde. Tief in ihrem Innersten vertraute sie keinem Mann, was bei der Familiengeschichte nicht verwundert.

Durch genaues Hinschauen, dem Aufspüren der Glaubenssätze und dem Lösen aus den alten emotionalen Verstrickungen gelang es der Frau, die alten Muster zu verwandeln. Sie hatte folgende Glaubenssätze:

- Lieben bedeutet leiden. (Anziehung zu destruktiven Partnern.)
- Männern kann ich nicht vertrauen. (Wartete darauf, dass etwas Schlimmes passiert.)
- Ich bin verantwortlich für das Leid der anderen. (Überverantwortung für die Mutter und Partner. Ließ sich aus Mitleid zu Beziehungen drängen.)
- Ich bin nicht liebenswert. (Liebt mich mein Partner wirklich?)
- Beziehungen zwischen Männern und Frauen funktionieren nicht. (Dies ließ sie sich wiederholt bestätigen.)

Sie lernte, emotionale Überverantwortung für das Leiden der Mutter und anderer Menschen abzulegen. Plötzlich erkannte sie, wie tief sie sich von dem ehemaligen Geliebten hatte instrumentalisieren lassen. Sie konnte sich besser für ihre aktuelle Beziehung öffnen und Vertrauen aufbauen. Durch die ausführliche Reflexion ihrer Familiengeschichte wurde ihr bewusst, wie ihre Beziehungsprobleme mit den Geschehnissen der Vorgängergenerationen im Zusammenhang stehen.

Um diese uralten Konditionierungen zu durchbrechen, ist es hilfreich, sich der Anfangsphase jeder Beziehung bewusst zu werden. Wie haben Ihre Beziehungen begonnen? Wie haben sie geendet? Welche Muster erkennen Sie bei sich?

Übung: Die Masken ins Feuer werfen

Wenn Sie Ihren Familienstammbaum betrachten, werden Sie sich bewusst, dass Ihre Vorfahren oftmals nur »Rollen« gespielt haben, in die sie durch die Gesellschaft und die jeweilige Zeit hineingepresst wurden. Wie Schauspieler haben sie eine Maske getragen. Wenn Sie beispielsweise miterleben mussten, wie Ihre Mutter sich als schwach, unterwürfig und labil gezeigt hat, stellen Sie sich vor, wie die wahre Essenz Ihrer Mutter hinter dieser Maske ausgesehen haben mag. Wer hätte Ihre Mutter sein können, wenn sie die Rolle des Opfers abgestreift hätte? Schauen Sie für einen Augenblick hinter die Kulissen. Oder denken Sie an einen männlichen Verwandten, der offensichtlich hochsensibel ist oder war und dies durch Strenge kaschieren wollte. Besonders Männern war es lange Zeit gesellschaftlich nicht erlaubt, ihre Sensibilität zu zeigen, es sei denn, sie waren Künstler.

Wenn Sie bei sich selbst Masken entdeckt haben, die es Ihnen ermöglichen, im Alltag eine Rolle zu spielen, überlegen Sie sich genau, ob Sie diese noch brauchen. Oftmals basteln wir diese Masken, um unseren verletzlichen Kern zu beschützen. Doch irgendwann kann sich eine solche Rolle als überholt erweisen und ein glückliches Leben behindern. Hochsensible Frauen, die den Anspruch an sich haben, immer stark sein zu müssen, verfallen in Leistungsdruck und geraten aus der Balance, wenn es um Geben und Nehmen geht.

Stellen Sie sich bildlich vor, wie Sie alte Masken, die Ihnen zu eng geworden sind, ins Feuer werfen. Befreien Sie sich von dem alten Ballast. Um das Bild zu verstärken, können Sie dieses Ritual auch für Ihre Verwandten visualisieren. Stellen Sie sich vor, wie Ihre Mutter ihre eigene Maske verbrennt und als starke, authentische, empfindsame Frau hervorgeht.

Übung: Uralte Familienstrukturen durchbrechen
Werden Sie sich der einschränkenden Glaubenssätze bewusst, die Ihnen durch Ihre Eltern vermittelt wurden, und arbeiten Sie damit wie in Kapitel 3 (»Wie Sie Ihren inneren Kritiker über Bord werfen«). Dafür können Sie zusätzlich ein Feuerritual durchführen. Schreiben Sie alle Glaubenssätze, die Sie ablegen wollen, auf ein Stück Papier. Werden Sie sich beim Schreiben bewusst, dass dies nur verzerrte Botschaften sind, die Sie nicht länger mit sich herumtragen müssen. Machen Sie ein kleines Feuer oder verbrennen Sie den Zettel in einer Räucherschale. Vergeben Sie Ihren Eltern und Ahnen, dass sie Ihnen verzerrte Botschaften vermittelt haben. Sie wussten es nicht besser. Vergeben Sie sich selbst ebenfalls.

Wenn Sie, wie in meinem Praxisbeispiel, eine uralte Wiederholungsschlaufe in Ihrer Familienchronik entdeckt haben, machen Sie sich bewusst, inwieweit Sie selbst schon in die Wiederholungsfalle getappt sind. Bei tiefgreifenden Familienthemen kann es sehr hilfreich sein, wenn Sie zusätzlich mit einer erfahrenen Therapeutin oder einem wissenden Coach sprechen. Oftmals haben wir blinde Flecken für das Ausmaß unserer Familienmuster. Wenn Sie sich dann voll bewusst darüber sind, fragen Sie sich, ob Sie tatsächlich bereit sind, mit den Familientraditionen zu brechen, die Ihnen heute schaden.

Wenn der Moment der Wahrheit kommt, kann es sich wie ein Verrat anfühlen, das gewohnte Fahrwasser zu verlassen. Denn insgeheim solidarisieren wir mit unseren Müttern, Vätern und Großeltern. Wir sind ihnen, auch im Erwachsenenalter, loyal. Das ist wirklich paradox. Wenn wir aus dem Leidensweg ausscheren und wieder Liebe, Glück und Erfüllung in unser Leben einladen, kann das ein beschämendes Gefühl verursachen.

Dieses Phänomen taucht auf, wenn die Eltern schwierige Biographien hatten. Da können sie noch so oft gepredigt haben: »Du sollst es einmal besser haben als ich«, tief in uns regt sich ein Widerstand. Grund dafür ist die bereits beschriebene hohe Empathie sensitiver Frauen. Wir wollen verhindern, unsere Eltern mit unserem Glück zu beschämen, und sie nicht auf ihr Versagen hinweisen. Sie denken, das klingt verrückt? Dann schmökern Sie mal in das nächste Schicksal aus meiner Beratungstätigkeit mit sensitiven Frauen.

Auch in Beziehungsfragen wiederholen wir oft die alten Leiden unserer Ahnen, bis wir ganz bewusst eine neue Entscheidung treffen. Erlauben Sie sich, aus den Schicksalen Ihrer Vorfahren zu lernen, ohne diese einfach blind zu wiederholen. Warten Sie nicht länger auf die Erlaubnis Ihrer Familie, Ihren eigenen Weg zu gehen. Treffen Sie eigene Entscheidungen. Sagen Sie ja zur Liebe, zum Glück und zu allem, was Sie sich von Herzen wünschen.

Praxis-Beispiel

Ich denke da an einen weiteren Fall aus meiner Coachingpraxis. Eine junge Mutter von drei Kindern suchte Rat bei mir. Sie hatte studiert und für ihre Kinder eine Karrierepause eingelegt. Sie liebte es, Mutter zu sein, doch mit der Zeit fiel ihr die Decke auf den Kopf. Sie sehnte sich danach, sich beruflich weiterzuentwickeln. Nach der Elternpause geriet sie, wie die meisten Mütter, in massive Selbstzweifel, ob sie den Wiedereinstieg ins Berufsleben schaffen könnte, ob sie noch fit genug sei. Wir machten uns die Mühe, ihre Glaubenssätze zu durchforschen, und stießen nach einiger Zeit auf ihren unterdrückten Wunsch, eine akademische Karriere anzustreben und eine Doktorarbeit zu schreiben. Sie schilderte, wie schambehaftet sie sich fühlen würde, wenn sie als Mutter von drei Kindern mit anderen Studenten im Kolloquium sitzen und über ihre Ideen sprechen sollte.

Ich spürte, dass etwas nicht in Ordnung war. Alles Fragen nach ihren begrenzenden Glaubenssätzen brachte nur Verstandesmüll an die Oberfläche. Dann traf mich ein Gedankenblitz, dass die Schamgefühle der Frau eine Umkehrung sein könnten. Ich fragte sie, wen sie mit ihrer akademischen Karriere beschämen würde. Und das war der Volltreffer. Wie aus der Pistole nannte sie ihre eigenen Eltern und ihren Ehemann, die alle nicht studiert hatten und – akademisch gesehen – in einer anderen Welt lebten. Ihr Familienmuster war es also, nicht zu studieren und bodenständige Berufe auszuüben. Ihre geisteswissenschaftliche Studienrichtung war für die Familie ungreifbar. Das Ausbrechen aus den familiären Konventionen war für sie mit einer großen emotionalen Hürde verbunden.

Kapitel 7

Weibliche Heilungsräume

Einen Schutzkreis ziehen

In archaischen Kulturen hat der Kreis eine tiefe spirituelle Bedeutung. Er symbolisiert den nie endenden Zyklus des Lebens, den Kreislauf der Natur mit den sich wiederholenden Jahreszeiten, Geburt, Tod und Wiedergeburt. In abgewandelter Form gilt auch die Spirale als Ausdruck des sich wandelnden Lebenskreises. Sie symbolisiert den Entwicklungsweg der Seele. In vielen Religionen kennt man bis heute Kreisprozessionen. Dabei umrunden Pilger einen heiligen Berg, einen Schrein oder Wallfahrtsort. Überall in Europa finden wir bis zum heutigen Tage Steinkreise, die von unseren Urahnen dort aufgestellt wurden. Besonders in Norddeutschland sind noch viele davon erhalten. Doch die Tradition der Heilkreise reicht über den gesamten Globus. Wir finden die Kreisformationen auf der materiellen Ebene und parallel dazu auch in unserer innerseelischen Gefühlswelt. Rituale helfen uns dabei, den heiligen Schutzkreis um uns selbst zu ziehen.

Andrea

Als ich während des Studiums an einer schweren Grippe litt, dachte ich einmal, ich müsste sterben. Es war in der Nacht, und ich war völlig verzweifelt. Ich wusste mir nicht mehr zu helfen.

Instinktiv verließ ich das Bett und begann, einen Heilkreis auf dem Boden meines Zimmers zu legen. Die Angst und mein geschwächter Zustand ließen mich am ganzen Körper zittern. Ich schaute mich um und überlegte, welche Gegenstände eine heilige Bedeutung für mich hatten. So legte ich bestimmte Heilsteine, Bilder und Figuren als einen Kreis auf den Boden. Aus tiefstem Herzen betete ich zu allem, was mir heilig war, und bat um Schutz und Genesung. Als ich mich in dem Kreis zum Schlafen legte, überkam mich eine große Ruhe, und ich spürte wieder etwas mehr Vertrauen in das Leben. So schlief ich durch bis zum nächsten Morgen. Die Panik verschwand. Ich war zwar noch nicht über den Berg, doch die innere Zuversicht half mir, das Leiden besser zu überstehen.

Die Heilkraft der Seele scheint durch uns hindurch, wenn wir uns wieder auf archaische Rituale und Gebete einlassen. Es gibt keine Trennung zwischen Seele und Körper. Mit unserer weiblichen Schöpferkraft können wir heilsam für uns selbst wirksam werden.

Der Kreis als Begrenzung des eigenen Ichs

Der Kreis zieht eine Linie, eine Grenze. Er unterscheidet zwischen innen und außen. Diese geometrische Urform kommt auch in unserer Biologie vor. Unsere Körperzellen sind im Prinzip ebenfalls kreisförmig und durch eine Membran von den anderen Zellen unterscheidbar. Bei hochsensiblen Frauen ist die Grenze zwischen innen und außen, zwischen *ich* und *du* meist durchlässig. Auf dem Weg zur inneren Kraft ist es daher unerlässlich, dass Sie ebenfalls einen Schutzkreis um sich ziehen.

Übung: Das entgrenzte Ich visualisieren
Nehmen Sie sich ein Blatt Papier und ziehen Sie einen Kreis. Schreiben Sie in die Mitte dieses Kreises das Wort »Ich« und darunter Ihren Namen. Notieren Sie sich zunächst, wie Ihre aktuelle Situation aussieht. Unsere Identität ist meist zu sehr mit Dingen im Außen verknüpft, etwa mit der Anerkennung, die wir im Beruf und in der Familie suchen. Wir erlauben Energievampiren, uns auszusaugen, wenn wir uns über das Helfen definieren und einfach nicht nein sagen können. Wir verausgaben uns in diesem Zustand. Die Grenzen werden immer durchlässiger. Zu viele Überstunden im Beruf, Hilfestellung bei der Schwiegermutter, das perfekt geputzte Haus, Taxi Mama, Kummerkasten der Nation. Je mehr wir über unsere Grenzen gehen, desto stärker verlieren wir das Gefühl für uns selbst und die eigenen Bedürfnisse.

Machen Sie zunächst eine Bestandsaufnahme. Das könnte zum Beispiel so aussehen.

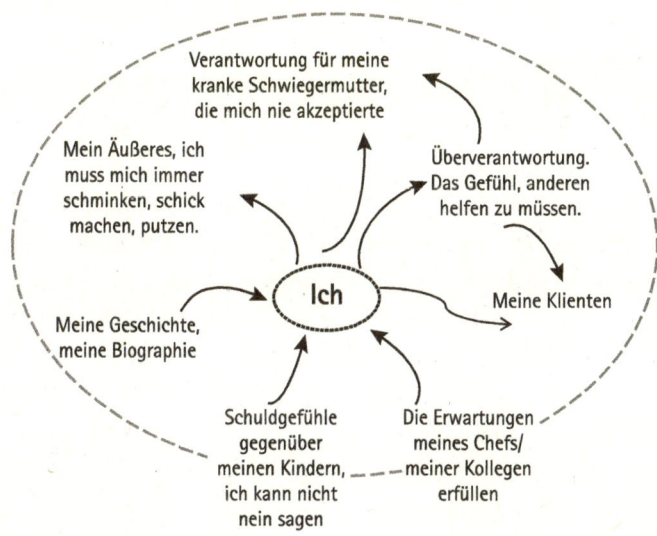

Das entgrenzte Ich

Diese grafische Darstellung macht deutlich, dass die Person durchlässige Grenzen hat. Das »Ich« definiert sich durch Aufopferung, Verantwortung, Attraktivität und durch Erfüllen der Ansprüche von Menschen aus dem Umfeld. Auf diese Weise verleugnen wir unsere eigenen Bedürfnisse und leben irgendwann nur noch funktional. Die Seele bleibt auf der Strecke. Darüber hinaus identifiziert sich das Ich mit seiner persönlichen Geschichte und den Verletzungen aus der Biographie. Als Kompensation versucht diese Frau, wenigstens nach außen einen guten Eindruck zu machen. Sie geht zum Friseur, zur Kosmetikerin und kleidet sich schick. Der Schein bleibt gewahrt, damit niemand hinter die Kulisse der Fassade blicken kann.

Übung: Einen Schutzkreis ziehen

Nehmen Sie nun ein weiteres Blatt Papier und ziehen Sie einen Schutzkreis um sich. Lassen Sie es nicht mehr zu, dass Sie sich durch Spielereien, Überanpassung und Überverantwortung aussaugen lassen. Nehmen Sie in den Kreis Ressourcen hinein wie Selbstliebe, die Achtung vor den eigenen Bedürfnissen, das Nein-Sagen, Selbstmitgefühl und Kreativität. Lassen Sie alles draußen, was nicht zum inneren Kreis gehört.

Lösen Sie sich von der Angewohnheit, sich durch Überanpassung zu verausgaben. Sagen Sie nein zu »Überstunden«, Nein zur grenzüberschreitenden Freundin, sagen Sie nein zu einem Liebhaber, der Sie nur für seine eigenen Interessen ausnutzt. Lösen Sie sich von Ihrer Vergangenheit und lassen Sie es nicht mehr zu, sich über Verletzungen aus der Biographie definieren zu lassen. Sie selbst haben die Verantwortung, diesen Schutzkreis zu erhalten. Geben Sie sich die Erlaubnis, für Ihre eigenen Interessen einzustehen, auch wenn das heißt, andere enttäuschen zu müssen. Erkennen Sie, dass Ihr Wert als

Frau nicht davon abhängt, ob Sie anderen gefällig, hübsch oder schlau sind. Ziehen Sie eine Grenze, ziehen Sie einen heiligen Schutzkreis! Sie haben jedes Recht dazu.

Wenn Sie die Heilarbeit mit dem Schutzkreis intensivieren wollen, gehen Sie hinaus in die Natur und legen sich einen Kreis auf dem Boden. Suchen Sie sich einfach Steine, Zweige, Blätter, Früchte, Tannenzapfen, Muscheln usw. aus Ihrer Umgebung. Finden Sie einen stimmigen Platz und legen Sie einen Kreis. Spüren Sie in sich hinein und entscheiden Sie sich für eine passende Größe. Brauchen Sie gerade viel Raum, dann machen Sie den Kreis größer. Haben Sie das Gefühl, dass der Kreis ganz nah bei Ihnen sein soll, definieren Sie den Radius enger. Sobald Sie sich im Kreis wohl fühlen, stehen Sie standfest auf dem Boden oder setzen Sie sich hin. Sprechen Sie ein Gebet, eine Bekräftigung, Affirmationen und versprechen Sie sich selbst, von nun an Ihre Grenzen zu schützen. Definieren Sie Ihre Grenzen, machen Sie Platz für Ihre eigenen Bedürfnisse. Sie sind es wert!

Für dieses Schutzritual können Sie sich auf meiner Website einen Text mit kraftvollen Affirmationen kostenlos herunterladen.

www.hsp-academy.de/downloads

Einen heiligen Ort zu Hause erschaffen

Auch in unseren eigenen vier Wänden brauchen wir einen Schutzraum. Dieser ist noch wichtiger als der Schutzkreis in der Natur, denn zu Hause halten wir uns die meiste Zeit auf. Hier ist unser Nest, wir erfahren Wärme, Geborgenheit und Rückzug. Deshalb brauchen wir einen Platz, der nur uns ganz allein gehört.

Viele sensitive Frauen verspüren den Wunsch, ihre Umgebung kreativ und individuell zu gestalten. Wahrscheinlich haben Sie auch schon allerhand hübsche Accessoires gesammelt: Steine, Federn, Muscheln, Postkarten aus aller Welt, exotische Stoffe und Decken. Besonders wenn Sie Mutter sind, brauchen Sie diesen Rückzugsort ganz dringend. Bei mir haben sich diese Orte in den Jahren häufig verändert. Denn unsere inneren Verwandlungen spiegeln sich auch im Außen wider.

Falls Sie noch keinen Ruheplatz für sich eingerichtet haben, überlegen Sie sich, welcher Ort im Haus nur Ihnen ganz allein gehören könnte. Wenn Ihre Kinder schon erwachsen und ausgezogen sind, können Sie eines der ehemaligen Kinderzimmer für sich zurückerobern. Haben Verwandte Ihr Heim mit Krimskrams zugestellt, das sie irgendwann einmal abholen wollen, misten Sie ruhig aus. Dies gilt auch für Ihre eigenen Ansammlungen von unnützen Dingen. Sie nehmen einfach zu viel Platz weg. Falls Sie sehr beengt leben, beanspruchen Sie einen bestimmten Teil des Wohn- oder Schlafzimmers für sich. Egal, wie und wo Sie leben, erschaffen Sie sich diesen Ort. Er sollte Ihnen die Möglichkeit geben, sich ganz geborgen und geschützt zu fühlen. Er ist da, wenn Sie sich entspannen wollen, schreiben, meditieren oder einfach nur zum Träumen. Ein Gefühl von Heiligkeit geht von diesen Plätzen aus.

Fragen Sie sich, welche Farben Sie brauchen, um einen solchen Bereich zu erschaffen. Manche Frauen lieben es, sich mit roten und orangenen Farben zu umgeben, um ein Gefühl von Wärme, Lebendigkeit und Geborgenheit zu erzeugen. Doch das muss nicht Ihre Lösung sein. Vielleicht brauchen Sie Klarheit, Reinheit und Transparenz? Dann werden Sie Weiß, Gold, Glas, Bergkristall bevorzugen. Oder gehören Sie zu jenen Naturen, die Grün brauchen, um sich zu entspannen? Grüne Seide, grüner Samt, ein Foto von einem Wald im Maigrün.

Einige sensitive Frauen gehen noch einen Schritt weiter und kleiden ihren Heilraum mit Naturmaterialien aus. Sie sammeln Moos, Farn, Steine, Blätter, Zweige und Kräuter. Oder lieben Sie Violett? Von dieser Farbe geht eine spirituelle Schwingung aus, die uns eine angenehme Ruhe verschafft. Wenn Sie Mandalas mögen, können Sie solche an die Wand malen oder sich einen guten Druck kaufen. Je mehr handgemachte Gegenstände in Ihrem Heilraum Platz finden, desto kraftvoller wird das Nest.

Lassen Sie Ihre ganze Kreativität in diesen Ort fließen. Nachdem Sie sich für die Farben und Materialien entschieden haben, fragen Sie sich als Nächstes, welche Anker Sie brauchen, um sich gut zu fühlen. Vielleicht möchten Sie ein paar Fotos aufhängen, ein Engelbild, eine Ikone oder ein Bild von einer Göttin? In jedem Fall wäre es schön, wenn die Bilder und Gegenstände Sie darin unterstützen, sich in Ihrer Weiblichkeit geborgen zu fühlen. Überlegen Sie, was Sie am liebsten tun wollen. Wenn Sie viel meditieren, brauchen Sie ein Meditationskissen oder eine Yogamatte. Wenn Sie sich richtig einkuscheln möchten, wären eine weiche Unterlage und Decken sinnvoll. Welche Bedürfnisse möchten Sie sich dort erfüllen?

Versprechen Sie sich nun, dass Sie diesen Heilraum regelmäßig nutzen werden. Überlegen Sie, wie oft Sie dort sein werden. Täglich, alle paar Tage, ein Mal pro Woche? Teilen Sie Ihren Familienmitgliedern mit, dass dieser Platz nur Ihnen gehört und nicht für andere Zwecke gebraucht werden darf. Stellen Sie Ihre Regeln auf. Wenn Sie ein ganzes Zimmer zur Verfügung haben, bringen Sie dort ein Schild »Bitte nicht stören« an und sorgen Sie dafür, dass Ihre Kinder das respektieren. Es ist Ihre heilige Zeit, Ihr heiliger Raum. Vielleicht brauchen Sie ihn, um in Ruhe nachzudenken, Tagebuch zu schreiben, zu tanzen oder einfach um auszuruhen. Sie haben ein Recht auf diesen Platz. Viel Freude damit!

Wandlungsphasen im Leben hochsensibler Frauen

Die ältesten Kulturmonumente, zum Beispiel Stonehenge, Machu Picchu oder New Grange, sind mit Kalenderfunktionen ausgestattet, die unglaublich lange Zeitperioden abbilden. Schon unsere Vorfahren waren außerordentlich interessiert an den kosmischen Rhythmen der Sonne, des Mondes und der

Sterne. Sie wussten, dass das Überleben ihrer Kulturen davon abhing, ob sie sich im Einklang mit diesen kosmischen Rhythmen bewegten. Wir Menschen heute sind ebenfalls eingebettet in natürliche Rhythmen, die sich seit Jahrmillionen wiederholen. Je besser wir verstehen, was mit uns geschieht, desto leichter können wir mit diesen rhythmischen Veränderungen mitschwingen. Dafür ist es hilfreich, wenn Sie sich, liebe Leserin, offenen Herzens dem Thema Ihrer weiblichen Natur öffnen. Gern nehme ich Sie mit auf eine abenteuerliche Entdeckungsreise, die Ihnen helfen kann, Ihre Weiblichkeit in einem völlig neuen Licht zu sehen.

Das tiefe Wissen um die Rhythmen der Natur ist im Strudel der Jahrtausende nahezu verlorengegangen. Doch bei genauerem Hinsehen stimmt das nicht ganz. Hier und da tauchen sie wieder auf: Bücher, Filme, Frauenkreise, Rituale und Erzählungen, die uns mit der tieferen Weisheit des weiblichen Mysteriums in Kontakt kommen lassen. Die Autorin des Buches *Die Wolfsfrau,* Clarissa Pinkola Estés, schreibt dies der Unerschütterlichkeit der weiblichen Natur zu. Der weibliche Instinkt lässt sich verbiegen und in gesellschaftlich anerkannte Formen pressen, doch er lässt sich nicht dauerhaft unterdrücken. Immer mehr Frauen wachen aus der kollektiven Hypnose auf und wenden sich liebevoll ihrer Weiblichkeit zu. Das weibliche, kollektive Bewusstsein ist nicht linear, sondern zyklisch, rhythmisch angelegt.

Im Verlauf eines Lebens durchschreiten Frauen Wandlungsphasen, die mit körperlichen und psychischen Veränderungen einhergehen. Wir kommen als hilflose Säuglinge zur Welt, erleben die Kleinkindphase und dann die Schulzeit. Zwischen dem zwölften und fünfzehnten Lebensjahr setzt die Pubertät ein. Das Mädchen wandelt sich zur Frau. Mit dem zweiundfünfzigsten Lebensjahr beginnt bei den meisten Frauen die Menopause. Vielschichtige körperliche und hormonelle

Prozesse spielen sich ab, die zu einer veränderten Wahrnehmung führen. Im Verlauf jedes Übergangs wird das Ich-Bewusstsein einer Frau auf einer neuen Ebene geboren und gestärkt. Ist die Familienphase endgültig vorbei, werden die reiferen Frauen auf sich selbst zurückgeworfen. Die früher scheinbar unbegrenzt zur Verfügung stehende mütterliche, nährende Kraft verwandelt sich in einen Rückzug. Das eigene Ich möchte noch stärker zum Ausdruck gebracht werden. Frauen werden dann weniger kompromissbereit, und das ist gut so. Die Frau ab der Menopause wird zur weisen Alten, die mit Gelassenheit und Lebenserfahrung die Dinge in einem neuen Licht sieht.

Diese vielschichtigen Wandlungsphasen haben mit dem sich drehenden Kreis des Lebens zu tun. Aufbau- und Abbauphasen wechseln sich ab. Geburt und Tod drehen sich im Reigen. Mit jedem natürlichen Entwicklungsschub im Leben einer Frau tauchen ungeahnte psychische Kräfte, Impulse, Emotionen und neue Identitäten auf. Um diese Wandlungsphasen besser zu meistern, brauchen wir ein vertieftes Verständnis für unser Naturell und Unterstützung von wissenden Frauen. Genau darum wird es in diesem Kapitel gehen. Sie erhalten Einblick in die psychologischen Themen, die sich aufgrund unserer biologischen Gesetze ergeben und wie Sie sich wieder mit den natürlichen Rhythmen in Einklang bringen können.

Dornröschen und Schneewittchen. Altbekannte Märchen und ihre verschlüsselten Pubertät-Codes

In unseren Sagen und Volksmärchen finden sich bis heute Spuren uralter Symbolsprachen. Auch in den Grimmschen Märchen gibt es zwei Erzählungen, die eine Initiation zur Frau beschreiben. Vermutlich kennen Sie die Märchen »Schneewitt-chen« und »Dornröschen«. Aber wahrscheinlich ist Ihnen die Botschaft weiblicher Urthemen darin nicht bewusst. Deshalb möchte ich Sie gern in diese Märchenwelt entführen.

In »Schneewittchen« hören wir, wie eine Frau im Winter am Fenster sitzt und stickt. In früheren Zeiten war der Winter die Jahreszeit, in der gesponnen, gestrickt, gewebt, gefärbt und ge-stickt wurde. Die Natur lag brach, alle Aktivitäten verlagerten sich ins Haus. Die Frau blickt auf den weißen Schnee, und durch ein Versehen sticht sie sich in die Finger. In der Erzäh-lung erfahren wir, dass drei Tropfen des roten Blutes in den Schnee fallen. Sie wünscht sich, ein Kind zu bekommen, »mit Haut, so weiß wie Schnee, Lippen, so rot wie Blut, und Haaren, so schwarz wie Ebenholz«. Bald darauf bekommt sie ein Mäd-chen mit genau diesen Eigenschaften. Selbst in den christiani-sierten Märchen konnten sich diese Codes erhalten, wenngleich sie für Unwissende nicht mehr erkennbar sind.

In den matriarchalen (weiblichen) Kulturen galten die Far-ben *Schwarz*, *Weiß* und *Rot* als Symbole der dreifaltigen Göt-tin. Überall in Europa finden sich bis heute archäologische Funde, die belegen, dass unsere Vorfahren der Steinzeit weib-liche Göttinnen verehrten und eng mit den Rhythmen der Na-tur lebten. Die Stammnachfolge wurde anhand der Mutterlinie abgeleitet, denn die Erbnachfolge mütterlicherseits ist immer zu hundert Prozent sicher. Die Frau galt als Spenderin des Lebens und hatte gesellschaftlich ein hohes Ansehen.

Was ist mit der dreifaltigen Göttin gemeint? In den alten Kulturen wussten die Menschen, dass das Leben einer Frau Wandlungsphasen durchläuft. Sie lassen sich auf drei wesent-liche Abschnitte reduzieren: die Kindheit, die erwachte Weib-lichkeit und das Alter. Das göttliche Prinzip wurde damals in Form der Weiblichkeit verehrt und erkannt, lange bevor die Religionen der Neuzeit Gott als Mann und Vater präsentierten.

In den männlich dominierten Religionen wurden die weiblichen Symbole ausgetauscht: mit fatalen Folgen. Das uralte weibliche Mysterienwissen wurde systematisch unterdrückt und ausgemerzt.

Noch heute werden in Indien kleine Mädchen als Aspekt der vielfältigen Göttin in Tempeln verehrt. Im Christentum beten viele Menschen zur »Jungfrau Maria«. Die erste Phase wird durch die Farbe Weiß repräsentiert. Es ist die Kindheit und Jugend. Bis heute gilt Weiß als *die* Farbe von Brautkleidern. Es symbolisiert die Jungfräulichkeit der Braut.

Mit dem Einsetzen der Pubertät wird das Mädchen zur Frau. Dies wird durch die Farbe Rot repräsentiert. Die jugendliche Frau wird fruchtbar.

Mit dem Verschwinden der Menstruation tritt die Menopause ein. Die Frau wird zur weisen Alten. Dafür steht die Farbe Schwarz.

Im Märchen »Schneewittchen« gibt es noch ein weiteres Symbol. In Form der alten Krämerin bietet die böse Stiefmutter Schneewittchen den Apfel mit der »roten« Seite an. Er symbolisiert das Einsetzen der Menstruation. Möglicherweise war in den alten Sagen der Granatapfel gemeint, der mit seinen roten Früchten das Sinnbild für die Fruchtbarkeit der Gebärmutter ist. In »Schneewittchen« und »Dornröschen« ist es ein Prinz, der die schöne Heldin aus ihrem Schlaf erweckt. Damit wird das junge Mädchen zur Frau. Der Tanz der Generationen wiederholt sich. Aus dem Kind wird selbst die Mutter und Geliebte.

Die Zahl dreizehn spielt bei Dornröschen eine entscheidende Rolle. Denn der König schließt bei der Feier der Geburt seiner Tochter die dreizehnte Fee aus. Früher galt die Dreizehn nicht als Unglückszahl, sondern als Ausdruck des Mondjahres, der dreizehn Monate hat. Der Mond steht in unmittelbaren Zusammenhang mit unserem Menstruationszyklus.

Der weibliche Biorhythmus

Frauen wird nachgesagt, dass sie launisch sind. Männer betonen häufig, dass sie weibliche Gefühlsschwankungen in ihrer »Irrationalität« nicht nachvollziehen können. Tatsächlich durchläuft die Frau mit dem Einsetzen der Pubertät einen monatlichen Zyklus, der Veränderungen des Gefühlshaushaltes mit sich bringt. Als sensitive Frau haben Sie vielleicht schon beobachtet, wie Ihr Gemüt mit dem sich drehenden Kreis der Hormone tanzt. Oder Sie spüren, dass Sie stark auf Mondphasen reagieren. Viele Frauen können bei Vollmond nicht schlafen. Das gefürchtete PMS (prämenstruelles Syndrom) bewirkt ein Gefühlschaos. Die einen sind weinerlich, andere Frauen klagen über Kopf- und Rückenschmerzen, die nächsten fühlen sich gereizt und aggressiv. Hinter dieser Schieflage verbirgt sich ein Drama mit Tiefendimension.

Seit langer Zeit ist die menstruierende Frau ein »rotes Tuch«, sie stellt ein Tabu dar. Früher war es Frauen nicht gestattet, Kirchen oder Tempel zu betreten, wenn sie ihre Tage hatten. In fast allen Kulturen und Ländern gab es diesen Brauch. In vielen Regionen gilt dieses Tabu auch heute noch. Der Blutfluss galt als unrein und als Zeichen der Minderwertigkeit der Frau. Männer hatten Angst vor der magischen Kraft der menstruierenden Frau. Deshalb entwickelten sich Traditionen, die es der Frau untersagten, während ihrer Periode am Gesellschaftsleben teilzunehmen.

Noch heute berichten hochsensible Frauen in meinen Seminaren, wie wortkarg, herzlos oder abfällig die Aufklärung ihrer Mütter ausfiel, wenn es um die Monatsblutung oder um Sex ging. Millionen Frauen durchleiden während ihrer Menstruation Schmerzen, Krämpfe, Migräne und Unwohlsein. Sie fühlen sich depressiv, gereizt und nicht belastbar. Viele glauben, dass diese Symptome unvermeidbar mit der Blutung verknüpft sind. Doch tatsächlich verbirgt sich hinter dem stillen Leiden der Frau auch eine unerkannte psychosomatische Dimension. Nicht allein die Blutung verursacht den Schmerz, sondern die Ablehnung des natürlichen Vorgangs, der sich Monat für Monat in jeder Frau wiederholt, bis die Menopause den Blutfluss versiegen lässt.

Glücklicherweise können wir heute über dieses Thema offener sprechen. Wenn in deutschen Komödien der Neuzeit der Mann im Supermarkt vor den Binden und Tampons steht und einfach nicht weiß, welche Größe und Sorte seine Frau braucht, ist das Gelächter vorprogrammiert. Gehen Sie mit mir gemeinsam noch einen Schritt weiter. Lassen Sie uns offen über dieses wichtige, weibliche Thema sprechen. Wenn Sie sich aufmerksam und liebevoll dieser weiblichen Besonderheit widmen, wird ein neues Selbstbewusstsein in Ihrem Herzen aufflackern.

Warum ich mich mit dem Thema Weiblichkeit beschäftige
1992 bekam ich das erste Mal meine Tage. Ich war vierzehn Jahre alt und wahrscheinlich die Letzte in der Klasse, bei der die Menstruation einsetzte. Die Blutung kam unregelmäßig, und ich fürchtete sie nach kurzer Zeit. In den ersten sieben Jahren erlitt ich dabei viele Schmerzen und Ohnmachtsanfälle. Teilweise musste ich von der Schule nach Hause, weil es mir sehr schlechtging. Ich zog mich immer mehr in mein Schneckenhaus zurück, konnte nicht verstehen, was mit meinem Körper geschah, und durchlitt fürchterliche Stunden, in denen ich mich vor Schmerzen auf dem Bett krümmte. Ich hatte (wie alle anderen Mädchen) keinerlei rituelle Unterstützung beim Eintritt in die Pubertät erhalten und fühlte mich völlig orientierungslos.
Noch während des Studiums durchlitt ich die gefürchteten Ohnmachtsanfälle am ersten Tag meiner Monatsblutung. Ich

hatte es einfach satt. Einmal fiel ich zu Boden und schlug hart mit dem Kinn auf. Zu diesem Zeitpunkt begann ich mich ernsthaft für Frauenthemen zu interessieren. Ich war wild entschlossen, endlich meine Weiblichkeit zu umarmen und sie nicht länger als eine lästige Eigenschaft zu betrachten. Deshalb machte ich mich auf die Suche nach Frauengruppen. Kaum hatte ich mich dafür geöffnet, fand ich einen schamanischen Frauenkreis, in dem ich sehr viel über die mystischen Wurzeln uralten Heilwissens lernte. In dieser Gruppe wurde mir vermittelt, dass die Blutung der Frau etwas Heiliges ist. Je mehr ich mich dieser Sichtweise öffnen konnte, desto weniger Beschwerden hatte ich tatsächlich während der Blutungen, bis eines Tages auch die Ohnmachtsanfälle und Krämpfe aufhörten. In diesem Zusammenhang erlebte ich zum ersten Mal selbst, wie die innere Heilerin in mir aktiv wurde.

Ein Jahr später, ich studierte noch immer, hatte ich massive Probleme mit meinem Menstruationszyklus. Zwischen den Blutungen hatte ich mehrere Monate Pause. Meine Hormone waren vollkommen aus dem Gleichgewicht geraten. Ich hatte mittlerweile Kontakt zu einer Heilpraktikerin, die einen Schamanen aus den USA nach Deutschland einlud. Da ich schon seit der Kindheit eine tiefe Verbindung zu den indigenen Völkern Amerikas verspürte, hüpfte mein Herz vor Freude. Ich bekam die Möglichkeit, an einer Medizinradzeremonie teilzunehmen. Die Ureinwohner Nordamerikas legen Medizinräder (Steinkreise) in die Landschaft, um dort ihre Gebete abzuhalten und mit den Geistern, den Sternen, Mutter Erde und den Tierklans zu kommunizieren. Als sich unsere Gruppe zusammenfand, sprach der Schamane ein Gebet, und mit einem Gesang aktivierte er das Medizinrad. Während ich im Kreis stand, kommunizierte ich mit den Steinen. Immer wieder empfing ich Bilder von fließendem Wasser und den Rhythmen der Natur. Ich war tief berührt von dieser Erfahrung, und in der Auswertung kam klar heraus, dass *ich wieder in den Kreislauf des Lebens eintreten sollte. Tatsächlich normalisierte sich nach diesem Ritual mein Menstruationszyklus, ohne diese Pausen von mehreren Monaten zu machen.*

Heilsame Fakten über die Menstruation

Die Monatsblutung ist ein zutiefst natürlicher Prozess, der in kosmische Rhythmen eingebettet ist. Der durchschnittliche Zyklus einer Frau beträgt neunundzwanzig Tage, zwölf Stunden und vierundvierzig Minuten. Er ist eng mit dem Rhythmus des Mondes verknüpft. Auch die Begriffe *Monat, Mond, Menstruation* sind sowohl sprachlich als auch biologisch miteinander verwoben. Die meisten Frauen pendeln sich entweder auf den Vollmond oder Neumond ein, wenn sie menstruieren. Mythologisch betrachtet, ist der Vollmond die Zeit der Fruchtbarkeit, und viele Feiertage richten sich noch heute auf den Vollmond aus. Der Neumond, auch der schwarze Mond genannt, galt in den matriarchalen Kulturen als Sinnbild der Wiedergeburt und Menstruation.

Das Wunder des Lebens entsteht genau hier: in der Gebärmutter. Sie stellt unser schöpferisches Kraftzentrum dar. Dort entsteht neues Leben. Im Yoga spricht man von der »Kundalini«, die Lebensenergie, die am unteren Ende des Beckens angesiedelt ist. Durch Yogaübungen, Atemtechniken und eine achtsame Sexualität kann diese Kraft aktiviert und in alle Körperzentren weitergeleitet werden. Ähnliche Modelle gibt es in den östlichen Traditionen des Tao-Yoga, des Tai-Chi und dem Qigong. Das Becken ist deshalb das wichtigste Kraftzentrum der Frau.

Übung: Becken-Visualisierung,
Einstimmung auf Ihr schöpferisches Zentrum
Diese Übung können Sie durchführen, wenn Sie
sich noch mehr mit Ihrem Kraftzentrum verankern
und eine Verbindung zwischen »Kopf« und »Bauch« herstellen
wollen. Sie hilft Ihnen dabei, mehr in Einklang mit Ihrem Biorhythmus zu kommen und sich bis ins Becken hinein zu entspannen. Dabei finden Sie verschiedene Elemente und Variationen, die Sie sowohl einzeln als auch in Kombination durchführen können.

Einstimmung
Setzen Sie sich aufrecht hin und schließen Sie die Augen. Legen Sie Ihre Hände in einer schützenden und wärmenden Geste auf das Becken. Konzentrieren Sie sich auf Ihr weiblichstes
Organ: die Gebärmutter. Atmen Sie tief ein und aus, so dass
sich Ihr Bauch hebt und senkt. Mit jedem Ausatmen entspannen Sie sich tiefer und tiefer. Lassen Sie die Gedanken an Ihren
Lebensalltag los. Verlagern Sie mehr und mehr Ihren Körper-
schwerpunkt ins Becken und richten Sie Ihren Rücken so auf,
wie es Ihnen angenehm ist.

Schutz
Wenn Sie sich gerade sehr verletzlich fühlen, visualisieren Sie,
wie Sie einen Schutzmantel in einer Farbe über den Schultern
bis zum Boden tragen, den Sie mit dem Gefühl des Einge-
hülltseins verbinden. Bleiben Sie so lange bei diesem Bild, bis
Sie sich ganz auf Ihr Innerstes zentrieren können und Ruhe,
Geborgenheit und Sicherheit spürbar sind. Manchmal kann es
hilfreich sein, einen Nierengürtel aus Angorawolle oder Seide
zu tragen, um den unteren Rücken und das Becken zu wärmen.

Selbstheilung

Stellen Sie sich als Nächstes vor, wie Sie durch Ihre Hände heilsames Licht in Ihr Becken strömen lassen. Durchleuchten Sie Ihre Gebärmutter, die Eierstöcke und die Eileiter in Ihrer Vorstellungskraft, bis sie hell aufleuchten. Lassen Sie in Ihrem Gesicht ein breites Lächeln entstehen und senden Sie das gute Gefühl des Lächelns in Ihren gesamten Beckenraum. Senden Sie Liebe, Zuversicht und Dankbarkeit in Ihr Kraftorgan. Stellen Sie sich vor, wie sich Ihre Gebärmutter erholt, regeneriert, schützt, pulsiert und alten Ballast loslässt. Spielen Sie mit dem Gedanken, eine Göttin zu sein, und spüren Sie Ihre Würde als Frau. Werden Sie sich der Heiligkeit Ihrer weiblichen Organe bewusst.

Entspannung und Loslassen

Wenn Sie in stressigen Zeiten oder während der Menstruation angespannt sind, visualisieren Sie, wie ein heilsamer Wasserfall durch Ihren Körper vom Kopf bis zu den Zehen fließt. Erlauben Sie der Kraft des Fließens, alles Alte mit sich zu nehmen. Konzentrieren Sie sich auf das angenehme Gefühl des Strömens und lassen Sie bewusst mit jedem Ausatmen los. Visualisieren Sie ebenfalls, wie das Heilwasser Sie innerlich reinigt und alte Verletzungen mit sich nimmt.

Die vier Wandlungsphasen der Frau

In dieser Grafik sehen Sie einen Überblick der vier Zyklusphasen der Frau. Dazu wird die passende Mondphase gezeigt. Neben den biologischen Abläufen finden Sie die dazugehörigen archetypischen, psychologischen Zustände. Dieses Kreisdiagramm kann auch als Aufschlüsselung der vier wichtigsten Lebensphasen der Frau betrachtet werden. Die Begrifflichkei-

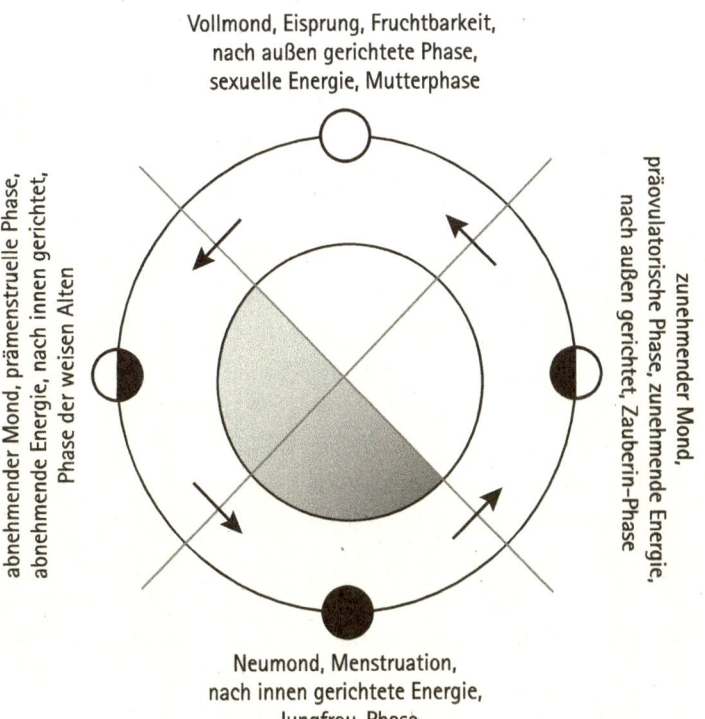

Vollmond, Eisprung, Fruchtbarkeit,
nach außen gerichtete Phase,
sexuelle Energie, Mutterphase

abnehmender Mond, prämenstruelle Phase,
abnehmende Energie, nach innen gerichtet,
Phase der weisen Alten

zunehmender Mond,
präovulatorische Phase, zunehmende Energie,
nach außen gerichtet, Zauberin-Phase

Neumond, Menstruation,
nach innen gerichtete Energie,
Jungfrau-Phase

Der weiße Mondzyklus

ten wurden aus dem Buch *Der Rote Mond* von Miranda Gray übernommen. In diesem wertvollen Buch erfahren Sie noch mehr über archetypische Energien des weiblichen Rhythmus und über Symbole in Märchen und Sagen.

Als sensitive Frau werden Sie sicher die vier Phasen Ihres Zyklus intensiv wahrnehmen. Je mehr Sie diese körperlichen Veränderungen liebevoll annehmen, desto weniger werden Ihnen diese Vorgänge unangenehm sein. Die ungeahnte Kraft, die sich mit der Menstruation freisetzt, ist tatsächlich gewöhnungsbedürftig. Dennoch: Wir sensitiven Frauen sind nicht zu schwach, um die Monatsblutung zu überstehen! Wir müssen nur lernen, wie wir mit den damit verbundenen Veränderungen unserer Stimmung zurechtkommen, mehr noch, wie wir sie gezielt für unser Leben einsetzen. Wenn wir die mit dem Zyklus verbundene geistige Kraft erkennen und annehmen, brauchen wir uns nicht länger ausgeliefert zu fühlen. Wir werden von einer genervten Beobachterin zu einer aktiven Gestalterin, die mit den Lebensrhythmen mitschwingt.

Übung: Die eigene Mond-Chronik entschlüsseln

Wenn Sie sich Ihrer Körperrhythmen noch mehr bewusst werden wollen, beginnen Sie, Ihre körperlichen, emotionalen, sexuellen und intellektuellen Zustände im Durchlauf eines Zyklus zu dokumentieren. Wiederholen Sie diese Aufzeichnungen so lange, bis Sie ein klares Bild davon haben, wie Ihr persönlicher Zyklus aussieht und wie er sich auf Ihr Befinden auswirkt. Wir wollen bei dieser Übung nicht einfach ein paar Kreuzchen in den Kalender machen, wo die fruchtbaren Tage oder die Blutung festgehalten werden, sondern wir gehen tiefer. Wählen Sie dafür entweder ein Kreisdiagramm, das alle Ihre Zyklustage enthält, oder eine Tabelle. Der erste Zyklustag beginnt mit dem Einsetzen der Menstruation.

Wenn Sie bereits in der Menopause sind, können Sie einfach eine Chronik aufschreiben, die die Mondphasen enthält, und dazu Ihre Stimmungen notieren. Auch wenn Sie nicht mehr menstruieren, sind Sie noch immer in die kosmischen Rhythmen eingebettet, nur auf subtilere Weise. Notieren Sie sich ebenfalls die Monde: Vollmond, abnehmender Mond, Neumond, zunehmender Mond. Machen Sie sich kurze Notizen zu folgenden Themen:

- Körperliches Empfinden
- Emotionalität
- Empfindsamkeit, Hochsensibilität
- Intuition

- Gesundheits- und Energiezustand, Bewegungslust
- Intellektuelle Kapazität, Gedankenfluss oder Blockaden
- Schmerzen
- Sexuelles Empfinden
- Träume
- Essensgewohnheiten
- Geselligkeit/Rückzug
- Aggression, Gereiztheit
- Harmoniestreben
- Kreativität und Schöpfungskraft

Auswertung

Mit der Dokumentation Ihres monatlichen Zyklus werden Sie ein wunderbares Instrument in den Händen halten, das Ihnen hilft, sich selbst besser zu verstehen. Unsere körperlichen, emotionalen, kreativen und spirituellen Zustände wandeln sich auf vorhersehbare Weise mit dem Tanz der Hormone. Dies kann Ihnen helfen, Aktivitäten während des Monats besser zu planen.

Die sexuell aktiven Energien können Sie gezielt für ein romantisches Stelldichein mit Ihrem Partner oder für Ihre eigenen kreativen Projekte nutzen. Denn Kreativität und sexuelle Erregung sind gar nicht so unterschiedlich. Wir spüren feine Energieströme durch unseren Körper fließen, die nach lebendigem Ausdruck verlangen. Wenn Sie andererseits Phasen identifizieren, in denen Sie eine sexuelle Unlust wahrnehmen, ist es ebenso wichtig, darauf Rücksicht zu nehmen und sich nicht aus Liebe und Gefälligkeit für das Gegenüber zu verbiegen.

Wenn Sie beobachtet haben, zu welchen Zeitpunkten Sie schneller genervt und weniger harmoniebedürftig sind, können Sie diese Phasen für unangenehme Konfliktgespräche nutzen. So können Sie die Angewohnheit hochsensibler Frauen durchbrechen, Harmonie um jeden Preis herzustellen. Lassen Sie es zu, dass eine gesunde Aggression Ihnen dabei hilft, Ihre Grenzen zu schützen.

Abweichungen, Störungen und längere Pausen signalisieren, dass Sie aus dem inneren Gleichgewicht geraten sind. Stress, Schockmomente und toxische Beziehungen können Ihrem Biorhythmus gehörig zusetzen.

Lernen Sie, die Signale Ihres Zyklus richtig zu deuten, und hören Sie mehr und mehr auf Ihre Bedürfnisse.

In der Zeit vor dem Versiegen der Menstruation stellen sich hormonelle Schwankungen ein, die mit körperlichen und emotionalen Beschwerden einhergehen können. Dies gilt insbesondere für Frauen ab dem vierzigsten Lebensjahr oder kurz davor. Seien Sie achtsam mit sich selbst und informieren Sie sich darüber. Geben Sie für emotionale Tiefs und körperliche Beschwerden nicht einfach Ihrer »Hochsensibilität« die Verantwortung. Graben Sie noch tiefer. Weiter unten finden Sie entsprechende Literaturhinweise.

Übung: Etwas Schöpferisches kreieren

Weil Sie im Kontakt mit Ihrem Kraftzentrum im Becken sind, haben Sie Verbindung zu dem schöpferischen Teil in Ihnen aufgenommen. In der Gebärmutter sammelt sich Monat für Monat die Energie, um Leben entstehen zu lassen. Diese Energie können Sie für phantasievolle Aktivitäten nutzen. Nun möchte ich Sie einladen, einen schöpferischen Traum zum Leben zu erwecken. In früheren Zeiten haben die Menschen viele Dinge von Hand gefertigt: Gewänder, Hüte, Schuhe, Schmuck, Mäntel und selbst Puppen. Denken Sie an etwas in Ihrem Leben, dem Sie mehr Lebendigkeit schenken wollen, und fragen Sie sich, wie Sie dies in einem kreativen Objekt manifestieren können. Ich biete Ihnen drei Beispiele an, die Sie inspirieren können. Lassen Sie sich noch mehr einfallen, wenn es Ihnen Freude bereitet.

Einen heiligen Gürtel anfertigen

Dieses Kleidungsstück kann Sie darin unterstützen, ein Gefühl von Schutz und Würde als Frau zu entwickeln. Handgemachte Kleidung hat ihre ganz eigene Magie. Früher war es üblich, dass Frauen und bestimmte Berufsgruppen spezielle Gürtel trugen. Überlegen Sie sich, was dieser Gürtel verkörpern soll: Schutz, Eleganz, Verspieltheit, Magie, Abgrenzung, Sicherheit? Dann entscheiden Sie, welche Farben und Stoffe Sie damit in Verbindung bringen. Kaufen Sie sich solche Materialien. Ich persönlich habe sehr gute Erfahrungen mit Seide und Filz gemacht. Vielfach finden Sie schon vorgefertigte Schals aus diesen Materialien, die mit Naturfarben gefärbt wurden. Sie können den Gürtel besticken mit Ornamenten, Symbolen, Edelsteinen, Muscheln usw. Auch ein Nierengürtel aus Seide und Wolle bietet neben der Wärme einen interessanten energetischen Schutz. Nehmen Sie sich für die Fertigstellung genügend Zeit und investieren Sie gute Gedanken und innere Bilder. Schauen Sie keinesfalls nebenbei Fernsehen, sondern kanalisieren Sie Ihre ganze kreative Kraft in dieses Kleidungsstück. Wenn es fertig ist, tragen Sie es zu bestimmten Anlässen, um sich in Ihrer eigenen Kraft zu stärken. Viel Freude dabei.

Heilsamen Schmuck entwerfen

Wenn Sie filigraner arbeiten wollen, überlegen Sie sich, welcher Schmuck Sie energetisch stärken könnte. Vielleicht haben Sie schöne Perlen oder Stücke aus Holz, Edelsteinen, Spiralen oder Glas? Fädeln Sie die Stücke aneinander oder brennen Sie selbst aus Ton Ihre eigenen Perlen. Lassen Sie Ihrer Phantasie freien Lauf und erschaffen Sie sich Ihr Schmuckstück mit besonderer Bedeutung. Tragen Sie diesen Schmuck, wann immer Sie sich dadurch gestärkt fühlen.

Fertigen Sie eine Collage an

Diese Übung macht sehr viel Freude, wenn Sie vor zu viel handwerklichem Einsatz zurückscheuen. Kaufen Sie sich einen Stapel mit Magazinen, die schöne und angenehme Bilder haben. Denken Sie an etwas, was Sie in Ihr Leben ziehen wollen. Ein neues Haus, eine liebevolle Beziehung, die Berufung? Sammeln Sie alle Bilder, die Sie bekommen können, und Fotos von sich selbst. Wenn Sie genügend Material haben, kleben Sie die Bilder zu einer Collage. Sie können zusätzlich selbst hineinmalen oder -schreiben. Alles ist erlaubt. Erschaffen Sie ein Bild, das Sie in Ihren heiligen Raum stellen oder hängen können und das Sie darin unterstützt, Ihre höchsten Ziele und Visionen zu verwirklichen. Sie können bei dieser Übung nur alles richtig machen!

Weibliche Initiationsriten gestern und heute

Unserer modernen Kultur fehlen Übergangsriten. Die spirituelle Dimension des weiblichen Zyklus ist uns abhandengekommen. Wie sieht es mit der Weitergabe weiblicher Weisheit aus? Wer vermittelt Mädchen unserer Zeit, wie sie mit den erwachten Hormonen umgehen sollen? Wer zeigt ihnen, wie sie sich schützen können in den Wirrungen der Pubertät? Wie erfahren Frauen, dass es in ihnen eine starke Kraft gibt? Wer unterstützt junge Frauen, damit sie ihre Würde finden und ihr Selbstwertgefühl aufbauen? Wo können Frauen in der Menopause, in der Schwangerschaft über ihre veränderte Gefühlslage sprechen? Wer hilft Frauen, den sich ewig wandelnden Kreis des weiblichen Lebens zu verstehen?

Der Übergang von einer Lebensphase zur anderen wurde in früheren Zeiten durch Initiationsriten markiert. Dabei spielen Rituale eine große Rolle. Mittlerweile gibt es zum Glück verschiedene Gruppen und Initiativen, die solche Heilräume für Frauen wiederbeleben. Zum Ende des Buches möchte ich Ihnen stellvertretend eine Gruppe vorstellen, die sich in den USA gegründet hat und mittlerweile auch im deutschsprachigen Raum aktiv ist.

Frauen-Heilkreise der Neuzeit. Wo Sie ganz Sie selbst sein dürfen

Nachdem Sie Ihre eigene Biographie in Bezug auf das Thema der Reifwerdung als Frau reflektiert haben, wird Ihnen so mancher Mangel bewusst geworden sein. Möglicherweise verspüren Sie eine gewisse Trauer oder Wut über das, was Ihnen vorenthalten wurde. Vielleicht fragen Sie sich auch, ob Sie mangelnde Bemutterung nachholen können. Die Antwort lautet ganz klar Ja. Es gibt weltweit viele Initiativen, die von Frauen gegründet wurden, um genau dieses Vakuum zu füllen. Frauen brauchen Heilkreise, in denen sie Unterstützung, emotionale Versorgung, Solidarität, Wertschätzung und Ermutigung erfahren.

Rote Zelte

2013 wurde ich auf den Dokumentarfilm *Things we don't talk about: Women's stories from the red tent* von Isadora Leidenfrost aufmerksam. Ich bestellte mir die DVD und war tief berührt, dass es weltweit Heilkreise für Frauen gibt. Alisa Starkweather hatte nach dem Vorbild des Romans *Das rote Zelt* eine Bewegung ins Leben gerufen, die Frauen unter dem Schutzmantel des roten Zeltes zusammenbrachte. In vielen Naturvölkern gab es eine Tradition, die es Frauen eines Stammes ermöglichte, sich während ihrer Menstruation zurückzuziehen und rituelle Zusammenkünfte mit anderen Frauen zu erfahren. Das rote Zelt steht in dieser Tradition und bietet Frauen einen Schutz- und Entwicklungsraum. Frauen erfahren Unterstützung, Wertschätzung und Vertrauen. In diesen Zusammenkünften können sie sich gegenseitig nähren.

Frauen dürfen im roten Zelt einfach sein. Viele Besucherinnen tragen rote Kleidung, um die Symbolik dieses Ortes zu unterstreichen. Der Titel des Dokumentarfilms heißt übersetzt: »Dinge, über die wir nicht sprechen. Frauengeschichten aus dem roten Zelt«. Im roten Zelt haben alle Tabuthemen Platz. Die Frauen sprechen offen über Menstruation, Sexualität, Erotik, Beziehungen, Geburt, Tod, den Verlust eines Kindes, das Älterwerden, Gewalt, Beziehungsprobleme und über alle Zwischentöne des Lebens, für die es im hektischen Alltag keinen Raum gibt. Oftmals sprechen Frauen in diesen Kreisen zum ersten Mal in ihrem Leben über Verletzungen, zu denen sie jahrelang geschwiegen haben. Es werden viele Tränen geweint, und natürlich wird auch viel gelacht. Denn das freie Sprechen öffnet das Herz.

Ähnlich wie bei den indigenen Völkern Amerikas erhält die Frau, die spricht, einen Redestab. Die anderen hören einfach nur zu. Es wird nichts kommentiert, in Frage gestellt oder diskutiert. Deshalb gibt es auch keinen Klatsch und Tratsch, es öffnet sich ein heilsamer Raum. Die Erfahrung, dass wirklich zugehört wird, gibt der Rednerin die Möglichkeit, sich fallenzulassen und noch tiefer zu gehen. Oftmals sagen wir nicht die ganze Wahrheit über unseren Schmerz, Verlust oder Verrat, um uns selbst und andere zu schonen. Doch in dieser Stille hat die ganze Wahrheit Platz, und so können auch die tiefen Wunden heilen, die Frauen ihr ganzes Leben lang mit sich geschleppt haben.

In diesen Kreisen wird gesungen und getanzt. Lebensfreude, Ekstase und die Lust am eigenen Körper werden im geschützten Rahmen zelebriert. So wie die Tänzerinnen des Orients den sogenannten »Bauchtanz« früher nur unter Frauen geübt haben, so sind die tanzenden Frauen im roten Zelt zur eigenen Freude in Bewegung. Es gilt nicht, einen Mann zu verführen oder ihm zu gefallen. Der Tanz wird zelebriert, um die eigene Lebensfreude zu spüren und mit anderen Frauen zu teilen. In den Pausen liegen viele Frauen auf dem Boden, halten sich in den Armen, wiegen sich, wie eine Mutter ihr Baby wiegen würde. Die Masken fallen, und plötzlich fühlen sich die Besucherinnen genährt, aufgefangen, wohlig, berührt, befreit und authentisch.

Die unterschiedlichen Lebensphasen der Frau werden thematisiert und zelebriert. Jugendliche Mädchen finden dort Orientierung. Sie können an Feiern teilnehmen, die ihre Reifwerdung unterstützen, und bekommen Antworten auf ihre Fragen zur Menstruation von erfahrenen Kursleiterinnen. Mütter, die plötzlich zur Großmutter werden, erhalten Unterstützung, um auch diese Lebensphase bewusst zu gestalten. Das Älterwerden und die Konfrontation mit der eigenen Sterblichkeit stellen uns vor große Herausforderungen. Die Menopause und die damit verbundene hormonelle Veränderung kann bei Frauen zunächst Depressionen, Erschöpfung und Schlafstörungen hervorrufen. Wie gut, dass sie im roten Zelt darüber mit anderen Frauen sprechen und ihre Erfahrungen teilen können.

Meine Initiative für moderne Frauengruppen:
Womens Wisdom Circles
Mittlerweile habe ich eine eigene Form von Frauenkreisen initiiert. Dabei begleite ich Frauen auf einer Heilreise zu ihren inneren Kraftquellen. In den »Womens Wisdom Circles« verzichte ich bewusst auf die Einbeziehung von uralten Göttinnenfiguren oder Religionen, damit jede Frau einen freien Zugang zu ihrer eigenen Spiritualität und inneren Weisheit findet. In diesen Frauengruppen verbinden wir uns mit der Kraft der Ahnen, versöhnen uns mit unseren Müttern, finden Zugang zur Intuition und der grenzenlosen Kreativität in unserem Herzen. Mit Hilfe von geführten Meditationen, Bewegung, Märchen, freiem Malen und intuitiven Aufstellungen kreieren wir ein heilsames Energiefeld, das jede Frau und ihr inneres Kind nährt, trägt und beschützt. Vielleicht sehen wir uns bald auf einem dieser Live-Seminare.

Übung: Visualisierung der sieben Generationen
Machen Sie sich für einen Moment Ihre Herkunft bewusst. Stellen Sie sich vor, wie hinter Ihnen Ihre Mutter steht, dahinter Ihre Großmutter und dahinter wieder die Urgroßmutter. Denken Sie an die Geburtsdaten Ihrer Vorfahrinnen. Wann wurde Ihre Mutter geboren, die Großmütter und die Generation zuvor? Ganz schnell landen wir im 19. Jahrhundert oder Anfang des 20. Jahrhunderts, in nur drei Generationen. Gehen Sie bis zur siebten Generation weiter. Erkennen Sie, dass jede Ihrer Vorfahrinnen durch ihre Zeit geprägt wurde und all ihre Erfahrungen an die Töchter weitergegeben haben. Lassen Sie es zu, dass liebevolle, nährende Energie von Ihren Urahninnen zu Ihnen strömt. Spüren Sie die Kraft, die aus der Kette Ihrer Mütter und Großmütter erwächst. Auch wenn Sie das genaue Schicksal Ihrer Vorfahrinnen nicht kennen, verbinden Sie sich mit ihnen. Mit jedem Schritt auf

dem Weg zu Ihrer Selbstheilung können Sie Verletzungen Ihrer weiblichen Linie heilen.

Kreieren Sie eigene Rituale und eine neue weibliche Kultur

Wenn Sie selbst Mutter sind, fragen Sie sich möglicherweise, wie Sie Ihre Kinder besser bei ihrer Reifeentwicklung unterstützen können, ohne die Versäumnisse der vorherigen Generationen zu wiederholen. Die Antwort ist ganz einfach: Erschaffen Sie eigene, liebevolle Rituale, feiern Sie das Leben. Selbst wenn Sie ohne Kinder sind, haben Sie bestimmt auch eine Sehnsucht, sich mit anderen Frauen von Herz zu Herz auszutauschen. Dafür bieten sich die Jahreskreisfeste an. Die Sonnenwenden, Weihnachten, die Rauhnächte, Ostern und viele andere Feiertage haben uralte, vorchristliche Traditionen. Andere Frauengruppen haben es sich zur Gewohnheit gemacht, Zusammenkünfte bei Vollmond zu arrangieren. Im Prinzip ist es egal, wann und wo Sie sich treffen: tun Sie es einfach. Falls es in Ihrer Nähe keine Frauengruppe gibt, gründen Sie selbst eine. Laden Sie Frauen aus Ihrer Nachbarschaft ein, aus dem Sportverein, der Yogagruppe, oder andere Mütter, die Sie von der Schule Ihrer Kinder kennen. Feiern Sie Geburten, Geburtstage, Mutterschaft, die Pubertät, die Menopause, und würdigen Sie Verluste. Kommen Sie wieder in Kontakt mit Mutter Erde, den Bäumen, Pflanzen und Kraftorten Ihrer Region.

Beim Leiten von Gruppen ist eine gewisse Menschenkenntnis und Erfahrung notwendig. Wenn Sie dazu mehr lernen wollen, ist es immer hilfreich, bereits bestehende Gruppen zu besuchen und in Erfahrung zu bringen, welche Regeln dort gelten und wie die Treffen ablaufen. Vernetzen Sie sich und nutzen Sie die wunderbaren Möglichkeiten, die wir Frauen heute haben.

Ausblick

Liebe Leserin, an dieser Stelle endet das Buch. Ein Kreis schließt sich und ein neuer beginnt. Ich hoffe, dass Sie durch die Reise mit diesem Ratgeber gestärkt, ermutigt und hoffnungsvoll in die Zukunft blicken. Vielleicht begegnen wir uns einmal persönlich auf einem Frauentreffen oder in einem meiner Seminare. Besuchen Sie mich auf meiner Internetseite. Schreiben Sie mir, wie Ihnen das Buch gefallen hat. Ich würde mich sehr freuen. Danke.

Herzlichst, Ihre
Sylvia Harke

Hinweise zum Weiterlesen

Bücher

Andersen, Hans Christian: *Die kleine Seejungfrau.*

Aron, Elaine N.: *Sind Sie hochsensibel? Wie Sie Ihre Empfindsamkeit erkennen, verstehen und nutzen.* mvg, München 2005

Aron, Elaine N.: *Hochsensible in der Psychotherapie.* Junfermann, Paderborn 2014

Cameron, Julia: *Der Weg des Künstlers. Ein spiritueller Pfad zur Aktivierung unserer Kreativität.* Knaur, München 2009

Childre, Doc; Howard, Martin: *Die HerzIntelligenz-Methode. Gesundheit stärken, Probleme meistern mit der Kraft des Herzens.* VAK, Kirchzarten 2012

Davis, Elisabeth; Leonard, Carol: *Im Kreis des Lebens. Die dreizehn Archetypen der Frauen.* Arun, Uhlstädt-Krichhasel 2002

Estess, Clarissa Pinkola: *Die Wolfsfrau. Die Kraft der weiblichen Urinstinkte.* Heyne, München 1997

Ferber, Franziska: *Unsere Glückszahl ist die Zwei: Wie wir uns von unserem Kinderwunsch verabschiedeten und unser neues, wunderbares Leben fanden.* Eden Books, 2016

Fischer, Heide: *Ab 40. Gesund und munter durch hormonelle Turbulenzen.* Nymphenburger, München 2016

Fischer, Heide: *Frauenheilpflanzen. Wirkungen, Hausmittel und praktische Selbsthilfetipps.* Nymphenburger, München 2016

Gaskin, Ina May: *Die selbstbestimmte Geburt.* Kösel, München 2004

Gray, Miranda: *Roter Mond. Von der Kraft des weiblichen Zyklus.* Stadelmann, Wiggensbach 2015

Griscom, Chris: *Meergeboren. Geburt als spirituelle Einweihung.* Goldmann, München 1989

Harke, Sylvia: *Hochsensibel ist mehr als zart besaitet. Die 100 häufigsten Fragen und Antworten.* Via Nova, Petersberg 2016

Harke, Sylvia: *Hochsensibel – Was tun? Der innere Kompass zu Wohlbefinden und Glück.* Via Nova, Petersberg 2014

Merzeder, Christine: *Wie schleichendes Gift. Narzisstischen Missbrauch in Beziehungen überleben und heilen.* Scorpio, München 2015

Sheldrake, Rupert: *Der siebte Sinn des Menschen. Gedankenübertragung, Vorahnungen und andere unerklärliche Fähigkeiten.* Fischer, Frankfurt am Main 2012 (4. Auflage)

Sun Bear, Wabun: *Das Medizinrad: Eine Astrologie der Erde.* Goldmann, München 2005

DVDs und CDs

Fast, Christa; Bela B.; Lennox, Annie; Gabriel, Peter, Humpe, Annette: *Die Nixe – The Mermaid*. Eichborn, Frankfurt o. J.

Harke, Sylvia: *Hochsensibilität leben. Mit geführten Meditationen zur inneren Mitte finden*. Via Nova, Petersberg 2015

Lake, Vicky; Epstein, Abby: *The Business of Being Born*. USA 2011

Leidenfrost, Isadora: *Things we don't talk about: Women's stories from the red tent*. Soulfull Media, USA, 2012

Noll, Shaina: *Songs for the Inner Child*. Singing Heart Production, Silenzio, Egloffstein 2000

Internetadressen, die weiterhelfen

Internetadresse der Autorin Sylvia Harke
www.hsp-academy.de

Allgemeine Internetseiten zur Hochsensibilität
www.hochsensibel.org
www.hochsensibilitaet.ch
www.treffpunkt-hochsensibilitaet.de

Frauen- und Geburtsinitiativen
www.awakeningwomen.de
www.dasrotezelt.de
www.doulas-in-deutschland.de
www.frauensymposium-sued.net
www.geburtskanal.de
www.goettinnenkonferenz.at
www.redtentmovie.com
www.thefarm.org
www.theredtentmovie.com
www.weiblichkeit-erwacht.de
www.wildwasser.de

* *Für den Inhalt der Internetseiten übernehmen weder die Autorin noch der Verlag eine Haftung.*

Die wichtigsten Ergebnisse
meiner Umfrage mit hochsensiblen Frauen

Zwischen 2014 und 2015 führte ich eine Internet-Umfrage mit insgesamt vierhundertvierzig hochsensiblen Frauen durch. Dabei erhielt ich folgende Daten:

Die Altersverteilung

50 Prozent aller teilnehmenden Frauen waren zwischen 21 und 39 Jahren alt. 28 Prozent waren im Alter von 40 bis 49 Jahren und 16 Prozent zwischen 50 und 59 Jahren. Dieser recht hohe Anteil von jüngeren Frauen liegt mit Sicherheit an der Umfrage, die über das Internet durchgeführt wurde, einem Medium, das noch immer eher von einer jüngeren Generation genutzt wird.

Altersverteilung, 440 Antworten

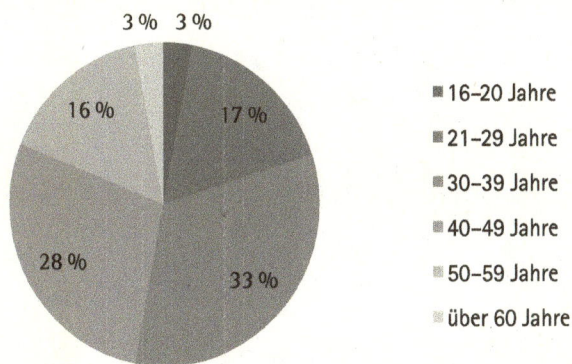

16–20 Jahre
21–29 Jahre
30–39 Jahre
40–49 Jahre
50–59 Jahre
über 60 Jahre

Feststellung der Hochsensibilität

Zwei Drittel der Teilnehmerinnen hatte durch den Test von Dr. Elaine Aron ihre Hochsensibilität erkannt. Das andere Drittel wurde durch den Test von Georg Parlow als hochsensibel eingestuft. Darüber hinaus nahmen fast 40 Prozent dieser Gruppe psychologische Beratung in Anspruch, die bei der Entdeckung der Hochsensibilität unterstützend wirkte. (Diese Frage wurden 372 Frauen beantwortet.)

Familienstand und Kinder

39 Prozent waren Singlefrauen. 60 Prozent lebten in einer Beziehung oder waren verheiratet. 1 Prozent war verwitwet. Lediglich 33 Prozent der befragten Frauen waren Mütter.

Beziehungsstatus, von 440 befragten Frauen

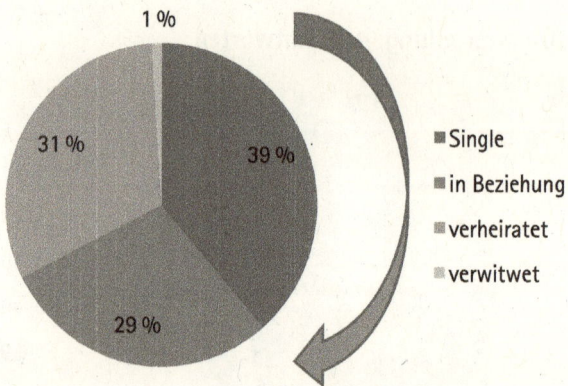

Berufliche Situation

Eine weitere Frage bezog sich auf die Berufstätigkeit meiner Umfrageteilnehmerinnen. Dabei zeichnete sich ein buntes Bild mit vielen verschiedenen Aspekten und einem doch relativ hohem Anteil von Frauen mit Burnout. (Mehrfachnennungen möglich)

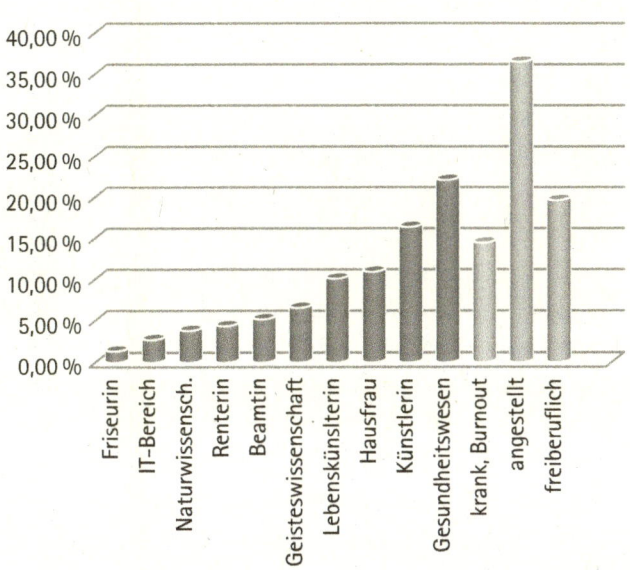

Berufliche Situation, 367 Antworten

Die häufigsten Betätigungsfelder lagen im Gesundheitswesen und in künstlerischen Berufen. Diese passen exzellent zu den Begabungsfeldern hochsensibler Frauen. Die Bezeichnungen »Naturwissenschaft« und »Geisteswissenschaft« beziehen sich auf akademische, wissenschaftliche Berufe und universitäre Karrierewege. Ca. 15 Prozent gaben an, wegen Burnout krankgeschrieben zu sein, was deutlich über dem Durchschnitt der Allgemeinbevölkerung liegt.

Dank

Ein gutes Buch ist das Kind vieler guter Geister. Und so möchte ich es nicht versäumen, meine Dankbarkeit für die Menschen auszusprechen, die bei der Entstehung dieses außergewöhnlichen Ratgebers mitgeholfen haben.

An erster Stelle möchte ich mich bei meinem Mann Arno von Herzen bedanken, der von der ersten Idee bis zum letzten Schliff jeden Schritt in der Entwicklung dieses Buches mitgeholfen hat. In diesem Sinne sind wir gemeinsam die Eltern dieses Buchbabys.

Ich danke meiner Mutter Christina, die mich geboren hat, und auch meinen Großmüttern Melitta und Erika, die während der Kriegszeiten Überlebenskünste und Intuition entwickelten. Ich danke darüber hinaus allen Frauen, die mir später mütterlich zur Seite standen und mich in Zeiten von Unsicherheit und Schwäche gestärkt haben. Angelika Hoffmann, Sabine Hoffmann, Monika Werner, Ute Stengel, Ulrike Brendle und viele andere.

Ich bedanke mich aus tiefstem Herzen bei meinen literarischen Vorbildern Julia Cameron und Clarissa Pinkola Estés sowie bei meinen künstlerischen Seelenverwandten Loreena McKennitt und Heather Nova. Ihr habt über viele Jahre schon mit eurer Musik meine Seele genährt.

Ein großes Dankeschön geht an Carlo Günther, der als früherer Leiter von »Argon Balance« das Potenzial meines ersten Buches erkannte und ein Hörbuch daraus machte. Als ich ihm meine Idee zu diesem Buch mitteilte, rannte ich offene Türen ein. Ich bedanke mich ebenfalls bei meiner Lektorin Sabine Jaenicke, die mit viel Feingefühl und wachem Geist wertvolle Hinweise bei der Entwicklung und Überarbeitung dieses Textes gegeben hat.

Ich danke zum Schluss allen sensitiven Frauen, die sich mir in den Beratungen und Seminaren anvertraut haben. So erhielt ich einen umfassenden Einblick in ihre typischen Lebensthemen. Ich bin dankbar für die vielen Teilnehmerinnen, die in meiner Umfrage zu »hochsensiblen Frauen« wertvolle Informationen mitgeteilt haben.

Alexandra Jamieson

Frauen, Essen, Sehnsüchte

So bringen Sie Ihre Gefühle und Gelüste in Einklang

Warum essen wir, obwohl wir satt sind? Warum neigen wir dazu, unsere Sehnsüchte – nach mehr Schlaf, Sex, Erfolg, Freundschaft oder Glück – mit falschen Ess- oder Verhaltensmustern zu kompensieren, ohne langfristig etwas zu verbessern? Alexandra Jamieson erklärt die Verbindung zwischen der körperlichen und der psychischen Ebene einer Frau und zeigt, wie man wieder ein gesundes Verhältnis zum eigenen Körper erlangen kann. Sie rät, das Verlangen nach Essen nicht zu unterdrücken und sich dabei durch Heißhunger-Attacken immer wieder sabotieren zu lassen, sondern nach der wahren Ursache des Problems zu forschen.

KNAUR
MENSSANA

Julia Cameron

Der Weg des Künstlers

Ein spiritueller Pfad zur Aktivierung unserer Kreativität

Die eigene Kreativität mit dem völlig neu überarbeiteten Bestseller entdecken:

Das 12-Wochen-Programm von Julia Cameron führt Sie auf eine Entdeckungsreise zur eigenen Kreativität. Lernen Sie, alle Hindernisse wie Ängste und Abhängigkeiten beiseitezuräumen und befreien Sie so Ihr kreatives Potenzial. Gestalten Sie Ihr Leben reicher, lebendiger und erfüllter.

Die Autorin besitzt die Weisheit und Authentizität derjenigen, die das, was sie lehren, selbst intensiv durchlebt haben.

KNAUR
MENSSANA